Couvertures supérieure et inférieure
en couleur

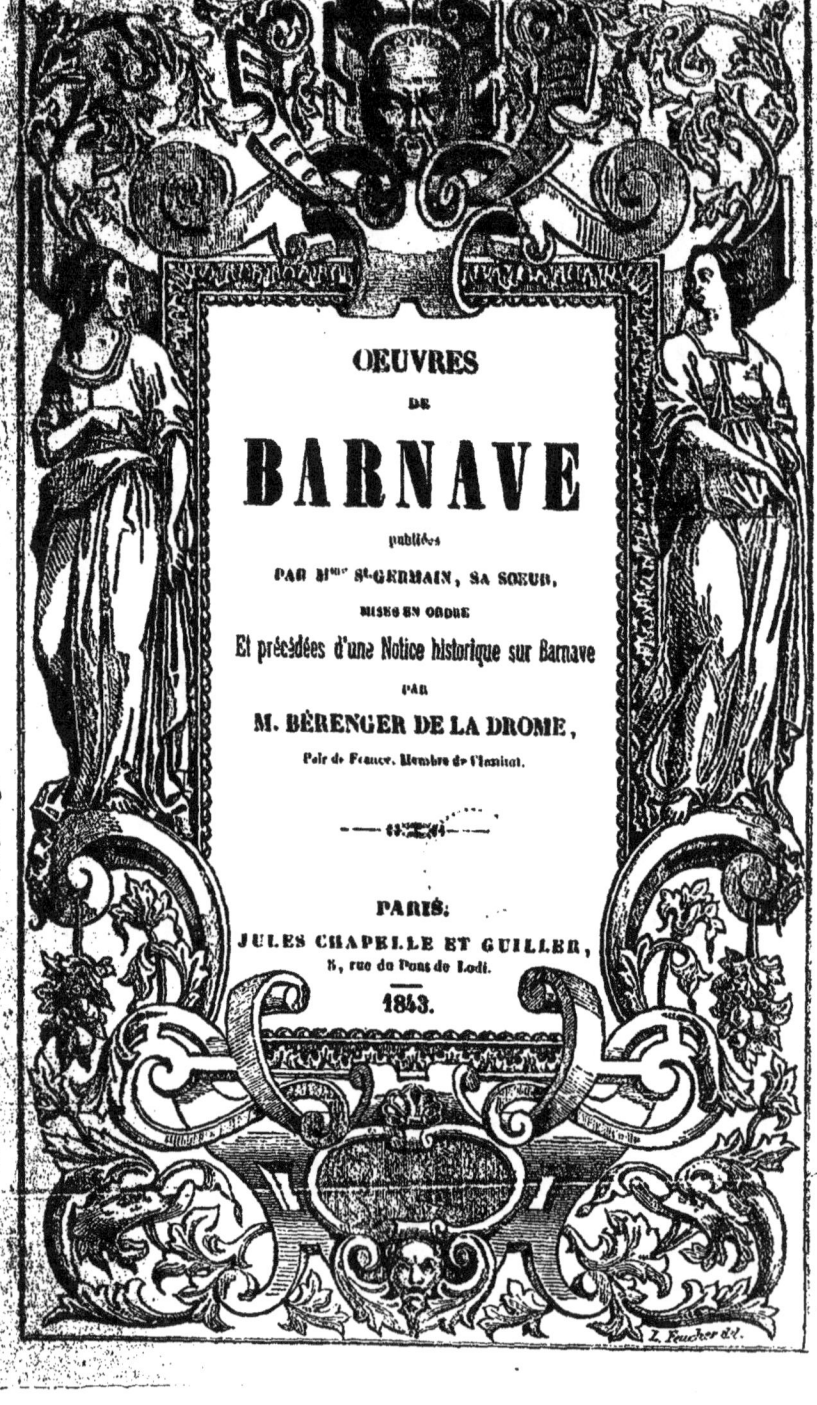

HENRI II,
DUC DE MONTMORENCY,
PAR M. LE MARQUIS A. DE PASTORET, MEMBRE DE L'INSTITUT.
2 vol. in-8. — 15 fr.

Souvenirs d'un Voyage en Suisse,
PAR MADAME ARAGON, MEMBRE DE L'ATHÉNÉE DES ARTS.
1 vol. in-8. — 7 fr. 50 c.

UN TRIPLE DÉLIT,
PAR A. DE VEULEN.
1 vol. in-8. — Prix : 7 fr. 50 c.

HISTOIRE
DU PRINCE ROYAL
DUC D'ORLÉANS,
Détails inédits sur sa vie et sur sa mort,
PAR MM. J. ARAGO ET ÉD. GOUIN,
1 VOLUME IN-8,
Orné du Portrait et d'un dessin de la chambre mortuaire du Prince.
PRIX : 2 FR.

LE CHEMIN DE TRAVERSE,
PAR JULES JANIN,
Septième édition. — 1 vol. in-8. — 8 fr.

HISTOIRE POLITIQUE DE LA FRANCE AU XIXe SIÈCLE,
LA CONVENTION, LE CONSULAT, L'EMPIRE, LA RESTAURATION
ET LE RÈGNE DE LOUIS-PHILIPPE,
PAR CH. MARCHAL.
2 vol. in-8. — 15 fr.

Imprimerie de Madame De Lacombe, rue d'Enghien, 11.

OEUVRES
DE
BARNAVE.

IMPRIMERIE DE MADAME DE LACOMBE,
rue d'Enghien, 12.

OEUVRES
DE
BARNAVE

MISES EN ORDRE

Et précédées d'une Notice historique sur Barnave

PAR

M. BÉRENGER DE LA DROME,

Pair de France, Membre de l'Institut.

4

JULES CHAPELLE ET GUILLER, ÉDITEURS,

5, RUE DU PONT DE LODI.

1843.

ÉTUDES LITTÉRAIRES.

CHAPITRE PREMIER.

Didactique.

§ 1er.

De la langue.

Je trace ici des aperçus importans pour le philosophe et pour l'écrivain.

La langue est l'analyse de la pensée, l'exposition et l'analyse de la conception.

C'est un grand abus quand on confond les méthodes de concevoir et d'exposer.

Ces règles s'appliquent partout, du plus au moins.

Outre l'analyse essentielle au langage, il y a une nécessité de développement indispensable à l'intelligence, et dont les genres même les plus propres à l'imagination et au sentiment ne sauraient se passer. — L'épique, le descriptif, dont l'expression est dans les tableaux; le dramatique passionné dont le langage naturel est tout de sentiment, exigent pour l'intelligence un grand développement.

Mais c'est dans les diverses formes de la didactique que se rapporte plus essentiellement l'application de mon principe.

De l'expositif à la dissertation, à la polémique, on trouvera la vérité toujours plus frappante, son application toujours plus usuelle.

§ II.

Ce que c'est que la didactique.

L'éloquence didactique est celle dont le but est d'instruire et de *faire savoir*.

Les idées enseignables une fois conçues et présentes, le but est de les faire concevoir entièrement et facilement aux autres.

La clarté, l'ordre, la précision, produiront cet effet.

L'expression doit être juste.

Tout ce qui n'est pas nécessaire ajoute à l'obscurité, en absorbant l'attention.

Tout ce qui est hors du sujet et ne tend pas à le faire connaître, lui nuit nécessairement par la distraction.

La didactique des sciences exactes doit être exacte, elle ne doit donner pour vrai que ce qui l'est rigidement, et distinguer ce qui est occasionnel de ce qui est ordinaire, en exposant les lois qui le rendent tel; car lorsqu'on ne connaît pas ces lois, les choses se présentent sous la forme du doute et de la conjecture : la raison de cela, c'est qu'en s'exprimant différemment on occasionnerait l'erreur, et que, dans les sciences, le but étant la connaissance exacte, et la solidité du tout se soutenant par la vérité de chaque partie, si un seul des principes n'était pas d'une vérité rigoureuse, tout le reste du système se trouverait une série d'erreurs.

Toutes les sciences sont des sciences exactes, car toutes les choses sont exactement comme elles sont. Mais il est une des parties des êtres dont la connaissance n'est point utile, si elle n'est précise; il en est d'autres sur lesquelles des connaissances imparfaites, en nous assujettissant à l'erreur, nous donnent encore de grands avantages.

Quoi qu'il en soit, la didactique des sciences inexactes approche d'autant plus de la perfection, qu'en leur retranchant le moins de ce qui, sans être précis ou parfait, est cependant utile, elle les rapproche le plus de l'exactitude.

L'exactitude, c'est la vérité pure; le reste, c'est la vérité mêlée d'erreurs ou imparfaitement conune. Nettoyons le métal combiné autant qu'il est possible, mais ne négligeons jamais celui qui, sans être pur, peut encore entrer dans notre usage.

L'étude des mathématiques accoutume à voir la vérité exacte ; celle qui ne l'est pas déplaît, inquiète ; le tourment du doute se fait sentir avec plus de force ; le désir de connaître les choses exactement et de les exposer de même, assujettit le géomètre auteur, ou parleur, à une marche didactique et sévère, nécessairement dénuée de ces agrémens qui rendent la lecture voluptueuse. Cet homme n'est ordinairement sensible qu'à la vérité, il n'a point cette délicatesse, cette susceptibilité qui font les bons écrivains.

Les mathématiciens ont rarement la mémoire et l'imagination meublées d'expressions, d'images, d'idées, qui sont la parure du discours et les sources des plaisirs de détail qu'on éprouve à la lecture.

La vue de la vérité est un plaisir sans doute ; il en est mille autres que l'éloquence fait éprouver, mais que l'écrivain géomètre ne peut procurer, parce qu'il ne les sent pas, parce qu'il les méprise, et que la découverte de la vérité lui paraît dans tous les sujets seule agréable, seule estimable, seule désirable et seule digne d'occuper ses facultés.

Ces raisons font que presque tous les géomètres qui écrivent sur des sujets étrangers à leur art, peuvent être instructifs, mais pour l'ordinaire ils sont ennuyeux.

La didactique du cœur humain réduite à l'exactitude, et quelques autres connaissances exactes, diminuent la sensibilité habituelle ; elles retranchent des préjugés qui sont des sources de sentiment.

Ce qui reste de sensibilité à ces gens-là est si léger, que, hors la didactique, il est bien difficile qu'ils soient encore des écrivains intéressans.

D'où je conclus que si un grand mathématicien peut être un excellent didacticien, il a rarement les qualités requises pour être un bon poète, un grand écrivain ; mais que si sa constitution ou l'éducation avait uni en lui ces qualités, la sensibilité, la délicatesse, l'oreille, à la profonde philosophie, ce dernier avantage le placerait aisément dans l'autre carrière au-dessus de tous ses concurrens.

§ III.

Suite.

Nous avons peut-être quelques chefs-d'œuvre, nous en avons surtout en peinture et en sculpture, mais je ne crois pas que nous ayons sur aucun art une didactique saine, nette, raisonnée et généralisée. D'après les effets qu'on a vus le plus souvent arriver, on a créé quelques règles prétendues générales, qui n'étant dérivées d'aucun principe net, assuré, pris dans la nature de l'homme et des choses, ne peuvent être que remplies d'inconvéniens, sont sujettes à des millions d'exceptions, n'ont jamais trait qu'à la partie précise à laquelle on les adapte, et ne donnent aucune lumière sur toutes les autres, parce qu'elles n'ont point été combinées ensemble et qu'elles ne sont pas dérivées de principes constans et primitifs. Toutes ces prétendues règles étant ainsi absolument isolées, indépendantes les unes des autres, et quelquefois contradictoires (car ce qui n'est fondé que sur l'observation, varie souvent par la manière de sentir des observateurs, par la complication de causes étrangères qu'on n'a point aperçues en observant les effets, etc.), sont un chaos que la mémoire ne peut se rappeler, que l'esprit ne saurait mettre en ordre, et dont le raisonnement ne peut que très difficilement composer un système, parce que ces observations des effets sont très incomplètes sur toutes les parties et manquent absolument sur quelques unes, tandis que, de celles qu'on a, un grand nombre ont été mal faites, mal aperçues et mal énoncées.

Comme les faiseurs de règles, qui raisonnent peu et approfondissent rarement, ont coutume de ne voir les choses que d'un côté, de n'apercevoir qu'un genre de cas, ils se hâtent de bâtir des règles générales d'après le côté qu'ils ont vu, et disent hautement que leurs règles sont sans exception. La face opposée qu'ils n'avaient point vue, parce que, ne la soupçonnant pas, ils n'avaient garde de la chercher, tant ils se pressaient de faire des maximes, ce qui est très glorieux, se trouve ainsi toute dans les exceptions. Ensuite viennent d'autres faiseurs qui, suivant pas à pas les règles, et travaillant néanmoins sur des cas non aperçus par les compositeurs de maximes, font avec beaucoup d'art des ouvrages supérieurement froids. Conséquence nécessaire d'une didactique qui ne repose pas sur la nature de l'homme et des choses!

§ IV.

Observations sur le cours des études, sur la manière d'enchaîner et de combiner les connaissances.

I.

L'étude de l'histoire doit être précédée par des connaissances sur la politique, et celles-ci ne sauraient être conçues sans une étude préalable de l'homme moral.

L'étude de l'histoire ne suppose pas moins la connaissance de la géographie physique, mais elle est nécessaire pour initier dans celle de la géographie politique, puisque les variations de celle-ci sont la suite des faits décrits par l'histoire.

Mais la géographie physique suppose des notions préliminaires d'astronomie et de théorie terrestre, même des principales hypothèses de cosmogonie.

Je la ferai même précéder des élémens d'histoire naturelle et de physique générale.

II.

La morale précède, comme je l'ai dit, la politique, et sert d'introduction à son étude ; elle enseigne les liens des corps politiques, leurs origines et leurs progrès ; elle enseigne, par analyse, la nature de la masse, en présentant les variétés de l'individu, ses circonstances et ses causes. De là résulte l'art de travailler sur le corps politique ; de là résulte aussi la science de l'esprit des lois, c'est-à-dire de les diriger au plus grand bien du peuple, qui varie selon les temps, les lieux et les circonstances.

La législation n'est que la science du gouvernement dans ses détails, c'est-à-dire une partie de la politique. Celui qui aura saisi l'esprit des lois, apprendra les lois positives comme le bon grammairien apprend une langue. Il n'aura à étudier que la convention; et ce que, sur la combinaison des données, il n'en aura pas deviné, sera presque nécessairement mauvais.

III.

La logique est l'art de raisonner et d'instruire, c'est-à-dire l'art de découvrir la vérité, de la juger, de l'enseigner et de la prouver.

Les facultés de l'entendement étant celles que la logique tend à modifier en soi, demandent préalablement à être connues, et la science de l'entendement humain se trouve ainsi l'introduction naturelle et indispensable de la logique.

IV.

Les lois suivant lesquelles sentent et agissent les hommes rassemblés, étant le résultat de celles suivant lesquelles agit et sent chaque individu, demandent pour être étudiées la préconnaissance de celles-ci. Voilà donc une partie de la politique qui doit être précédée de la science de l'homme moral.

De cette partie, il est aisé de sentir que toutes les autres dépendent, car comment, si l'on ignore les lois suivant lesquelles agissent et sentent les peuples, apprendre à les guider, à les rendre heureux? Comment connaître le but des lois, le mérite des gouvernemens et les liens des sociétés?

La morale enseigne la politique par raisonnement, apprenant à juger le collectif par le simple. L'histoire l'enseigne par l'expérience, apprenant comment s'enchaînent, se préparent, se produisent les divers états, les diverses variations, les diverses révolutions des sociétés.

L'une et l'autre s'entr'aident : si on lit l'histoire sans une étude préliminaire de la politique spéculative, on la lira sans la concevoir, et on n'en recevra nulle instruction politique: car on verra les causes et les effets se suivre, sans apercevoir leur rapport et sentir comment ils s'engendrent. D'autre part, la première étude, en enseignant les règles communes des opérations des hommes, ne fait point connaître la multiplicité de combinaisons qui peuvent s'effectuer sans déroger à ces lois; elle fait juger qu'un fait est ou n'est pas analogue à la nature humaine, et que par conséquent il est possible ou impossible, ce qui doit résulter de certaines données, mais non pour tous les cas qui peuvent s'engendrer au sein de cette possibilité, et qui résultent de la variété de données qu'offrent les circonstances multipliées de la nature. L'une démontre les lois communes et nécessaires; l'autre, les accessoires qui varient les phénomènes; l'une, le fond, qui pourtant est le même; l'autre, l'enveloppe changeante dont il est couvert.

La dernière présente les objets en masse; l'autre apprend à discerner leurs modifications morales.

Ainsi l'étude de la politique sera commencée spéculativement d'après la science de l'homme moral, et poursuivie par l'étude de l'histoire et par l'observation des gouvernemens.

Là, on apprendra les lois suivant lesquelles sentent et agissent les hommes; ici, les objets divers qui influent sur eux conformément à ces lois.

V.

L'étude des mathématiques, outre leur utilité immédiate et principale, est propre à habituer l'esprit à considérer et à combiner dans les êtres les modifications de grandeur.

Elle peut aussi, considérée avec réflexion, conduire à la logique et indiquer des marches et des méthodes susceptibles d'être appliquées à la recherche et à la preuve des vérités d'un autre genre.

VI.

L'étude de l'histoire de France, celle des progrès de son gouvernement, celle de l'origine des institutions actuelles, celle de la partie historique et de la partie dogmatique de la langue, celle de la littérature ancienne et nouvelle, celle du caractère, des mœurs, du physique et du moral de ses habitans dans les divers temps, etc., etc., etc., sont autant de branches du même arbre qui ne forment entre elles qu'un tout, et qui doivent occuper à la fois l'attention.

C'est en recherchant à la fois toutes ces choses qu'on peut parvenir à s'en faire des idées justes, nettes; à les lier, les enchaîner dans son opinion comme elles l'ont été dans les faits; à en abréger l'étude par l'intelligence substituée à la mémoire.

VII.

Considérée comme la science des simples, la métaphysique est aux autres sciences ce que la chimie est à l'histoire naturelle et à la physique.

Elle considère dans la décomposition, les élémens que les autres sciences examinent combinés.

VIII.

Pour profiter des instructions qui se présentent dans le cours des accidens de la vie, des conversations, des lectures irrégulières, il faut posséder ces notions primitives qui les interprètent, les lient, les retiennent, et sont en quelque sorte pour la mémoire et l'intelligence un réseau qui leur sert à s'approprier tout ce qui tombe autour d'elles.

IX.

C'est une grande vérité, que toutes les vérités sont liées, que toutes s'enseignent mutuellement.

C'est une autre vérité, qu'il est une liaison des faits à la plus haute métaphysique qui peut faire de celle-ci la science générale et simplifiée dont toutes les vérités particulières dérivent.

Mais l'insouciance des facultés humaines, fait de l'adoption absolue de ces grandes voies, un rêve de l'enthousiasme.

X

Les longs ouvrages sont ennuyeux, mais l'esprit possède presque toujours mieux l'extrait qu'il a fait lui-même d'un long ouvrage, que celui qu'il a trouvé tout fait.

En général, il n'est presque jamais de solide instruction par la lecture des extraits, des compilations.

XI.

Cet orgueil du génie qui repousse tous les secours avec dédain et méfiance n'est point l'audace d'une tête forte et sage, mais un égarement de l'exaltation.

Non seulement le secours des hommes nous est nécessaire pour suppléer à l'observation toujours insuffisante d'un individu, mais leurs raisonnemens, les principes qu'ils établissent, les méthodes qu'ils adoptent, nous sont également nécessaires pour suppléer à l'insuffisance de tous nos moyens.

§ V.

Aphorismes sur la grammaire générale.

I.

La grammaire est la description des systèmes des sons articulés, inventés pour servir de signes transmissibles de nos idées.

II.

La grammaire générale est la description des règles communes à toutes les langues. La grammaire particulière est celle propre à une seule langue. Dans la première sont la faculté d'analyser la pensée, la nécessité d'exprimer avec clarté le rapport du système des mots à celui des idées, la propriété de l'invention des mots à favoriser l'édification du système des idées, la distinction des élémens du discours, qui n'est elle-même que la règle du rapport des deux systèmes.

III.

Le nom est employé pour signifier un individu; l'analogie le fait adapter à d'autres, et le même mot, appliqué à plusieurs individus, devient un nom de classe. Il exprime ce qu'il y a de commun entre tous les êtres auxquels on l'emploie, ou bien leur réunion. La nouvelle signification qu'il a reçue ayant elle-même des analogues dans la nature, ils en reçoivent à leur tour le nom, et des classes plus étendues se forment.

Mais l'idée générale que le mot représente devient d'autant plus abstraite, que sa signification s'étend davantage, puisqu'elle est ce qu'il y a de commun entre toutes les idées qu'il exprime.

IV.

Une portion d'idée commune à plusieurs idées reçoit dans chacune des accessoires qui la complètent ; de là, la racine et les dérivés qui sont l'expression de l'idée commune, unie successivement à celles des divers accessoires qu'elle reçoit.

V.

Nos idées se composent et s'analysent à l'infini ; elles peuvent embrasser des êtres abstraits et des assemblages d'être concrets; de cette faculté qu'ont nos idées de se composer, sont résultés dans certains cas les mots composés ; car, quand nos idées en renferment d'autres qui, chacune, avaient leurs expressions différentes, on réunit ces expressions pour leur faire rendre l'idée composée.

VI.

Nous avons des conceptions ; lorsqu'elles sont liées, nous avons une opinion sur la vérité ou la fausseté de cette union. Toutes nos idées entrent dans cette division.

Or, ces conceptions doivent être distinguées en trois classes, objets, qualités, rapports, qui, avec l'opinion, composent quatre sortes d'idées que nous éprouvons ; de là résultent les quatre élémens du discours, en qui sont nécessairement compris tous les mots, puisqu'ils expriment tout le système des idées. Ainsi, tout mot présente un élément ou la réunion de plusieurs élémens, mais jamais rien au delà.

Il paraît que toute autre classification serait moins dans l'esprit de l'analogie, moins claire, par conséquent moins facile à saisir, à retenir, à retourner, et moins propre à favoriser l'analyse des langues et leur étude.

VII.

L'étude de chaque langue peut être considérée comme composée de trois parties : la grammaire générale, les racines et la grammaire particulière de la langue dont il s'agit. Or, si le savant est instruit des deux premières et s'il a appris par l'expérience et la réflexion à simplifier la troisième, quelle facilité ne doit-il pas trouver à étendre ses connaissances en ce genre?

§ VI.

Ce que doit être l'éducation actuelle.

Dans un siècle où toute opinion trouve des défenseurs et des sophismes, c'est principalement sur le sentiment et les habitudes que l'éducation doit fonder l'honnêteté, car quelques principes qu'on donne aux jeunes gens aujourd'hui, il est toujours vraisemblable que leurs opinions finiront par se régler sur leurs penchans.

CHAPITRE II.

Dialectique.

Logique, art de raisonner.

§ 1er.

De la logique.

La logique est l'art ou la science de la méthode propre à découvrir la vérité, à la discerner avec justesse, à exposer aux hommes ses idées, et à leur démontrer ses opinions.

Ceux qui disent que la fin unique de la logique est d'apprendre à juger juste, me paraissent ne pas comprendre toute l'étendue que depuis longtemps on est convenu de donner à ce mot.

Que s'ils disent que le talent de juger juste enfante, entraîne avec lui les autres dont j'ai parlé, je leur répondrai que, sans discuter cette opinion, il n'est pas moins sûr que ce but n'est point le seul que se proposent la logique ou le logicien ; qu'ils donnent une maxime qui peut être juste ou fausse, mais qu'en affirmant que l'exécution d'une certaine opération annonce la capacité de quelques autres, on ne prouve point qu'elle est elle-même ces autres opérations, et que, puisqu'elle ne les est pas, elle ne comprend point toutes les fins de la logique, qui les admet dans ce nombre.

§ II.

Marche de l'esprit humain.

L'attention de l'homme aperçoit d'abord les individus, ensuite les genres, enfin les espèces. De la base de la pyramide il s'élève au faîte, pour après redescendre, parcourir et étudier l'intervalle.

Il en est des propositions comme des substances; nous apercevons d'abord les phénomènes de la nature isolée, ensuite nous en formons des règles générales, puis nous distinguons, subdivisons, modifions ces principes généraux ; ainsi se compose un corps de science.

§ III.

Abus de la dialectique.

Une des choses les plus sèches, les plus embarrassantes, les plus destructives de l'intérêt, de la netteté, de la simplification, c'est l'abus de la méthode dialectique.

L'imagination rend les choses sensibles, attache et soulage l'attention, crée le clair-obscur et les masses; elle augmente ainsi la force de la pensée en appelant les sens à son secours.

Le sentiment aiguillonne l'attention, donne le caractère à l'orateur et au personnage, crée l'intérêt et les préventions favorables.

Le naturel et l'instinct de la marche rendent l'imagination plus sensible, le sentiment plus efficace, et réunissent encore d'autres avantages.

Mais, quoique ces facultés aient leur logique, celle-ci ne suffit ni à tous les genres auxquels elles peuvent travailler, ni à tous les esprits auxquels elles s'adressent, et souvent il est bon que la dialectique de l'entendement, c'est-à-dire l'organe de la pensée métaphysique, lui prête son secours et ajoute à ce qu'elles ont de séduisant, de persuasif, ce qu'elle a d'utile, de net et de convaincant.

§ IV.

Des théories et des généralisations.

Les généralisations dégrossissent la science, la simplifient, la systématisent.

Dans l'application, il faut convenir que les généralisations sont souvent très avantageuses, qu'elles pressent et facilitent ; il faut y tendre.

Mais qu'on se garde de leurs séductions et qu'on sache qu'en général l'art des petites choses, les nuances, les précisions, les modifications sont indispensables à l'application des principes.

Les deux études se secourent ; la théorie enseigne à tirer un grand parti de la pratique ; la pratique apprend à modifier, à approprier, à appliquer la théorie ; l'une donnant ce qui est propre à la spéculation, l'audace et l'étude ; l'autre, ce qui est propre à l'expérience, la sagesse et la plénitude.

Quelques théories très abstraites s'appuient sur un petit nombre de faits. Hors de là, moins il y a d'observations, plus la théorie est imaginaire.

L'observation donne en général les théories vastes ; l'expérience et l'épreuve, les théories importantes.

Plus l'homme aura expérimenté, sans devenir étroit, caractérisé et personnel, plus sa théorie sera juste, pesée, riche, applicable.

La métaphysique doit suivre la science des faits pour les arranger, les classer, les raisonner ; inspectée par le caractère et le sentiment de l'utile, si elle parvient à dominer, elle noie tout, évapore tout, détruit la science des faits en dissolvant sa matière, émancipe la spéculation et la rend en même temps puérile, légère et inconsistante.

La théorie est simple et systématique dans la spéculation ; l'étude des faits commence par la rendre extrêmement complexe ; mais à mesure qu'elle avance, elle la ramène à une simplicité qui n'est pas vaste comme la première, mais beaucoup plus juste et plus applicable.

Quoique ce principe leur soit commun, la théorie de l'art peut se réduire à une simplicité plus grande que celle de la science, car elle a toute celle-ci et montre toute celle qu'il est possible de lui donner en sacrifiant de moindres avantages ; tellement que beaucoup de choses qui, dans la théorie de la science sont appréciées comme petites, sont négligées comme nulles dans celle de l'art.

§ v.

De l'analyse.

Les têtes analytiques semblent par l'expérience plus liées à l'enthousiasme qu'au sentiment. L'amour de la gloire paraît être une des passions auxquelles elles sont le plus sujettes.

L'analyste se livre plus à ses pensées qu'à ses sensations ; il est plus animé par elles que par les objets extérieurs ; il est spéculatif.

Le spéculatif a, dans sa tête, dans son imagination, le germe de ses émotions et de ses mouvemens ; son existence est plus intérieure ; il est distrait ; de grandes illusions peuvent l'occuper surtout s'il est analyste et si l'enthousiasme les suit. Il perd l'habitude de la dissipation extérieure ; il en perd aussi la faculté.

§ VI.

De l'analyse et de la synthèse.

L'analyse et la synthèse sont les deux manières de procéder, usitées pour découvrir la vérité et pour la transmettre et la prouver : la première, appliquée ordinairement au premier but, se nomme encore méthode de résolution ; la seconde, employée communément au second, reçoit le nom de méthode de composition.

Il serait assez difficile de donner une idée exacte et parfaite de ce que les philosophes ont entendu par analyse et synthèse. Je viens de dire les emplois qu'ils leur ont assignés, mais je ne pourrais déduire avec la même facilité les idées qu'ils ont eu de leur composition et de leur marche. Peut-être ne serait-il pas injuste de les accuser d'en avoir pensé diversement. Je me contenterai d'énoncer les idées nettes des parties qui me paraissent entrer dans leur constitution, en attendant que muni de nouvelles notions, je puisse, ajoutant celles que j'aurai découvertes à celles qui me sont déjà connues, en former des tous parfaits et harmoniques.

L'analyste considère les individus, et de l'aperçu de leurs analogies il forme les classes et les idées généralisées ; il réunit les êtres particuliers, pour en faire des êtres collectifs et généraux, et considérant ensuite ceux-ci comme individus eux-mêmes, il en crée de nouvelles classes.

L'analyste qui veut connaître, observe séparément les parties, les rassemble dans leur ordre respectif, et se forme ainsi une connaissance détaillée et générale des êtres, tels que les présente la nature.

L'analyste et le synthétiste prouvent également, en concluant l'inconnu du connu avec lequel il est lié ; mais le synthétiste reconnaît pour connu les notions générales, produites par l'induction, tandis que l'analyste n'adopte pour tel que les vérités particulières que l'observation du sujet présente.

L'analyse consiste, dit l'abbé de Condillac, à décomposer les êtres, pour observer leurs parties et à les recomposer pour observer leur masse, et l'ordre relatif de ces parties.

Ainsi, après avoir observé en détail les effets et la génération des mouvemens, on reconnaît par la recomposition, le premier être qui a imprimé le mouvement, c'est-à-dire la première cause.

Le synthétiste possédant les idées généralisées, formées préalablement par l'induction, en conclut la vérité des hypothèses particulières.

Dans l'exposition des notions il ne forme point le corps de la science en développant les individus, mais il pose premièrement le corps sommaire qui a été formé par la marche de l'analyse; il le décompose, il le divise par gradation jusqu'à ce qu'il arrive aux individus ou aux êtres particuliers.

Les synthétistes disent qu'ils marchent du simple au composé; appelant simples les idées abstraites qui représentent les analogies des individus concrets auxquels ils donnent le nom de composés.

Les premiers défenseurs de la synthèse croyaient que les idées abstraites et généralisées étaient innées en nous; ils disaient qu'elles nous étaient données par la divinité, et qu'elles étaient essentiellement justes; c'est pourquoi ils les considéraient comme un connu qui pouvait servir de base à leurs découvertes et à leurs preuves; mais les philosophes modernes, contestant l'origine de ces idées, d'où les autres concluaient leur infaillibilité, ont nié aussi celle-ci et n'ont pas senti que ces idées et ces opinions générales, étant pour l'ordinaire le produit d'une observation très étendue et nullement contredite par des exceptions, n'étaient pas moins certaines pour la plupart qu'elles ne l'avaient paru aux synthétistes ; ils n'ont pas senti non plus que ces idées pouvaient, par conséquent, conduire à des découvertes et favoriser des démonstrations, si surtout elles étaient employées par des esprits assez philosophiques pour discerner celles qui étaient l'ouvrage du préjugé et des inductions vicieuses, de celles qu'avait produite une observation exacte et multipliée, ou l'aperçu sain des idées abstraites ou métaphysiques.

Une observation multipliée à l'infini a toujours présenté deux modifications, unies de manière, que partout où la première a existé, la seconde s'y est aussi trouvée. Le synthétiste conclut que dans un être donné où la première est évidemment, la seconde doit se trouver aussi.

Ainsi l'observation de nos sentimens et de nos actions présente sans cesse les actions spontanées précédées d'un désir. L'analyste rassemble ces observations, et par l'induction il en forme cette idée, cette assertion générale : « Le désir précède toute action spontanée » : le synthétiste s'empare de cette maxime et dit : « Vous avez agi, donc » vous avez désiré !!! » Je suppose la maxime prouvée parce qu'on ne la nie pas.

§ VII.

Des diverses classes d'êtres dans la nature.

Aurions-nous tort de dire, que soutenir avec un ton sentencieux qu'il n'est point de classes dans la nature, c'est proférer une absurdité ?

Non, il n'est pas de groupes d'individus liés comme par faisceaux ; s'ils existaient ainsi, où ils ne seraient par absolument unis et pourraient être considérés comme distincts, ou ils le seraient et ne formeraient par leur identité qu'un individu ; mais il est sans doute des êtres qui offrent entre eux de grandes analogies, dont les causes, les effets et la modification se ressemblent ; il existe des sommes de ces êtres ; il existe donc des classes ?

Les classes ne sont donc pas purement des idées, encore moins des dénominations ; elles sont des idées qui représentent des êtres réels.

Le prototype de la classe est un être abstrait, et qui, par conséquent, n'a d'existence isolée que dans les idées. Je ne dis pas réelle, car il a cette existence dans tous les individus de sa classe.

Les classes ou les groupes d'êtres que nous considérons à la fois, sont déterminés par la langue. Le sens des mots est la mesure de l'étendue des classes, parce que ce sens est l'idée de la classe, et parce que tous les groupes d'êtres que l'analogie nous a fait considérer ensemble, ont reçu des noms dans des langues formées depuis tant de siècles ; mais de ce que nous avons autant de dénominations que nous considérons de classes, et de ce que, pour la facilité de l'expression et de la pensée, une nouvelle classe considérée, entraîne l'invention d'un nouveau mot, en résulte-t-il que les classes ne soient que des dénominations ?

§ VIII.

Avantage des ouvrages spéciaux et généraux.

L'avantage des ouvrages particuliers ou spéciaux, c'est qu'on y dit des choses intéressantes, dont l'importance n'est pas assez grande pour les faire entrer dans un ouvrage général.

L'avantage d'un ouvrage général, c'est qu'on y rassemble beaucoup de choses importantes dont aucun ouvrage particulier n'aurait pu supporter la réunion.

Dans le premier, on détaille davantage la matière qu'on emploie, dans le deuxième, on en rassemble une plus grande masse.

§ IX.

De l'indépendance des règles.

L'instinct seul, le sentiment, peuvent-ils suffire sans le secours de la dialectique pour produire de bons ouvrages? Sans doute, dans certains cas, dans certains genres, et de la part de certains esprits.

Un homme doué d'un goût délicat, d'une sensibilité fine, d'un jugement exquis, écrit une harangue, un poëme, développe un raisonnement ; cet homme ne connaît aucun précepte, mais en travaillant il essaie sur lui-même l'effet de son ouvrage ; il écrit ce qui est capable de le persuader, de lui plaire, de le convaincre ; il élague, il change ce qui ne produit pas ces impressions sur son esprit et sur son cœur. Comme cet homme juge et sent avec une justesse fine, sa production affectera les bons juges de la même manière qu'il l'aura été lui-même. Mais sans connaître les méthodes, les routes qui conduisent à l'objet de l'ouvrage qu'il aura composé, il y aura été conduit par une sorte de boussole infaillible ; il ressemble au voyageur ignorant les chemins, qui suit les traces légères des pas des hommes imprimées sur le sable.

Mais si l'ouvrage est étendu et que l'auteur ne se forme point un plan, tout en travaillant les parties sous l'inspection d'une épreuve sure, il ne leur verra point produire un effet très heureux, l'accord leur manquera, elles ne frapperont point ensemble ; elles ne se prêteront pas mutuellement du secours ; enfin, le succès brillant qui résulte de l'harmonie parfaite des membres, lui sera refusé.

Si l'auteur se forme un plan, c'est déjà l'observation d'une règle, c'est une théorie, c'est une spéculation qui précède l'exécution, mais qui, ne consistant qu'à juger le plan préférable, d'après l'heureux effet que produiront sur l'esprit les idées qui lui seront présentées par la réflexion, ne suppose point encore l'étude des traités théoriques, la connaissance des critiques, les notions didactiques, dérivées de la connaissance du cœur humain.

Cette opération préliminaire est elle-même exécutée par le sentiment, et si son succès est favorable, il protège la thèse que le sentiment et l'instinct peuvent produire de très bons ouvrages sans l'aide de la didactique.

Mais il faut une fécondité d'imagination infinie pour se figurer tous les plans heureux que par une longue suite de méditations les gens de l'art sont parvenus à fixer par leurs règles, par leurs maximes ; il faudrait être doué d'une finesse de discernement inouïe, pour être toujours affecté le plus favorablement par les choses que l'expérience, l'observation et le raisonnement ont apprises aux maîtres de l'art devoir produire les effets les plus favorables ; tout cela est extrêmement difficile. Le mauvais et le médiocre se présentent, on fait choix de celui-ci ; mais l'imagination n'offre pas toujours l'excellent ; mais l'attention, la sensibilité distraites, éparses, pour ainsi dire, sur mille objets qui les frappent à la fois, ne seront pas facilement choquées d'un défaut que le critique froid, sévère, dépouillé de l'amour-propre d'auteur, de l'espèce d'ivresse et de trouble qui naît de la composition apercevra, sentira même fortement.

Il suit de là que le sentiment peut créer sans aide des productions heureuses, mais que cela doit être rare et que ce droit n'appartient presque qu'à des hommes doués d'un goût exquis.

Les ouvrages qui n'exigent pas de plan, soit par leur brièveté, soit par leur nature, sont surtout dans ce cas, et mille autres conséquences qu'il serait trop long de déduire.

Mais dans combien de circonstances l'ignorance ou l'oubli des règles n'ont-ils pas de grands avantages! Veut-on peindre la passion, on se passe aisément de règles, et cette marche sera presque toujours celle que suivra l'orateur qui n'a point réfléchi sur la didactique. Combien l'absence absolue de cette distraction que produit toujours plus ou moins dans l'orateur artificiel, l'idée présente des méthodes qu'il doit suivre n'augmentera-t-elle pas la force, la finesse, la plénitude de ses sentimens, et, par conséquent, l'énergie, la justesse et l'exactitude de ses expressions.

Dans les productions où le naturel et la facilité sont de grands mérites, l'écrivain libre aura aussi de grands avantages, car l'observation des méthodes gêne plus ou moins pour l'ordinaire, l'expression simple des idées et des sentimens qu'on éprouve, soit par la distraction, soit en nous éloignant de leur direction pour nous guider.

Ces considérations brèves sur un sujet qui demanderait un long traité pour être développé parfaitement, suffisent cependant pour découvrir l'erreur, et le défaut de profondeur de ces deux partis de frondeurs ineptes, dont l'un considère la didactique comme un pédantisme inutile, et l'autre, dont tout le mérite consiste à l'avoir enrichi de quelques observations, s'efforce de présenter son secours comme nécessaire, et nécessaire dans tous les cas, fermant obstinément l'oreille aux négatives que lui oppose l'expérience.

§ X.

De l'ordre dans la composition.

Avant d'ordonner, de résumer sa matière, de la réduire en principes, il faut ordinairement la rassembler avec plus ou moins de cahos et de tâtonnement.

Il est des esprits, tels que la plupart des philosophes modernes, qui, du premier coup de main, donnent à leur matière la forme achevée, parce qu'ils en embrassent fort peu.

D'autres, font le contraire, ils ne donnent que des matériaux quelquefois riches, mais informes, brouillés, mêlés de sable et de boue; tels furent souvent les anciens dans les matières didactiques.

Cette rapidité d'esprit qui, de l'invention et de l'ordonnance ne fait qu'une même opération, pour peu que la matière soit difficile, variée, abondante, nouvelle, est un talent très rare.

§ XI.

Poétique. — Marche d'une bonne composition.

1° Conception ;
2° Esquisse ou plutôt croquis en gros avec quel-

ques aperçus d'ombres et de couleurs qui peuvent commencer à marquer les grands effets ;

3° Préparation générale : former le tissu, jeter la matière qui doit former toutes les ombres et toutes les couleurs.

4° Rectifier le dessin et le rendre net et précis ; par conséquent, rectifier les masses trop colorées, ce qui peut s'appeler remanier le travail ;

5° Finir.

Il est bon d'avoir toujours à côté de son travail une toile où l'on trace toutes les idées qui surviennent et qui, paraissant propres à y entrer, ne peuvent trouver leur place dans la partie du travail dont on est actuellement occupé.

Cette toile sert de même à des essais, à dessiner des fragmens de l'ouvrage.

Perspective : Les choses grandissent de volume, de détails, à mesure qu'elles sont plus essentielles au sujet, d'un intérêt plus grand et plus général.

Logique : Ordre et entraînement ; mais le plus qu'il se peut dans l'arrangement des choses et des idées, sans avoir besoin d'indiquer cet ordre et cet enchaînement, par les phrases auxiliaires et les formes méthodiques, et sans en faire abus ni surcharge ; mais se les interdire rigoureusement, c'est souvent s'ôter un grand moyen de clarté et même de brièveté.

Les choses doivent être mises dans leur ordre

naturel de récit, d'exposition, de doctrine et de preuve. Cet ordre, de même qu'il n'exige pas une surcharge de formules, quoique très propres à l'indiquer et à l'inculquer, ne proscrit pas non plus une richesse et une abondance de choses qui, quoique tenant au sujet et rendant l'ouvrage plus instructif, plus substantiel, plus intéressant et plus agréable, ne tiennent pas rigoureusement à l'exposition, ni à la preuve des vérités qu'on y veut établir ; elles ne sont ni nécessaires, ni étrangères au but ; elles sont accessoires.

Mais ces sortes d'idées,

1° Ne doivent pas déranger l'ordre ;

2° Ne doivent jamais trop s'étendre de manière à étouffer et masquer les choses nécessaires, et à en obtenir la marche et le dessin.

Il faut qu'elles soient comme les ornemens d'architecture qui ne doivent point voiler ni appesantir l'édifice, mais qui en lui donnant de nouvelles beautés, doivent, non seulement en laisser paraître toutes les formes et les proportions, mais en respecter le caractère, et ne l'embellir que dans la manière et l'expression, suivant lesquelles il est conçu :

Plus ces ornemens se fondent, s'enracinent et entrent dans la continuation et les matériaux de l'édifice, et moins ils sont à la surface, plus ils ont de mérite.

Une brièveté qui tient à la pauvreté, à l'exclusion de toute idée accessoire est assez facilement claire, mais sans goût, sans nourriture et sans agrément.

Elle repousse le lecteur et n'en obtient que peu d'estime et aucune affection.

Une brièveté trop nourrie est facilement obscure, indigeste.

C'est là que l'art du style est bien important. La métaphore abrège et éclaircit ; toutes les expressions concrètes ou figurées, qui sont de courtes métaphores, ont le même effet, et fixent en même temps l'attention par leur saveur.

Certains mouvemens de l'âme marqués par les figures, ou seulement par la tournure des phrases, associent les lecteurs à toutes vos idées, leur en donnent le fil et les rendent claires pour eux. Ce n'est pas seulement à cause de la gêne de la versification qu'on voit quelquefois chez nos poètes tant de belles choses en si peu d'espace, c'est que la poésie, ce langage concret de l'imagination et du sentiment, est celui qui a le plus de moyens de réunir brièveté, richesse et clarté.

Il faut une connaissance positive et intellectuelle de son sujet, pour concevoir et créer un bon ouvrage, une grande logique pour l'ordonner, un grand esprit poétique pour en former le tissu.

Quoique le tissu doive être très différent, suivant les parties de l'ouvrage où l'on narre, où l'on discute, où l'on prouve, où l'on émeut ; quoique dans certains endroits, pour rallier les fils, marquer le dessin, distribuer les parties avec plus de clarté, il soit bon de laisser les contours à nu ; en général, l'esprit poétique, qui est bon à tout, se plie aux différens tons et sent lui-même d'où il doit se bannir. Mais il faut qu'il vienne de la nature, sans cela il n'est que l'emphase de l'ambition, de l'affectation.

Tant qu'on est sûr par son jugement et son sentiment qu'on est dans le vrai et dans le bon, il ne faut point craindre la hardiesse, il faut même la vouloir un peu ; mais si elle sort de la ligne tracée par ces régulateurs, elle n'est plus que singularité, et devient d'autant plus mauvaise et plus ridicule que l'ouvrage est plus mesquin et plus pauvre ; mais si elle est dirigée par eux, elle ajoute à l'originalité et au caractère de l'ouvrage ; elle en est la première beauté.

§ XII.

Du travail.

Si pour l'avantage du travail littéraire, je dois

avoir en vue de procurer à divers degrés la chaleur, l'activité, je ne dois pas moins perdre de vue que l'excès d'impatience et d'inquiétude où me jette si souvent la poursuite de ces avantages est, outre ses autres inconvéniens, un des obstacles les plus grands et les plus ordinaires que je rencontre, à l'aisance, à la profondeur, à la coulante rapidité de mon travail.

Pour le travail comme pour beaucoup d'autres choses, je dois me faire des ressources pour les momens de calme et d'engourdissement, que je ne puis ni ne dois exclure, et qu'il faut au contraire apprendre à rendre utiles et agréables.

Il faut, pour l'œuvre définitif, suivre son fil et aller droit; mais on mûrit et on nourrit sa matière en l'étudiant, la tournant, la reprenant, dans des situations et des momens divers.

Pour connaître un livre, il est bon d'en saisir l'esprit et, si l'on peut, le système, dans une première lecture; on y revient ensuite avec une intelligence parfaite pour l'approfondir.

La connaissance des élémens d'une science, fait profiter de toutes les notions relatives qui viennent s'offrir par la suite.

Il n'y a que le génie, le goût, l'imagination, l'étude originale qui donne la superficie des choses; mais quand la connaissance des principes et de ce que les hommes savent de la matière, ne détruit pas ces facultés, elle leur aide grandement et leur sert de complément, presque indispensable pour la pratique.

Sans doute que la maturité du travail produit les ouvrages les plus profonds, les plus sûrs, les plus entiers; mais on éprouve sans cesse dans le cours de la vie la nécessité de se rendre capable d'un travail rapide, soit dans la délibération, soit dans le langage, etc.

L'organisation met beaucoup à cela, mais l'art l'aide, et lui supplée à un certain point.

Un grand fond de science, l'habitude de traiter, celle de l'impromptu, l'esprit formé à la vigueur, à la hardiesse, à l'animation, par les moyens moraux et physiques, sont les grands et même les seuls moyens de succès.

§ XIII.

De la grammaire.

Pourquoi nos grammaires ne sont-elles presque toutes que l'énoncé obscur de quelques singularités de l'usage et de quelques petites observations propres à éviter les défauts choquans du langage, le tout semé sans ordre, sans divisions commodes, sans gradation instructive?

Pourquoi nos grammairiens, au lieu de s'en tenir à leur art qui consiste dans l'expression de la manière adoptée d'exprimer les idées par les mots, par les lettres, vont-ils laisser ce grand ouvrage imparfait, s'immiscer de donner des leçons d'élégance, lorsqu'on ne leur demande que des règles de pureté?

Pourquoi négligent-ils à un tel point d'interpréter le rapport des idées aux mots et l'influence des règles, des modifications, au point que les écoliers très savans peuvent croire que tout ce système qu'on leur a fait retenir est le simple ouvrage de la convention et n'est en rien la copie du système des idées, si bien qu'ils l'ont appris sans zèle pour en avoir ignoré le but, et qu'ils l'oublient bientôt pour en ignorer l'importance, importance, qui à la vérité, vu la manière dont ils le savent, et très légère?

Pourquoi toutes les définitions soit étymologiques, soit interprêtées, sont-elles prises dans la partie mécanique de l'art, si bien que les modifications caractéristiques qu'elles désignent, ne sont point un rapport aux idées, comme la faculté d'exprimer une certaine classe de celles-ci, mais un rapport aux autres mots ou plutôt à des espèces de mots, comme l'obligation d'être placé devant, auprès, ou entre eux? tandis qu'en suivant la méthode opposée; 1° on enseignerait d'une manière

simple et facile la morale avec la grammaire ; 2°
la grammaire serait mieux connue et mieux rete-
nue, chacune de ces parties se trouvant liée à l'un
des systèmes des idées, dont, par son union à
notre existence, la connaissance est plus parfaite
et plus permanente que celle d'un système em-
brouillé, conventionnel et sans intérêt, qui n'a de
prise que sur la mémoire et qui s'oublie parce
qu'il n'intéresse pas.

Il n'est pas difficile de répondre à toutes ces
demandes. Les imperfections ont toutes leurs
sources dans la singulière absurdité de nos opinions, qui nous fait accorder très peu de gloire et
d'estime aux auteurs qui traitent certaines sciences
dont la difficulté et l'utilité sont également très
considérables. C'est pour cela que depuis qu'on
écrit sur la grammaire française, l'abbé de Condillac et M. de Marsais, sont peut-être parmi les
auteurs innombrables qui l'ont traitée, les seuls
hommes d'une sphère au-dessus de la commune.
Or, qui se refuserait à concevoir que pour réussir
à écrire sur ce sujet, il faut beaucoup de sagacité,
de philosophie, d'étude et même d'érudition ?

§ XIV.

Des mots.

Des mots qui résonnent semblablement, les

uns ont une origine commune dont, par l'analogie réelle ou apparente, ils sont arrivés à une multitude d'acceptions diverses. Ces mots ne sont en quelque sorte que les branches divergentes d'un même arbre, cependant, on peut distinguer en eux des divisions qui, d'une partie de ces branches font un nouvel arbre, qui a son tronc particulier et qui ne tient à la masse que par l'extrémité d'une de ses ramifications ; on ne fait de lui qu'un seul mot et il n'a qu'un article dans les dictionnaires.

Les autres n'ont point une origine commune et se trouvent écrits et prononcés de même, par l'effet du hasard de la corruption des étymologies, qui rapprochent deux mots en les altérant l'un et l'autre.

§ XV.

Suite.

Les mots ont leurs caractères variés comme les motifs, les hommes, les situations qui les créent : le sentiment nomme ce qui l'émeut ; l'esprit, ce qu'il conçoit.

Le philosophe donnera à ces mots un sens déterminé ; le poète, un sens intéressant.

Si l'un et l'autre emploient le même mot, le

philosophe fera comprendre au sien toute l'étendue du mode exprimé ; le poëte lui donnera toute l'étendue propre à émouvoir.

Les mots reçoivent donc une expression du caractère et de la situation de celui qui les emploie.

Qu'on classifie, qu'on coordonne les notions de la manière la plus convenable, sans s'assujétir à ce que l'erreur, l'ignorance ou d'autres causes ont introduit ; qu'on fasse représenter les nouveaux systèmes par de nouvelles applications d'expressions, par des créations nouvelles, c'est très bon ; mais dans l'une et l'autre opération, l'analogie des sens usuels doit guider, soit pour se rendre intelligible aux autres, soit pour aider sa mémoire et sa propre intelligence, soit pour mieux apprendre les langues usitées. Il faut des expressions nouvelles pour de nouvelles notions.

§ XVII.

Des mots à plusieurs sens.

Il est bon que les mots aient plusieurs sens, cela est utile pour simplifier, pour soulager la mémoire, pour indiquer des analogies, etc.; mais il en résulte de grands abus.

La multitude, ne connaissant qu'un sens, argumente souvent de l'un par l'autre, hors la mo-

dification commune : « Antoine est un lion, donc
» il a une crinière. »

On dispute sur les mots en variant les sens,
quand sur les choses on serait d'accord.

Les mots ont le sens générique et le sens primitif. Le premier est nécessairement abstrait, le
deuxième doit être ordinairement concret.

§ XVII.

Des idées et des mots.

Les idées sont des signes ou des copies des êtres
qu'elles nous montrent ou nous rappellent. Elles
sont dans un arrangement analogue à celui de ces
êtres : elles sont multipliées, variées, modifiées
comme eux.

Or, les mots doivent être aux idées ce que les
idées sont aux êtres; leurs modifications, leurs
variétés, leurs compositions, leur assemblage, doivent, pour peindre exactement les idées, être analogues aux modifications, aux variétés, aux compositions, aux assemblages des idées.

Le système des mots étant calqué sur celui des
idées, c'est en vain qu'avant d'avoir conçu celui-ci, on voudrait s'instruire de celui-là : ignorant
sa source, on ne le comprendrait jamais bien;

et comme il passerait dans l'esprit pour l'ouvrage de la convention, il n'intéresserait pas la curiosité. L'étude du système des idées doit donc précéder celle du système des mots ; de la première on passera à la seconde, et l'interprétation de cette dérivation produira le tableau le plus complet, le plus juste et le plus intelligible.

§ XVIII.

De l'exposition.

On appelle ainsi la partie d'un discours quelconque destinée à faire connaître le sujet qu'on va traiter.

L'exposition est une opération didactique, elle exige les qualités qui constituent la perfection de ce genre.

Comme sur les faits que nous posons, s'établit pour l'ordinaire, dans les débats judiciaires, la solidité de nos droits, il est important de leur donner le plus de certitude possible : tout ce qui tendra à cet effet sera donc une vertu dans l'exposition judiciaire.

§ XIX.

De la narration.

La narration est une représentation de certains objets, dans un ordre successif de temps.

§ XX.

De la gradation.

Voulez-vous faire durer les sensations? employez la gradation. Voulez-vous produire une sensation vive? employez plutôt la surprise.

Voulez-vous affaiblir l'impression d'un objet? faites-la précéder d'une gradation.

§ XXI.

De la période.

On donne ce nom à une suite de mots qui représentent un sens entier; divisé en plusieurs parties, les suites de mots qui représentent ces parties du sens, et qui conservent la période, se nomment, selon les cas, phrases, membres ou incises.

La construction de la période est une partie intéressante du grand art qui exprime la pensée ; sa division symétrique, inégale, nombreuse, variée, sert à l'harmonie, à la clarté, et favorise la prononciation.

§ XXII.

De la définition des mots.

La définition du mot est l'indication précise de la chose qu'il représente ; celle de la chose est la description, l'analyse, la qualification de cette chose ; en un mot, ce qui la distingue, la classe, la fait connaître ; d'où l'on voit combien cette espèce de définition peut s'étendre ou se restreindre, ou plutôt combien d'êtres différens embrasse le mot définition, pris dans cette dernière acception.

§ XXIII.

De la définition des mots et des choses.

Les logiciens distinguent deux espèces de définitions : les définitions des mots et celles des choses. Les secondes seraient mieux nommées, descriptions ou analyses.

Les définitions des mots sont une énonciation des sens d'un mot, moins sujette à être mal ou difficilement entendue. Leur objet est d'assigner l'idée précise à laquelle un certain mot est attaché.

Ces définitions de choses sont une description de leur nature, de leurs rapports, propre à les faire connaître et à les distinguer de toute autre.

En quoi diffèrent ces deux définitions? du plus au moins, voilà tout. L'une décrit le sens du mot, l'autre l'idée ; or le sens des mots et l'idée ne sont qu'un.

Si l'on considère que pour que le sens d'un mot soit bien distingué, il faut énoncer toutes ses différences avec les autres idées, et analyser sa nature, on sentira qu'à la rigueur les définitions des mots doivent être les analyses des choses, et que ceux qui arguent d'absurdité les philosophes qui ont donné à ces définitions une place distinguée dans la science, établissent une distinction imaginaire, et ne prouvent rien, sinon, qu'il vaut mieux employer le mot d'analyse que celui de définition.

Dans une langue riche, il n'est point d'idée qui n'ait son terme, et si l'immense étendue de notre pensée paraît n'être point représentée par le nombre borné des mots d'une langue, c'est que chacun de ceux-ci renferme en quelque sorte un grand nombre de signes, puisqu'il s'emploie à un grand nombre de significations. Quoi qu'il en soit, le besoin de s'exprimer a fait affecter des signes à toutes les idées qui ont été conçues ; il en résulte évidemment que le recueil des définitions exactes des mots d'une langue, ou, si l'on veut, des analyses des sens de ces mots, embrasse la connaissance de toutes les idées du peuple qui la parle.

Le mot d'idée n'est pas pris ici dans sa signification la plus étendue ; je n'entends par ce mot que les combinaisons d'êtres que notre esprit est accoutumé à embrasser par une seule perception, à exprimer par un seul signe, à considérer comme l'expression d'un être seul, soit particulier, soit collectif.

Mais en étendant le mot de définition à celles de toutes les combinaisons de mots reçus dans une langue, celui d'idée pourrait s'entendre dans l'acception la plus vaste.

Mais celui qui définira les mots dans toutes leurs acceptions, définira toutes les combinaisons de mots. Pour connaître toutes les idées du peuple, il ne lui faudra qu'entendre toutes ses phrases ; instruit du sens de chaque signe, il saisira le sens total de la combinaison, comme nous percevons l'idée de l'objet le plus simple qui s'offre à nous.

Connaître tous les sens des mots d'une langue, c'est donc posséder tous les matériaux qui entrent dans la composition des idées d'un peuple ; ce sera aussi connaître une grande partie de ses opinions, ou, du moins, être sur la route de cette connaissance, car lorsque les idées sont connues, les jugemens de leurs rapports se font aisément, et s'opèrent de la même manière presque chez tous les hommes.

La connaissance de la vérité, ou, si l'on veut, la science de ce qui est, se divise en deux portions : l'une embrasse la connaissance des êtres, l'autre celle des rapports qui existent entre eux : l'une analyse, l'autre unit et définit.

Dans la connaissance des êtres, est comprise celle des rapports de leurs parties.

Nous appelons êtres, toutes les substances qui, lorsqu'elles nous ont frappé, reçoivent un nom de nous. Nous pourrons dire que la connaissance de la somme des êtres connus, se borne à la somme de significations des mots, que l'analyse de ces significations renferme la connaissance des êtres connus, et que si l'on divise la science possédée en deux parties, dont l'une sera la connaissance des êtres connus, et l'autre celle des rapports connus entre ces êtres, l'analyse des sens des mots, c'est-à-dire un recueil complet de définitions exactes, comprendra toute la première partie de la science possédée.

Concluons que, comme on ne pense rien qu'on n'apprenne bientôt à l'exprimer, toutes les combinaisons usitées des mots d'une langue renferment toutes les combinaisons des idées d'un peuple, du moins à peu près.

Que si l'on considère les définitions comme l'analyse des idées, elles forment une partie considérable de la science, et on peut, en effet, les considérer comme telles.

§ XXV.

De la définition des idées.

La définition est une expression plus longue et plus claire des idées qui représentent les mots. Le but de celui qui définit est de faire connaître son idée exactement, avec son étendue et ses bornes, c'est-à-dire de la peindre juste, entière, et de la distinguer de toute autre.

Comme dans les langues riches des peuples instruits, toutes les idées à peu près ont des mots qui les représentent, celui qui connaîtrait tous les mots d'une langue et leurs définitions bien faites, aurait la notion de toutes les idées d'un peuple, et, par conséquent de tous les êtres qui ont frappé son esprit... Cette science est une grande partie de la science totale, mais elle ne la comprend pas toute, car elle n'embrasse que les êtres isolés et leurs rapports ; leurs situations relatives ne lui appartiennent pas. Il est vrai que ces rapports lui sont connus, mais en eux-mêmes, mais comme êtres, et non comme placés entre certains objets étrangers à certains autres.

C'est-à-dire que le recueil des définitions d'une langue donne celui des conceptions d'un peuple, mais non celui de ses jugemens.

Définir, c'est toujours faire connaître le sens du mot, et, par conséquent, la chose qu'il exprime ; on ne peut définir le mot sans la chose, et la chose sans le mot en usant du langage. Mais la définition diffère selon le but. Celui qui définit un mot abstrait, saisit et exprime dans une autre forme le mode commun à tous les êtres auxquels s'applique le mot qu'il veut définir.

Les définitions sont des propositions identiques. Tout jugement par identité est une définition totale ou partielle.

Les étymologies et les origines du sens des mots conduisent aux définitions, mais il ne faut pas les confondre avec celles-ci, qui ne sont que l'explication et la détermination du sens qu'on attribue au mot.

§ XXVI.

Des définitions dans les sciences.

Toute science peut se diviser en deux parties : L'une renferme les notions des êtres en eux-mêmes; l'autre, les rapports qui existent entre eux, leurs différences, leur situation respective, leur union, en un mot, leur relation dans l'ordre total.

Comme dans les langues riches, le plus grand nombre des êtres dont la connaissance renferme une certaine importance a reçu des noms, la notion juste, entière et précise de la signification de ces mots, c'est-à-dire des êtres qu'ils représentent, comprend la portion la plus intéressante de la première partie de la science.

Il est impossible de parvenir au développement de la seconde partie sans posséder la première, d'où dérive la nécessité de la science des définitions.

Cette nécessité résulte encore de ce que les hommes s'éclairant mutuellement et accroissant sans cesse la masse de leurs connaissances en se communiquant leurs découvertes, leurs opinions et leurs idées ; cet effet utile ne peut avoir lieu si cette communication ne s'opère d'une manière claire, juste, et qui ne l'expose pas à l'erreur et aux dissensions. Mais c'est par les signes de la langue qu'elle s'opère ; il faut donc, pour que les idées transmises soient justes, soient les mêmes dans l'esprit qui les reçoit et dans celui qui les exprime, que l'un et l'autre attachent aux mêmes signes exactement les mêmes idées. Sans cela, ou celui qui écoute, doué d'une confiance aveugle, ajouterait foi à des opinions qui ne seraient point celles du professeur dont le jugement le subjugue, ou, moins docile, les idées que lui transmettrait l'expression lui paraîtraient fausses, et il disputerait contre le maître, faute de connaître ses véritables opinions. Il ne comprendrait point les leçons qui lui seraient données ; il n'apercevrait que des idées incohérentes qui, dans le cerveau du créateur, lui sembleraient dépourvues de liaison ; et certain, d'après cela, que les affections de cet être intelligent, n'ont pu porter sur les êtres que lui représentent les signes dont il s'est servi, ou il cessera d'écouter les leçons de ce parleur inintelligible dont les découvertes seront ainsi perdues pour lui, ou, doué de plus de présomption et d'ardeur, il tentera de saisir le vrai sens de ses paroles, en s'éloignant de celui qu'il leur avait assigné d'après ses connaissances de la langue, et il s'exposera à des travaux inutiles, à des erreurs, à mille obstacles, à de grands inconvéniens.

C'est surtout pour les mots qui représentent des êtres moraux, abstraits ou métaphysiques, que les définitions sont nécessaires, parce qu'il arrive beaucoup plus souvent qu'on y attache des significations différentes.

Le plus grand nombre des disputes qui ont partagé et souvent divisé les hommes, naissaient du défaut de définitions. Doués de la même organisation, sentant à peu près de même, nous apercevrions entre les mêmes êtres à peu près les mêmes rapports; mais lorsqu'un de nous affirme un certain rapport entre deux êtres, et qu'un autre pense qu'il l'affirme entre des êtres qui ne sont point ceux-là, ou prend un autre rapport pour ce rapport-là, il n'est point étonnant que l'assertion lui paraisse infidèle.

Sans des définitions exactes, le langage, dont un des buts les plus importans est que les hommes se communiquent leurs découvertes dans le champ de la vérité, sert, au contraire, à entraîner les crédules dans l'erreur, à diviser les esprits forts qui ne croient point sur parole et pensent différer d'opinions, à établir des préjugés absurdes et dangereux, à produire des dissensions funestes.

Presque tous les mots, destinés à exprimer des idées, rendent, selon les cas, plusieurs significations : mal nécessaire ! parce que le nombre infini de modifications de cette espèce que le cerveau de l'homme peut concevoir, surchargerait la mémoire, s'il fallait que chacune d'elles portât un nom approprié, au point que peut-être la durée de la vie ne suffirait pas pour les y loger. Ainsi, certaines analogies entre une idée innommée et une idée pourvue d'un nom, engagent celui qui la forme à la revêtir de ce nom, soit parce que son intelligence, trompée, croit que l'idée attachée à ce nom par les autres est précisément celle-là ; soit parce que, ne trouvant aucun terme pour l'exprimer, il emploie celui dont le sens se rapproche le plus de sa pensée, laissant au reste du discours la fonction de marquer la différence de cette pensée, à la signification primitive du terme, et de fixer exactement celle qu'il y attache.

De cette pluralité naît l'obscurité et même l'amphibologie des phrases. Le lecteur est forcé de scruter, d'après la situation des idées, et leur arrangement, quelle est la modification précise de chacune d'elles dans le cerveau du parleur. Cette opération obtuse et longue ralentit la conception et l'interdit absolument à certaines personnes; même, comme il est possible que les expressions du parleur, prises dans un autre sens que celui qu'il leur a donné, présentent encore une filiation d'idées naturelles et conséquentes à un système ordonné, elles peuvent, aux yeux mêmes d'un judicieux auditeur, être adoptées sous cette signification infidèle; et la possibilité de l'erreur s'unit ainsi à la lenteur de la conception, dans la masse des inconvéniens qui naissent de la signification multiple des termes mêmes pour ceux qui l'ont le plus approfondie. Mais ce mal est inguérissable dans les livres déjà faits; il est même impossible de le prévenir pour l'avenir.

Il n'est pas moins certain que l'homme instruit qui connaît les diverses acceptions des termes, est bien moins exposé à rencontrer l'obscurité et l'amphibologie, que celui qui, ne leur en attachant qu'une seule, laquelle même n'est quelquefois adoptée par personne, voit toujours nécessairement dans tout ce qu'il lit et ce qu'il entend, toute autre chose que ce qu'on a prétendu y mettre; cette différence d'un mal léger et rare, à un mal continuel, est assez grande, sans doute, pour rendre très utile, à ceux surtout qui se proposent de méditer sur les matières abstraites, l'étude profonde des diverses significations de mots.

§ XXVII.

De l'exactitude de l'expression.

Les vérités écrites et parlées ne sont point, pour l'ordinaire, exactement exprimées ; souvent elles n'ont point la forme la plus favorable ; souvent elles sont énoncées sans les restrictions accessoires ; mais le lecteur est instruit : s'il trouve une découverte importante, il peut la modifier pour son usage.

Des vues spéculatives, comme des choses écrites, il faut le plus souvent que celui qui les applique en juge le sens, en discerne les exceptions, en pèse l'ensemble, en arbitre les contrariétés. Il faut au lecteur de propres lumières pour profiter de celles des autres ; il faut aux lois, aux maximes, un bon interprète pour les appliquer.

Mettre sur la voie, faire penser, donner des principes, c'est souvent tout ce que font les recueils d'idées les plus riches.

Comment Montesquieu eût-il pu développer ses vastes aperçus, si le génie de la fécondité n'eût destiné son œuvre au génie de l'intelligence ?

§ XXVIII.

Des assertions.

Nos assertions sont, pour l'ordinaire, le résultat de quelques raisonnemens ou d'expériences que nous n'annonçons pas, que nous n'indiquons pas, et que la plupart des hommes seraient hors d'état de rendre avec netteté. Ces raisonnemens sont assez ordinairement appuyés sur d'autres résultats, fondés à leur tour sur l'opinion des autres, sur le préjugé, etc. Ainsi, l'on sent que, pour former une assertion, il est bon de revenir, au moins mentalement, sur le raisonnement qui l'a produite, et d'en vérifier les bases, c'est-à-dire, toutefois, lorsque cette assertion est plus importante que cette recherche n'est pénible.

§ XXIX.

Des preuves.

Prouver, c'est faire juger, c'est présenter aux hommes des idées telles, qu'elles produisent certains jugemens.

On appelle persuader, faire croire aux hommes, non en leur donnant lieu de porter un jugement clair et certain, mais en disposant leurs sentimens de manière à produire en eux une certaine opinion : cette opinion est bien toujours un jugement, mais ce jugement s'opère sous les auspices de la passion, qui grossit, diminue, change les objets, qui cherche elle-même les preuves ou les écarte ; et cette passion est l'effet du discours que nous appelons persuasif.

On prouve, en procédant du connu à l'inconnu, c'est-à-dire en développant qu'une proposition contestée, est renfermée dans une proposition reconnue ; que celle-ci étant vraie, l'autre l'est aussi, et que le jugement de celle-ci, renferme implicitement celui de la première.

Les signes sont des êtres connus, dont l'existence suppose celle d'autres êtres : ainsi, l'existence de l'effet connu, suppose celle de la cause inconnue. Elle suppose aussi celle des autres effets de cette cause, et l'existence de la cause connue, suppose celle de ses effets nécessaires.

Les propositions générales, émanées d'une induction parfaite, les propositions généralement adoptées, supposent la vérité de toutes les propositions particulières qu'elles renferment.

Les axiômes et les proverbes sont de cet ordre de preuves.

L'énumération des parties toutes connues, produit la preuve du tout, et cette espèce de preuve du partage de l'analyse, est opposée à la précédente.

Si la proposition reçue ne renferme ou ne suppose pas évidemment la contestée, une autre ou plusieurs autres propositions développent cette union.

§ XXX.

Suite.

Si l'on veut prouver, il ne faut pas paraître y avoir intérêt, ni paraître désirer qu'on vous croie, ni enfin paraître vouloir prouver; car si vous paraissez cela, on croira que vous avez cherché et réuni les preuves avec soin, qu'il en existe d'autres, mais que vous avez caché attentivement ce qui les combattait, ce qui les infirmait; que même vous avez menti en les alléguant, ou que vous leur avez donné une forme qui les rend trompeuses; que vous feignez seulement d'y croire vous-même.

§ XXXI.

Des syllogismes.

Si un jugement n'est pas assez évident pour être saisi à l'instant par l'esprit, ou si l'union de deux êtres ne se présente pas à lui sans effort, on amène un troisième être qui, par son union aux deux premiers, prouve, c'est-à-dire fait apercevoir, fait juger l'union de ces deux premiers; voilà le syllogisme.

Les deux premiers êtres portent, l'un le nom de sujet ou petit terme; l'autre, celui d'attribut ou grand terme; le troisième, celui de moyen.

Sous un autre point de vue, le syllogisme offre un jugement évident, qui en renferme implicitement un autre contesté.

Composé de trois propositions, l'une offre le jugement contenant, l'autre le contenu, le troisième montre que le contenant renferme, en effet, le contenu.

Ces trois propositions comprennent la comparaison du moyen aux deux premiers termes, et la conclusion, c'est-à-dire l'exposition du jugement auparavant contesté, et devenu clair.

On appelle majeure, la proposition qui renferme le moyen et l'attribut comparé; mineure, celle qui renferme le moyen et le sujet comparé; et ces deux propositions, lorsqu'on veut les distinguer de la conclusion, se nomment prémisses.

Quelquefois le syllogisme n'est composé que de deux propositions, c'est lorsque l'union des moyens à l'un des premiers termes est assez évidente pour n'avoir pas besoin d'être affirmée, et qu'il suffit de le montrer joint à l'autre terme, pour que les deux termes paraissent unis ensemble.

Beaucoup plus souvent, le syllogisme renferme plus de trois propositions.

La première sorte de cette classe de syllogismes se nomme gradations; c'est l'emploi de plusieurs moyens, dont l'un est uni au grand terme, l'autre au petit, et qui, étant tous unis ensemble, démontrent l'union de ces deux termes. On peut la diviser en plusieurs syllogismes de trois termes.

La seconde, nommé épichérème, est très commune; elle ajoute leurs preuves aux deux prémisses.

La troisième est le dilemme, qui arrive lorsqu'on divise l'un des termes en plusieurs parties, pour les unir à autant de moyens qui se trouvent tous unis à l'autre terme.

Les logiciens donnent deux règles fondamentales dans lesquelles le syllogisme ne conclut point, c'est-à-dire deux modifications nécessaires pour que le jugement contenant, renferme nécessairement le jugement contenu, et pour que, par l'union du moyen aux deux autres termes, celle de ceux-ci soit démontrée :

1° Nul des termes ne doit être plus général dans les conclusions que dans les prémisses.

2° Le moyen doit être pris au moins une fois universellement.

La comparaison du moyen aux deux termes ne démontre que l'union de ces deux termes, tels qu'ils sont comparés, et non plus grands ; s'ils l'étaient, cette union pourrait n'être que de la partie qui a été comparée au moyen.

Si l'on comparait à l'un des premiers termes une partie du moyen, et à l'autre, une autre partie, cette comparaison ne demontrerait pas l'union des deux premiers termes ; ces deux parties n'étant pas essentiellement les mêmes, il faut que l'union du moyen à l'un des termes soit de tout ce moyen, pour que l'union d'une de ces parties à l'autre terme, démontre l'union des deux termes.

Les logiciens ne s'en tiennent pas à ces deux règles ; comme ils divisent les syllogismes en plusieurs modes qui sont les simples, les simples complexes, les simples incomplexes, et les conjonctifs qui sont conditionnels disjonctifs ou copulatifs; et comme chacun de ces modes est susceptible d'être exposé et présenté sous un certain nombre de figures, ils ont établi pour ces divers modes et figures, des règles, c'est-à-dire des modifications nécessaires, hors desquelles le syllogisme ne conclut pas.

Les propositions ont été divisées en quatre espèces, savoir : 1° universelles affirmatives; 2° universelles négatives; 3° particulières affirmatives; 4° particulières négatives.

De la combinaison de ces propositions, se sont formées les différentes figures de syllogismes dont une partie seulement, se trouvant conforme aux règles, comprend les syllogismes concluans.

La marche du syllogisme est conforme à cette énonciation générale de la méthode de découvrir et démontrer la vérité, qui est de procéder du connu à l'inconnu, car c'est de l'union du moyen aux deux premiers termes, qui est connue, que l'on conclut l'union de ces termes, qui était inconnue.

§ XXXII.

De la périphrase.

La périphrase est une expression qui substitue

au nom propre d'une chose, une description plus ou moins exacte.

La périphrase doit s'employer lorsqu'elle est plus apte que le mot propre à produire l'effet désiré ; lors, par exemple, qu'elle présente le sujet sous une face propre à affecter le lecteur comme nous voulons qu'il le soit.

Si je veux que le sujet lui paraisse noble, hideux, gràcieux, important, au lieu de prononcer son nom, qui, en offrant l'idée de toutes ces modifications à la fois, ne laisserait apercevoir qu'imparfaitement celle sur qui je veux porter l'attention, j'userai d'une périphrase qui, suffisante pour faire distinguer l'objet, ne présentera cependant que le moins possible de ces qualités étrangères, propres à éloigner l'esprit de celles que je veux faire considérer.

Lorsque la périphrase n'a pas des effets utiles, elle doit presque toujours être proscrite, car elle allonge, elle nuit à la clarté, elle partage l'attention, et fait présumer souvent le travail et l'affectation.

§ XXXIII.

De la citation, ou de l'art de citer.

Je ne considère la citation que dans la conversation et dans ces légères productions dont le langage se rapproche le plus de celle-ci. J'examinerai sans ordre les effets et les modifications auxquelles elle s'allie; quelle est l'utilité de l'art de citer, et quelles formes il faut que la civilisation adopte pour être couronnée des divers succès qui lui sont propres?

La citation ressemble à la métaphore, ou plutôt n'étant dans certain cas qu'une métaphore, elle est susceptible de remplir les mêmes indications. Comme elle, elle ennoblit, dégrade, modifie les objets par le reflet, par le contraste, et les colore de ses propres teintes. Ces propriétés la rendent habile à verser la louange et le ridicule; pouvoir précieux, qui fait dans la société la plus grande force de celui qui sait s'en servir avec adresse!

La citation annonce dans celui qui l'emploie l'instruction unie à un esprit vif, qui aperçoit promptement les analogies des choses et les lie, les rassemble, les rapproche avec sagacité.

Elle prouve encore une mémoire heureuse et l'intelligence d'un esprit qui lit avec fruit, avec ardeur, pour la jouissance et non pour la gloire.

Elle prouve ainsi à la fois, lorsqu'elle est ingénieuse et bien appliquée, l'esprit, le goût, l'instruction et la mémoire.

Il est des citations presque triviales; celles-là

sont devenues lieux communs, n'annoncent nulle instruction, et ne prouvent l'esprit que par la finesse de l'application et l'à-propos.

Celles de phrases peu connues peuvent souvent n'être pas saisies; mais si le choix en est délicat et juste, elles donneront aux yeux des gens qui apprécient, la preuve d'un goût moins équivoque et qui appartient à soi.

Une citation noble et grande, appliquée à un sujet petit ou ridicule, le rabaisse beaucoup ordinairement par la comparaison; mais la citation basse et commune, appliquée à un sujet élevé, l'attire à elle au lieu de faire ressortir son éclat; au moins, pour l'ordinaire, la citation est-elle très propre à distiller le ridicule.

Des choses qui ne seraient que fades ou grossières, dites simplement, deviennent admissibles, exprimées par une citation, parce que celle-ci leur donne de l'esprit, et que, pour accueillir l'éloge et la satire, je veux dire son propre éloge et la satire des autres, le monde a besoin d'un prétexte qui paraisse servir de motif à son approbation.

La citation latine est pédante, cependant elle commence à l'être moins. Au reste, l'air de prétention levé, elle ne saurait le paraître, mais elle pourra passer pour mauvais goût, si elle est longue, devant des gens qui ne l'entendent pas.

La citation italienne est souvent admise. Elle annonce un talent commun, mais à la mode.

J'observe qu'elle sera d'autant plus approuvée qu'elle sera plus intelligible, cette qualité ne laissant pas soupçonner le dessein de prouver sa supériorité.

La citation grecque prouve le savoir, mais il faut de l'art pour la garantir d'être pédante. Celles en hébreu, en arabe, sont dans un cas semblable.

Les citations anglaises, allemandes, espagnoles, ne sont pas à couvert de ce reproche, lorsqu'il n'y a personne là qui les entende; mais il est plus facile de les en sauver.

On sent que les citations doivent se puiser dans les livres dont on veut paraître posséder les connaissances.

Lorsque l'ouvrage ou la phrase citée est peu connue, il est utile de l'indiquer.

§ XXXIV.

De l'analogie.

L'analogie est l'existence de quelque chose de pareil dans plusieurs êtres.

Elle est pour beaucoup dans nos sciences et

dans nos arts; elle a été la source de la plus grande partie de nos découvertes et de nos erreurs, comme l'instrument d'une grande part de nos plus précieux ouvrages.

Les signes analogiques ont été, dès l'enfance de l'humanité, l'instrument le plus ordinaire de la transmission des idées. Après avoir commencé les langues, l'analogie a continué de les enrichir : elle les interprète et elle les embellit par le coloris dont elle peint les idées qu'elle exprime.

Je comprendrai parmi ses ouvrages, ces fictions ingénieuses qui donnent aux pensées les plus abstraites, du corps, un coloris gracieux, des accessoires intéressans, l'allégorie, la fable, les personnifications, productions de l'imagination guidée par l'aperçu de l'analogie, et dont celle-ci fait le caractère et la principale beauté.

L'analogie, attentive à nos plaisirs, donne une expression aux objets les plus indifférens; elle nous fait apercevoir autour de nous, sous mille formes, l'image d'un bien absent ou éloigné; présidant avec les autres rapports aux liaisons de nos idées, elle les entraîne et les ramifie à l'infini.

C'est encore elle qui, sous le nom de l'imitation, embellit les productions de l'art et leur communique ce pouvoir enchanteur de propager l'illusion.

§ XXXV.

Des sophismes.

La logique de Port-Royal compte neuf sortes principales de sophismes :

1° Prouver autre chose que ce qui est en question ;

2° Supposer pour vrai ce qui est en question ;

3° Prendre pour cause ce qui n'est point cause ;

4° Dénombrement imparfait ;

5° Juger d'une chose par ce qui ne lui convient que par accident ;

6° Passer du sens divisé au sens composé, ou du sens composé au sens divisé ;

7° Passer de ce qui est vrai à quelque égard, à ce qui est vrai simplement ;

8° Abuser de l'ambiguïté des mots ;

9° Tirer une conclusion générale d'une induction défectueuse.

§ XXXVI.

De la métaphore.

La métaphore est une figure de rhétorique qui

consiste à énoncer une idée en en exprimant une autre qui a avec elle certaines analogies.

La métaphore s'emploie lorsque l'expression précise est trop faible, trop obscure, trop prolixe, et ne se présente pas aisément.

La passion qui cherche la rapidité et la force, ne pouvant trouver les expressions propres, s'indigne de leur froideur et emploie la métaphore. La philosophie, qui cherche la justesse et la clarté, s'en sert aussi, lorsqu'elle trouve les signes ordinaires obscurs et diffus.

L'enfant, le sauvage, qui ne possèdent qu'une langue imparfaite, qui forment les idées avec rapidité, qui sont impatiens de se faire entendre, et dont le cerveau sensible est sans cesse tapissé d'images, substituent les métaphores aux expressions qu'ils ne connaissent pas.

L'orateur qui prétend à la beauté de l'imagination, qui veut persuader, émouvoir, entraîner par des expressions fortes, abuse souvent d'une malheureuse facilité : c'est la sécheresse avec l'abondance ; il remplit son discours de métaphores ; il les envoie à la file, en croupe les unes derrière les autres, se chassant, se poussant, se pressant ; et l'auditeur, qui admire d'abord, se lasse bientôt.

Voulez-vous faire une impression vive ? Ne fatiguez pas celui qui vous écoute ; réservez pour le moment où vous ferez parler le sentiment, la force des expressions, la vivacité des images : l'exposition didactique ne doit point émouvoir le cœur, mais instruire l'esprit; il faut qu'elle soit juste, simple, nette, et non pas fastueuse. Les figures sont un luxe inutile, qui nuit à la beauté réelle en dérobant à l'œil la vraie proportion des formes et les grâces naturelles du fond.

Les figures entassées, nuisent nécessairement à la clarté; d'ailleurs, elles ne laissent point à l'esprit qui écoute ce caractère de sang-froid sans lequel on ne saurait ni saisir, ni suivre parfaitement la suite des idées qu'on nous offre : on est étourdi, troublé, bientôt lassé; des sensations trop multipliées s'élèvent d'abord pour qu'on les sente avec netteté, pour qu'elles laissent des traces fixes; ensuite, l'imagination, fatiguée, n'est plus susceptible d'en éprouver; le vide succède à un état fatigant, et il n'est résulté d'une harangue composée à grands frais que quelques secousses brèves et confuses, du malaise, du dégoût, et, tout au plus, une vaine admiration de la part des sots.

Toutes les fois que, dans un discours d'une certaine étendue, le fond, la partie la plus considérable, ne sera pas simple, c'est-à-dire propre seulement à faire des impressions douces, il ne produira jamais un grand effet.

§ XXXVII.

Suite.

Voici maintenant les avantages et les inconvéniens de la métaphore.

Elle peut, suivant les cas, éclaircir, ennoblir, embellir, ridiculiser.

Si nous observons ses effets, nous y apercevrons une division bien marquée : les uns sont de présenter l'objet tel qu'il existe ; les autres, de lui donner une forme, une modification, telles qu'on le désire.

La clarté de l'idée, occupe la première division des effets.

La noblesse, le ridicule, la grâce qu'on répand sur l'objet comparé, composent la seconde.

L'usage de la métaphore a d'autres effets encore, qui ne consistent pas dans une manière d'être des idées, mais dans le caractère que l'orateur en reçoit ; car, suivant le nombre des métaphores, leur genre, leur forme, leur place, elles font présumer la passion, l'imagination, la netteté de l'intelligence, l'affectation.

La métaphore a des effets propres qui ne consistent pas non plus dans la façon dont elle modifie l'orateur ou l'idée, mais dans le coloris, dans le caractère que sa présence répand sur le discours, indépendamment de la nouvelle manière de paraître de l'orateur et de l'idée.

§ XXXVIII.

Des figures.

Beaucoup de figures sont permises au peintre de la passion, qui ne sauraient l'être à l'homme passionné.

De l'un, l'imagination est émue et excitée par les tableaux qui sont sous ses yeux ; de l'autre, elle est entièrement étouffée par l'émotion personnelle qui le remplit.

Ce qui est, dans l'un, sensibilité d'aperçus, serait, dans l'autre, distraction de sa passion, froideur, fausseté, pédanterie.

L'imagination trouve donc naturellement plus de développement et de liberté dans le descriptif et l'épique, que dans le dramatique.

Mais le dramatique reçoit des nuances par le caractère de l'acteur.

Chacun a les habitudes, la manière de voir, de peindre et de sentir, qui se retracent dans son style passionné, dans ce style qui, ne devant point être un fruit de la réflexion, mais un écoulement du cœur, est une fidèle émanation de tout ce que mirent en nous l'habitude et la nature.

Il faut quelque chose d'aimable aux fictions pour plaire; mais les peintures vraies ont un charme particulier par cela même qu'elles sont vraies.

Outre le mérite de l'imitation, il est certain que la réalité et sa représentation ont un intérêt extrêmement général, extrêmement puissant : à l'analyser, on trouverait qu'il a quelque chose de commun avec l'intérêt qu'inspirent les choses sincères et senties, à l'encontre des affectées.

§ XXXIX.

Des fictions.

La fiction est une œuvre de l'imagination, ou une combinaison de signes, que l'observation n'a point fait apercevoir dans les êtres.

§ XI.

Du portrait ou de l'éthopée.

L'éthopée est la peinture des mœurs, du caractère, de la manière d'être physique et morale de quelqu'un.

Ses buts sont variés : elle peut n'être destinée qu'à faire connaître une seule personne ; elle peut l'être à éclaircir la science des hommes, à distinguer, à pénétrer ceux qu'on rencontre dans le cours de la vie. Nous allons rechercher quelles doivent être, selon ses différens buts, ses différentes qualités.

Est-elle destinée à ne faire connaître qu'une seule personne, à peindre ses mœurs et son tempérament ? On les rapportera avec ses passions et ses opinions ; on calculera les effets qui doivent résulter de tout cela dans diverses circonstances. Disons mieux : veut-on faire connaître un homme pour apprendre à se conduire envers lui ? On fera ce que nous venons de dire ; on cherchera à approfondir ses passions, en les rapportant à son tempérament, à ses opinions, à ses mœurs ; puis on déduira les effets de ces passions.

Veut-on faire connaître absolument un homme ?

On pourra faire le tableau de sa figure et de ses actions, c'est-à-dire peindre ses mœurs, ses habitudes ou ses traits piquans ; puis on décrira sa constitution ; ensuite on dira quelles circonstances ont agi sur lui, ont modifié ses idées, et lui ont fourni des opinions ; on le peindra tel que l'a rendu sa constitution combinée par ces circonstances, et l'on rapportera ce caractère aux actions que l'on a représentées d'abord. On pourra, si l'on veut, le supposer dans diverses circonstances et calculer ce qui en résulterait.

Cette dernière méthode servira à éclairer la connaissance de l'homme, en enseignant quelles actions produit certaine combinaison de caractère.

Est-ce le ridicule d'un personnage qu'on veut faire saillir en faisant son portrait ? On recherchera tous ceux qu'il renferme, et on mettra en usage les expressions et les méthodes déduites ailleurs.

§ XLI.

Des tableaux.

Le tableau est la représentation de certains objets, dans un ordre de temps simultané.

§ XLII.

Des axiômes.

On donne le nom d'axiômes à des propositions dont l'esprit aperçoit la justesse, dès qu'il en considère l'objet.

Ce sont des jugemens que tout le monde forme de même, dès le premier examen.

Les axiômes dont on fait usage, et les seuls peut-être auxquels on donne communément ce nom, sont des jugemens sur des idées générales qui se trouvent renfermées dans un grand nombre d'êtres, de manière que le même jugement peut se prononcer sur tous ces êtres divers.

§ XLIII.

De l'emploi des maximes.

Une maxime est une idée utile, importante, aboutissant à des rapports étendus, exprimée en peu de mots. Mais les premiers attributs ne lui sont pas absolument essentiels; on pourrait la définir, une idée vaste, exprimée en peu de termes et renfermant une assertion.

Une maxime est un précepte, lorsqu'elle recommande quelque chose.

Elle doit être un principe d'où découlent beaucoup de conséquences. Elle doit être courte et facile à retenir ; son rôle est d'éclairer l'esprit, sans fatiguer la mémoire ; c'est une source d'où l'intelligence fait couler, au besoin, les diverses branches qui en dérivent.

§ XLIV.

Des formules.

Les résultats faits, les formules données des sciences, sont toute la fortune des petits esprits ; elles sont pour l'homme de génie comme une monnaie vile, mais courante, qu'il emploie sans cesse et qu'il affecte de dédaigner.

La paresse, la pratique rapide, la mémoire mécanique, les demandent à tout moment.

Elles sont au nombre de ces emprunts que la brièveté du temps, la multitude des objets, la faiblesse de l'esprit et de la mémoire, nous forcent à faire sans cesse, sur l'intelligence, sur le travail des autres hommes.

La différence, c'est que l'homme de génie les

applique à propos, les remonte au besoin, les émonde, les perfectionne, les perd sans être déconcerté, les délaisse pour une route plus avantageuse ; mais l'homme commun les suit en aveugle, comme des prophètes, qu'il croit et qu'il n'entend pas, et dès qu'ils cessent de parler, l'homme commun, qui a sacrifié pour les suivre toutes ses facultés naturelles, demeure sans ressource et à l'abandon.

§ XLV.

Du pittoresque.

Le pittoresque est ce qui, joignant la singularité à l'expression, affecte notre âme d'une manière d'autant plus vive qu'elle est moins ordinaire.

La beauté en tous genres n'a qu'un faible pouvoir si elle n'est pas pittoresque. Comment ses impressions seraient-elles vives, si nos sens y étaient habitués ?

Le pittoresque frappe notre âme par l'étonnement, une autre affection doit s'y joindre, il faut même qu'elle soit vive, mais celle-là est essentielle.

Des monts hérissés de pointes, chargés de pins antiques, sillonnés par des torrents d'une profondeur incommensurable, sont pittoresques pour le paisible habitant des plaines, que leur aspect surprend, que leur péril épouvante, dont l'âme exaltée, l'imagination secouée, tous les sens ébranlés à leur approche, ressentent des impressions aussi violentes que nouvelles; mais ils ne le sont pas pour l'indigène, qui vit dans leur sein dès sa naissance, et qui n'éprouve en les parcourant qu'une frayeur que l'habitude a tempérée.

C'est de la même manière qu'une narration est pittoresque, qu'une épopée, une peinture, reçoivent aussi ce grand titre; c'est ainsi que Milton, Shakespeare, Sterne, et presque tous les auteurs anglais sont pittoresques, même peut-être aux yeux de leurs compatriotes; car l'humeur indépendante de ces insulaires, la variété de leur climat, les incohérences du sol qu'ils cultivent, introduisent dans leurs sensations, dans leurs systèmes, dans leurs manières, des dissemblances qui ne se trouvent point parmi nous.

L'Anglais orgueilleux pense d'après lui-même; il est moins docile aux préjugés que les autres hommes; il agit à sa manière sans être influencé par les usages. La solitude qu'il chérit contribue aussi à singulariser ses idées et sa conduite; il est très sensible, et cette vive sensibilité en donnant plus d'énergie, plus d'étendue, plus d'excès à tous les actes de ses facultés, rend ses singularités plus saillantes ; aussi l'Anglais, fortement caractérisé, intéressant d'ailleurs par ses talens et son énergie, doit-il, aux yeux même de ses concitoyens, présenter des effets nouveaux et frappans.

Les écrits des voyageurs sont pittoresques ; c'est qu'ils nous offrent les images que la non-habitude de les voir rend singulières pour nous, leurs sentimens, leur style même semblent l'être ; c'est que l'impression qu'ils reçoivent et qui les anime, qui crée, qui dirige leurs actions, est une impression nouvelle pour nous, que nous n'avons point éprouvée, et dont nous n'avons pas vu les effets ; cet état de l'âme, ces effets qui en dérivent, ce langage qu'il emploie, sont pour nous des choses singulières, et lorsque leur intérêt est vif, elles doivent nous paraître pittoresques ; mais c'est surtout chez le voyageur philosophe que l'on trouvera ce caractère ; c'est qu'il ne pense pas comme la multitude ; il n'aperçoit pas les choses à travers ses opinions et ses préjugés ; il n'est pas attiré, intéressé par les mêmes objets, et les passions qui le meuvent, les sentimens qui l'éprouvent, toujours relatifs aux idées qu'il a de chaque chose, ne ressemblent point à ceux dont le commun des hommes est affecté. Ainsi ses observations, ses pensées, ses jugemens, ses remarques, sa sensibilité, tout en lui, porte pour nous le caractère de sa singularité et s'éloigne infiniment de tout ce qui nous est connu dans le même genre.

Ceux qui ont lu les poésies bardes, n'aiment pas leur pittoresque, et ils ont raison. *Ossian*, tout pittoresque qu'on le trouve, ennuie et fatigue bientôt; il est peu clair, la multitude des noms propres met dans ses idées une confusion qui lasse l'intelligence. La série des touches fortes et uniformes qui frappent la sensibilité sans interruption, la blâse et détend ses ressorts. Alors le livre, toujours pittoresque par sa nature, ses images, son style, les sentimens exaltés qu'il exprime, cesse de produire les effets de ce genre, il endort comme les *Incas*, et tant d'autres productions de la même nature qui renferment de la boursoufflure sans expression, et de l'exagération sans singularité. Milton ressemble infiniment au fils de Fingal. Le touchant *Werter*, un des livres les plus pittoresques qui aient été faits, présente une singularité toujours vraie, toujours intéressante, toujours caractérisée par l'expression la plus puissante, et ne ressemble à aucun tableau de la nature, en ressemblant parfaitement au modèle, parce que dans l'immense variété des formes et des modifications qu'elle présente, il a su choisir et celles qu'on a le moins imitées et celles qui frappent le plus vivement les cœurs. *Young* a aussi mérité le titre de pittoresque ; mais je me perdrais dans des discussions infinies, si je parlais de tous les poètes de la nation qui ont eu cette épithète.

Une réflexion simple nous fera sentir que presque tous les poètes étrangers doivent être pittoresques pour nous. Il est de l'essence de la poésie d'être expressive, il est de l'essence des productions étrangères d'être singulières à nos yeux.

Cependant, nous ne sommes pittoresques, nous, pour personne. Nos poètes aspirent rarement à frapper fortement, à ébranler par secousses des lecteurs peu susceptibles de l'être, et qui ne le leur demandent pas. Nos âmes délicates, ouvertes à toutes les impressions, leur offrent des triomphes plus analogues à leurs talens. Ainsi leurs productions légères, ornées de détails charmans, renfermées dans des plans bien combinés, réveillent mille sensations douces dans des organisations fines, capables de sentir et d'apprécier des riens. Mais pour ceux-mêmes qui sont le moins accoutumés à l'espèce de caractère de ces poésies, elles n'offrent point ces traits expressifs qui pénètrent vivement le cœur, le remuent, l'exaltent, le subjuguent avec empire. Si quelques écrivains de ce siècle se croient doués d'un génie digne d'exécuter ce grand genre, ou si séduits par la gloire que promet une carrière sans rivaux, ils ont entrepris de parler fortement au cœur, le grand nombre par l'invraisemblance de leurs tableaux, par le mélange vicieux de l'affectation, par le défaut d'originalité, a frappé trop loin du but et n'a atteint que les sots personnages, souvent très sensibles, parce que leur cœur n'est point soumis à leur esprit. Quelques-uns ont été plus heureux, j'en conviens; mais parmi ceux-là même, peu me paraissent s'être acquis le titre de pittoresques, faute de singularité.

§ XLVI.

De la facilité.

La facilité est exclusive de la profondeur, excepté lorsqu'on travaille sur un sujet préparé et mûri, et qu'on jette dans un bon moment; exceptons aussi le génie, car il est certain qu'il jette parfois avec facilité des idées profondes, entièrement nouvelles pour lui-même.

Quant à la méthode de jeter avec facilité d'un seul trait des matières précédemment mûries, c'est certainement la voie du naturel et de la vérité.

Quoique la disposition à la facilité, exclue souvent celle de la profondeur, ces deux facultés sont conciliables.

Mais je pense qu'on trouvera peu d'hommes profonds en qui la facilité soit continuelle. Ce serait alors un effet de l'art auquel la nature opposerait beaucoup d'obstacles, soit mollesse, soit continuelle mobilité.

L'habitude effective du travail facile, est encore plus décidément exclusive de profondeur. C'est alors présomption, superficie, contentement de peu.

Les esprits égaux, sont les esprits mous et incapables d'efforts, qui sont toujours souples, ou qui ne travaillant jamais, n'ont jamais besoin de repos.

Les esprits mobiles, sont sans nerf ni chaleur.

Les esprits factices, pleins de formules, d'art, qui sont sans sentiment, sans intelligence intime, n'ont rien de naturel, à côté surtout des esprits matériels qui ne s'attachent qu'à des idées toujours à leur portée.

Remarquez que ces qualités diverses que je rapporte à part, sont très souvent combinées?

Ce n'est que par un effort de la nature, épuisant et bref, qu'un esprit pourrait être de suite originalement actif, avec chaleur et profondeur.

La bonne marche d'un grand esprit, c'est de délasser les forces actives par l'occupation des facultés passives. Il est des momens lumineux où l'on sent, où l'on voit, où l'on est inspiré; mais ils seront stériles ou trompeurs, si la matière n'est rassemblée.

CHAPITRE III.

Littérature.

§ 1er.

Des anciens auteurs.

La plupart des auteurs anciens vantés, paraissent avoir eu plus de goût que de génie. Leurs ouvrages sont plus purgés de défauts qu'ornés de beautés fortes, extraordinaires et originales, en quoi ils sont précisément opposés à l'espèce de mérite qui caractérise principalement les grands poètes anglais.

§ II.

De diverses natures d'écrivains.

Il est des écrivains dont les touches déliées ont besoin, pour émouvoir, d'être en quelque sorte introduites dans le sentiment par une intelligence fine et pénétrante.

Il en est d'autres qui ne prennent pas auprès de certaines gens, parce que le germe des impressions qu'ils veulent produire n'est point en eux.

Il est ensuite des touches fortes, prononcées et d'une efficacité générale, destinées aux lieux publics, à la chaire, au théâtre, au barreau; elles sont faites pour le peuple et la perspective; elles se saisissent au débit. Ces touches puissantes auprès de tous les hommes, le seront aussi pour l'ordinaire sur tous les siècles. Elles font en poésie les réputations durables et générales; les premières font les passions particulières, car ce qui convient à tous, plaît rarement aussi vivement à un seul.

§ III.

De l'art chez différens peuples.

Il faut peindre la nature au moment où on en est saisi.

Alors un coup de pinceau dit plus que tout autre chose.

L'art pur, l'art dépouillé de cette mousse, de cette vapeur toujours attachée à la nature qu'on veut imiter, est comme ces dessins exécutés en serrurerie, froid, sec, chargé de toute la tristesse, de toute l'affectation d'un artifice régulier, grave et calculé.

Mais les émotions surtout, sont ennemies de cette stricte et correcte régularité.

L'Anglais emprunte presque tout de sa tête, et le fond et la forme de ses productions.

On ne peut dire que le Français les puise toujours dans son cœur ;—son guide le plus ordinaire, c'est l'habitude et la convention.

L'Italien est plus servilement imitateur; la littérature est pour lui une nomenclature de formules; mais étranger à tout sentiment du bon et du vrai, il dégrade souvent tout ce qu'il imite.

L'Espagnol fut original autrefois.... la tête domine dans ses productions; mais avec un caractère très distingué de la manière anglaise, avec une imagination impétueuse, impatiente, excessive, passant des chimères de la subtilité, aux chimères de l'exaltation, il s'élance toujours loin de la réalité. Peu philosophe dans le raisonnement, mais naturellement pénétrant et peut-être sage sur le fond des choses; romanesque par inquiétude et par manie; exalté avec ardeur, il est attaché à ses préjugés, parce que la nature, souveraine chez lui, met dans ses organes, du sentiment, de la passion, une action continuelle, et une tension spasmodique qui interceptent toute liberté dans les routes de l'entendement.

Les peuples de ces climats pourraient devenir philosophes pratiques, par habitude et par caractère.... Mais nos froides théories métaphysiques n'auront jamais de grands succès chez eux. — Spéculer froidement, c'est directement contre leur nature ; nous avons un homme chez nous qui semble le type de leur caractère de tête : c'est Montesquieu ; or, Montesquieu avait la plus haute imagination, le plus fidèle, le plus riche, le plus profond sentiment des choses qui se soit vu dans notre nation ; mais le dernier pédant de l'*Encyclopédie* était plus métaphysicien que lui. Au reste, ici comme dans les esquisses qui précèdent, je trace le caractère général et je n'ignore pas que chez ces hommes élastiques et brûlans, la nature doit créer, moins rarement peut-être qu'ailleurs, ces êtres extraordinaires, par les faveurs de la constitution et des circonstances, qui portent avec aisance un poids immense de pensées, et semblent réunir tous les talens par une inspiration surnaturelle.

Les anciens seuls ont senti et peint la nature : eux n'étaient ni dans les régions spéculatives et factices de l'homme artificiel, métis, sans origine et sans caractère, ni dans les régions imaginaires de l'homme dépravé, qui fuit sur les ailes de l'enthousiasme, les tristes et dégoutantes réalités qui l'environnement ; eux vivaient au milieu de la nature, hommes des choses autant que des pensées ; attachés à ce qu'ils possédaient dans toute la vérité de leur âme, ils ne distinguaient point une manière de vivre et une manière de dire : les mêmes affections qui remplissaient leurs momens, nourrissaient leur âme dans le courant de la vie, et formaient les élémens de leurs productions : l'homme et l'écrivain n'étaient pas deux.

Leurs écrits ne sortaient donc pas seulement de leur tête, mais de leur cœur, de leurs sens.... ils étaient un extrait d'eux-mêmes.

Aussi représentent-ils la nature dans toute la vérité, et dans la plénitude de son ensemble.

J'ai dit que les choses qui entraient en nous par les portes du sentiment et de l'imagination, se fixaient dans le souvenir.

Il est certain aussi qu'elles se conçoivent avec plus d'aisance, avec plus de délices et moins de labeur ; qu'elles réveillent l'attention et la corroborent, et donnent tant de vie à l'entendement qu'il s'en étonne et vous remercie avec une délicieuse satisfaction.

Il n'appartient qu'au sage de penser ; mais tout être sensible et voyant, peut peindre.

La théorie d'un homme de génie, je la dévore ; mais à l'esprit ordinaire, je ne demande que des faits, et les descriptions les plus naïves.

§ IV.

Des gens de lettres.

Le sort des gens de lettres, parmi nous, peut se partager en trois âges : pendant le premier, l'imperfection de la littérature ne lui permettant d'offrir ni des plaisirs vifs, ni une utilité réelle, elle dût être faiblement estimée; eût-elle d'ailleurs possédé ces avantages au plus haut point. L'ignorance, les systèmes et le caractère des Français de ce temps né les leur eût laissé ni priser ni même apercevoir. Il n'est donc point étonnant que le mépris où vivaient alors ces talens et ceux qui les possédaient, ne fut que très rarement interrompu par l'arrivée d'un homme de génie, à qui le hasard donnait un homme puissant, capable de le distinguer et de devenir son Mécènes par goût ou par vanité.

Lorsque les progrès de la littérature, ceux de l'instruction, parmi la noblesse surtout, l'exemple de François Ier, engagèrent la nation à accorder quelque encens à l'esprit et aux belles connaissances, le sort de ceux qui les cultivaient devint un peu plus agréable. Pendant ce second âge, que je fais durer jusqu'au règne de Louis XIV, les gens de lettres obtinrent des pensions : on parut les rechercher. On les protégea, pour avoir l'air d'apprécier l'esprit et d'en avoir soi-même ; mais jaloux à l'excès de la considération et du respect, trouvant plus noble de protéger les beaux esprits, que glorieux de se mettre à côté d'eux, les grands dont ils ne savaient point encore enchaîner les égards, les traitaient avec une bonté hautaine, plus faite pour flatter la vanité d'un homme du peuple, que la fierté d'un être pénétré de sa dignité.

Enfin les lettres acquirent encore plus d'influence ; les gens de lettres devinrent plus précieux parce qu'on aperçut en eux les dispensateurs du plaisir et de la gloire. Plus habiles, ils surent mettre à profit ces moyens de captiver les égards ; l'habitude de vivre dans le monde leur avait donné ses goûts ; la vanité leur fit un besoin de la considération ; instruits par l'expérience, de l'empire qu'ils pouvaient exercer sur les opinions, ils en profitèrent pour ennoblir leur état ; ils étaient devenus plus puissans et plus politiques : ils devaient être mieux traités.

L'exemple du prince favorisa leurs vues. Louis XIV, sentant que l'âme des hommes de génie, avides de gloire et de considération, ne pouvait être mue fortement que par ces ressorts, les leur prodiguait avec noblesse, en même temps que sa prodigalité accordait à quelques-uns d'eux, cette aisance si nécessaire pour se soustraire au mépris de la multitude : les grands alors ne craignaient plus de se rabaisser en traitant d'égaux des gens honorés de la familiarité du prince; et l'adulation et la vanité saisirent ce moyen de lui plaire et de s'assimiler à sa grandeur en l'imitant.

Des hommes de qualité trouvèrent bientôt la gloire qui résultait de l'esprit et de la littérature assez brillante pour vouloir la partager; cette association avec les titres, l'ennoblit encore dans l'opinion commune, et ceux qui avaient le plus résisté à la pente générale des mœurs, s'accoutumèrent enfin à réunir, sur le même objet, leur admiration, leur estime et leur respect; on cessa de s'avilir en procurant aux hommes les plaisirs les plus précieux à une société policée.

Avides de la conversation charmante, du commerce doux et voluptueux des beaux esprits; avides de la gloire qu'ils dispensaient par leurs éloges, les grands firent tout pour obtenir ces faveurs, et elles ne furent accordées, par les plus célèbres, qu'au traitement de l'égalité, et à des égards délicats; car à mesure qu'ils se formaient aux passions des gens du monde, les hommes de lettres devenaient plus scrupuleux pour ces choses.

Ce progrès des mœurs s'est étendu de plus en plus ; la philosophie et les sciences ont partagé les avantages prodigués aux lettres ; les unes et les autres exigeant un degré plus saillant pour élever un homme au-dessus de la foule innombrable de ceux qui les cultivent, lui ont aussi concilié la gloire et la considération la plus brillante ; car, par une marche rapide de changement dans les opinions, dans les idées et les passions, l'encens et les autres avantages du mérite personnel, acquièrent chaque jour un éclat nouveau. A mesure que par l'égalité que la pente de notre gouvernement restitue peu à peu entre les hommes, le rang absorbe moins d'hommages. Il semble que l'or et les qualités naturelles se disputent ses dépouilles, et établissent entre les hommes les degrés d'influence qu'autrefois il fixait presque seul.

La littérature jouit peut-être aujourd'hui d'un sort un peu inférieur à celui des sciences naturelles ; c'est que notre siècle, par un effet nécessaire de sa constitution, traite celles-ci avec plus d'estime ; c'est que la nouveauté relève leur prix ; c'est que le partage du siècle qui les crée, est aussi de les concevoir, d'en sentir le prix et de les estimer le plus ; c'est qu'il n'est point pour elles, comme pour les productions littéraires dans les ouvrages des morts, des objets de comparaison qui les effacent.

Le grand monde est pour les beaux esprits une pépinière d'aristarques, doués, pour l'ordinaire, du goût le plus fin, d'un sentiment exquis sur notre langue; ceux qui le composent, aperçoivent des imperfections légères avec une sagacité désespérante. Il est presque impossible de réussir dans certains genres, sans un grand usage du monde; on discerne le style d'un écrivain, homme du monde, de celui qui, solitaire ou relégué dans une autre classe, ne participe point aux bienséances, à l'élégance, aux grâces de la diction épurée qu'on emploie dans la bonne compagnie. Celle-ci, choquée des plus faibles maladresses, d'autant plus qu'elle y est moins habituée, les apprécie souvent trop; mais sa sévérité désespère, parce que c'est surtout son approbation qu'on recherche. Le style n'est pas la seule chose sur laquelle elle soit pourvue d'autant de rigidité que de finesse; tout ce qui est soumis au jugement de la délicatesse, destiné à la flatter, trouve les mêmes difficultés auprès d'elle, et cet écueil terrasse tous ceux qui, sans être doués des mêmes dispositions que ce juge, osent lui consacrer leurs travaux.

A mesure que la pénétration sévère des juges les rend plus redoutables, la difficulté de la matière augmente. L'amas des modèles rend les plagiats presque inévitables. Le raffinement des mœurs rend plus pénible chaque jour la tâche de celui qui prétend les peindre.

Chacun s'instruit, meuble sa mémoire, exerce son imagination, perfectionne son esprit, et comme l'estime que nous accordons aux livres est en grande partie le produit de la comparaison de l'esprit de l'auteur au nôtre, celui-là a besoin de faire de grands progrès pour conserver avec calme un rapport qui l'honore. On prise moins un homme qu'on égale, que celui dont on aperçoit la hauteur sans pouvoir y atteindre. Pour produire une admiration réelle, il faut sans doute de l'intelligence et des connaissances; mais peut-être les faut-il bornées ?

Ce n'est-là qu'un petit nombre des innombrables causes qui font que peu de littérateurs captivent aujourd'hui l'encens du public, et que la foule d'entre eux croupit dans le mépris, ou languit dans un oubli total.

Peut-être serait-ce en cherchant à faire éclore de nouveaux genres, à frapper les sens d'une manière encore inconnue, qu'on parviendrait à les réveiller et que la reconnaissance qui feraient naître quelques impressions vives et voluptueuses, accorderait en retour une réputation brillante; il serait possible que ces essais présentassent des imperfections saillantes dont le goût serait choqué ! Mais répondrai-je, c'est qu'on ne fait point d'impressions fortes, si l'homme de sang-froid conserve un goût sévère; l'homme admire, rend grâces et ne fronde pas, lorsque sa sensibilité est vivement affectée.

Toujours demeure-t-il incontestable, que le système actuel ne peut accorder qu'à beaucoup d'efforts, ou à des circonstances heureuses, une place élevée sur cet horizon, où parviennent les rayons de l'illustration.

§ v.

Influence de la secte philosophique sur la littérature en général.

La secte philosophique de nos jours a eu la pédanterie, l'orgueil contempteur, l'insensibilité de cœur, les abus de théorie, l'esprit réformateur et innovateur sans examen, sans notions suffisantes.

Voyant les préjugés des hommes, voyant l'obscurité des sources de leurs connaissances, les philosophes ont tout traité de préjugé, ils ont renversé toute l'autorité de l'opinion.

Ils recommandaient sans cesse l'observation de la nature, et sans cesse ils s'égaraient dans les écarts où conduit l'insuffisance des observations : — Abus presque nécessaire des études spéculatives, ils raisonnent beaucoup leurs notions; mais ce qu'ils savaient fournissait trop peu de nourriture à l'activité de l'intelligence.

Penser, au lieu d'apprendre; ne croire à rien, juger d'après soi, raisonner tout, telle a été notre marche; et puis, l'enthousiasme, les écarts, les vices, tous les excès d'un tel esprit se sont répandus dans le monde; les jeunes gens surtout l'ont accueilli, l'ont exagéré; les influences bonnes et mauvaises se sont montrées sous une multiplicité, sous une variété de formes qui voudraient un grand livre pour être décrites.

Ces mêmes hommes ont eu la dialectique, l'ordre, la précision, l'étendue, la vérité des abstractions et tous les autres avantages d'une saine métaphysique.

Le monde a reçu d'eux un nouveau langage comme un nouveau caractère; les expressions sont devenues précises, froides, libres, selon les circonstances; il en est résulté une pédanterie particulière, des innovations de langage, des formes métaphysiques.

On a réformé beaucoup d'erreurs, on est devenu moins crédule, on a eu beaucoup moins de choses et on les a beaucoup plus raisonnées.

Mêlées à cette ignorance, à cette liberté d'opinion, à cette tournure spéculative, la faiblesse des cœurs et des têtes a entraîné l'homme dans des écarts multipliés et bizarres; ainsi, 1° les systèmes se sont multipliés sans bornes en tout genre; 2° on a vu naître toutes ces folies métaphysiques du magnétisme, du martinisme, des enthousiasmes religieux.

Les temps d'ignorance créent les préjugés palpables, les temps des sophistes créent les écarts métaphysiques.

L'esprit didactique, analytique, s'est placé lui-même où il devrait se trouver le moins; les héros tragiques sont devenus philosophes, les passions se sont exprimées par maximes; la poésie, nourrie de métaphysique, s'est desséchée; le langage de la tête mis à la place de celui des sentimens et des sensations, n'a tout au plus substitué à leur onction, à leur chaleur, que le brillant de l'enthousiasme.

§ VI.

Influence de l'esprit philosophique sur la poésie.

Aux conquêtes de l'esprit philosophique, l'esprit poétique a beaucoup perdu. Quelques vérités poétiques se sont découvertes; mais les champs de l'imagination, les arsenaux inépuisables de chimères, de songes sans nombre et sans bornes en leurs figures fantastiques, où le poète choisissait à son gré des armes toujours nouvelles et toujours sûres, se dépeuplent, et leur souvenir même va disparaître de la mémoire des générations.

La manie du vrai étouffe, un moment du moins, l'empire des erreurs agréables.

Non seulement l'esprit se prête à regret aux illusions, mais perdues pour l'opinion, leur crédit, privé de son principal appui, tombe de toutes les manières; l'art dédaigne de les employer, la mémoire de les conserver...

Les fées, les esprits, les revenans, les ombres, ne jouent plus de rôles.

Les religions s'évanouissent avec toutes leurs richesses.

Erreurs brillantes, erreurs sentimentales, erreurs de l'imagination et du cœur! l'homme s'enorgueillit vainement d'avoir secoué vos chaînes, soulevé vos voiles..... Votre esclavage est à regretter.

Telle qu'une maîtresse tyrannique! sous ses lois, l'homme était esclave, aveugle; mais il était sentant et occupé... Sa vie ne s'écoulait pas alors dans une course forcée; après l'intérêt qui le fuit, les émotions venaient le chercher et valaient encore mieux que notre laborieux néant.

On a dédaigné les religions; il a fallu pour la

poésie, il a fallu pour tromper le cœur, personnifier les êtres abstraits, créer des dogmes nouveaux, tellement que le cœur et la tête recommencent déjà à s'y tromper, et que de nouvelles religions sont à leurs berceaux.

Privés de leurs alimens, les esprits enthousiastes n'ont pas long-temps enduré la faim ; saint Martin et Mesmer la satisfont, en leur fournissant à profusion de nouvelles et insipides erreurs. La Grèce leur offrit mieux ; mais le grand appétit fait tout passer.

Les illusions, comme tout le reste, tiennent de l'esprit du temps. Celles d'aujourd'hui sont métaphysiques, didactiques.

Il est une période de mœurs et de connaissances qui conduit l'homme à la métaphysique ; règne-t-elle ? toutes les extravagances prennent cours.

§ XII.

De l'utilité de connaître les causes des grands effets oratoires.

De grands effets doivent avoir été enfantés par des causes puissantes ; l'état des circonstances avec lesquelles ces causes ont été combinées peut avoir, ou plutôt a nécessairement coopéré à la grandeur de ces effets ; mais il n'en est pas moins possible et vraisemblable que les mêmes causes, dans d'autres cas, en ramèneront encore de considérables, et que ces cas se rapprochant de ceux sur lesquels elles ont opéré déjà, les résultats se ressembleraient aussi.

D'où je conclus que la connaissance de ces causes et la puissance de les reproduire, peuvent être utiles.

C'est pour cela qu'apercevant les effets désirables qu'ont produit les livres, les méthodes, les harangues de quelques auteurs, il est à propos de les examiner et d'y découvrir les modifications auxquelles ces effets ont été dûs, pour les imiter à volonté.

Rechercher ces modifications, les dépouiller, les éclaircir, les apercevoir avec netteté, les retenir, est un des travaux auxquels celui qui veut s'armer de tous les moyens pour l'éloquence, doit s'assujétir.

Après avoir cherché et découvert les modifications qui rendent les ouvrages si touchans et quelquefois si persuasifs, il faut s'exercer ensuite à les mettre en pratique.

On parvient par plusieurs moyens à la connaissance des causes que produisent les effets désirés.

Un de ces moyens est de les étudier, lorsque l'observation, par l'aperçu des effets, nous indique leur existence.

C'est pour cela que dans un orateur qui persuade, dans un prédicateur qui touche, dans un comédien qui imite ce qui plaît, dans ce qui égaie, ce qui attendrit, etc., etc., il faut étudier les modifications auxquelles ces impressions produites ont dû le jour.

§ VIII.

De l'esprit et du génie en littérature.

Le siècle de l'esprit succède presque toujours au siècle du génie.

Le génie s'attache au bel ensemble des productions; l'esprit s'attache aux détails. Mais le génie, servi par le sentiment, recueille, pour le plan général, une invention plus féconde et plus heureuse, même dans les détails.

L'invention distingue le génie de l'esprit. Le génie imite la nature; l'esprit imite les productions des hommes.

Le génie sent; l'esprit raisonne.

§ IX.

De la manière de juger en littérature.

Le sentiment a besoin d'être guidé. Quelque délicatesse de tact qu'on possède, il faut savoir l'appliquer aux objets. On ne les juge qu'en les considérant, et, pour les soumettre à l'examen, il faut savoir où les prendre. Le littérateur, comme le peintre, a besoin d'apprendre à voir ; il n'apercevrait point, sans cet art, la moitié des nuances qu'il doit définir. Il faut connaître les parties importantes d'un ouvrage, les qualités précieuses dont il est susceptible, les effets divers qu'il doit produire, pour savoir le décomposer, l'analyser comme il doit l'être, et considérer à part chacune de ses parties intégrantes.

Le sentiment juge l'effet total de l'ouvrage, mais il est exposé à faillir ; aussi la différence des circonstances et des dispositions en apporte-t-elle dans les sensations, et n'est-elle comptée pour rien dans les jugemens.

Voici quelques observations sur les parties qui sont à considérer dans les divers genres d'écrits, sur les divers mérites dont ils sont susceptibles, et qui doivent, par leur importance, enchaîner l'attention.

Tout ouvrage a un but plus ou moins compliqué; la bonté de ce but tient à son utilité. La bonté du genre de l'ouvrage tient donc à la bonté du but, comme la bonne exécution de l'ouvrage tient à ce que le but soit atteint : ces principes sont communs à tous les genres.

Il n'est point d'ouvrage où le plan général, l'enchaînement des parties, leur harmonie, leur accord, et la liaison des grandes divisions, comme des propositions, des évènemens, ne soient au rang des modifications remarquables.

Tout ouvrage a un but simple ou compliqué, qui doit être considéré; et l'union des parties doit être telle qu'elle tende, le plus efficacement qu'il est possible, à la production de ce but.

Une utilité de l'arrangement des parties est de présenter leur assemblage sous une forme qui permette de l'envisager simultanément, sans travail, sans obscurité, et qui en facilite la conservation à la mémoire.

On considère, dans le drame, 1° le style; 2° les caractères, l'intrigue et les évènemens.

En rapportant toujours au but qu'on se propose, la forme que doivent avoir les productions, on trouvera, que l'illusion exige que le style soit proportionné aux personnages, et que l'effet soit propre aux passions qu'on veut exciter.

L'illusion exige encore que les caractères soient dans la nature. L'effet veut qu'ils soient pittoresques, ou, du moins, intéressans et expressifs. L'effet tient aussi à leur combinaison relative.

L'intrigue, la conduite, est composée suivant la division commune de l'exposition, du nœud et du dénouement. Ces trois choses doivent être appréciées.

Dans le poëme, on considère le plan général, la division des chants, les images, leur variété, leurs grâces, leur expression, la facture des vers, la construction de la phrase, l'harmonie, la précision.

Le genre léger reçoit son mérite et son prix du naturel, de la facilité, de la grâce, de la chaleur, de la volupté, de la finesse, de l'esprit.

Dans le pastoral, on recherche la grâce, la simplicité, la naïveté et l'expression;

Dans le didactique, le plan, l'ordre, la justesse des opinions, la clarté de l'exposition, la précision et la lucidité du style.

Dans le genre lyrique, l'enthousiasme, l'harmonie, la rapidité, le pittoresque;

Dans le genre épique, la vraisemblance, l'imagination, l'originalité, l'intérêt, la vérité, la fiction.

Enfin, dans les ouvrages de science, l'attention doit se porter :

Sur le plan ;
Sur l'étendue des vues et leur profondeur ;
Sur la vérité et l'exactitude des opinions ;
Sur la clarté de l'expression et sa précision ;
Sur la partie dogmatique et systématique ;
Enfin sur l'analogie avec d'autres systèmes.

§ X.

Du goût.

Le goût est la faculté de sentir et de connaître tout ce qui tient à la belle nature.

Le climat, les mœurs, le gouvernement, telles autres causes, ont refusé aux peuples modernes le goût par où les anciens excellaient ; ce n'est qu'en étudiant, en approfondissant, en imitant les anciens, que les nations actuelles peuvent se rapprocher de ce goût exquis, et de tout temps, leurs succès en ce genre ont dépendu du plus ou moins qu'ils s'étaient livrés à cette école : c'est le contraire lorsqu'ils se sont laissés entraîner par l'influence de leur siècle et de leur patrie. Le génie peut être indigène chez eux, mais le goût a besoin d'être emprunté.

§ XI.

Suite.

Ce que nous appelons goût, est ennemi d'une abondance superflue; c'est le sentiment des hommes sages, calmes, sentant, instruits, ennemis de l'inutile, de l'affecté, du puéril ; c'est l'esprit des gens du monde, et celui qu'on puise en tout genre dans une situation active, pratique et intéressée. . . . C'est le goût pur et châtié.

Mais la vanité, l'imagination, le simple divertissement, ont un autre goût, admettent une autre poétique, l'abondance, l'excursion.

Cette exubérance est-elle plus imaginée que sentie, inutile, surtout affectée? On l'appelle déclamation.

En opposant ainsi par masse ces deux genres, l'un appartient au sentiment, l'autre à l'imagination. Mais l'un et l'autre admet dans son sein des multitudes de subdivisions intéressantes.

Tite-Live a le *sentiment* souple et moulé sur les situations et les intérêts où il se transporte. Tacite a le caractère uniforme et rigide.

Buffon est poète, Reynal déclamateur, Sterne

est un insouciant libertin, qui voyage pour jouir, sans but et sans désir d'arriver. Rousseau, dans son abondance, est du premier genre dans ses ouvrages didactiques; mais sans doute qu'il y a bien de la déclamation dans *Julie*; — peignons-le mieux, il y a beaucoup de choses dans Rousseau que l'exaltation de la tête a produite; mais cette exaltation est toute sincère, toute naturelle, et celle des déclamateurs est artificielle et affectée.

Montesquieu, homme d'imagination, par son génie, mais homme des faits par sa science, agrandit et pare ceux-ci par celle-là, dirige celle-là par ceux-ci ; recueille de leur mixtion une philosophie grande et réelle, l'embellit des charmes d'une imagination que la pratique des faits a rendue toute poétique, plaît aux sectateurs des deux genres, dont il garde, des uns le fond, des autres la forme la plus exquise, et ne satisfait peut-être aucun d'eux, chacun lui reprochant toujours ce qu'il donne à l'autre.

§ XII.

Du goût et de l'esprit français.

Du mélange chez les Français, de la franchise du nord et de la chaleur du midi, est résulté un esprit de loyauté poussé jusqu'à l'enthousiasme.

Il paraît que les progrès des lumières ont contrarié en France les causes de corruption, et tendent au bien moral comme aux avantages d'art qui peuvent en résulter.

Sous Louis XIV, l'amour du beau dominait; mais le goût comme le caractère étaient gâtés, par diverses causes, par la pédanterie et surtout par le défaut absolu de philosophie.

Sous Louis XV ont dominé le goût du plaisir et une frivolité étudiée.

Le grand et le beau ont été oubliés, et, peut-être, faute d'alimens à l'émulation du génie, il s'est jeté dans la métaphysique spéculative, à laquelle la gradation des choses le faisait pencher; et la philosophie a pris naissance.

Alors a commencé le penchant au système, à l'esprit libre et novateur, au mépris des traditions.

Cependant l'époque philosophique a donné un ferment aux esprits; la jeunesse s'est formée dans son sein. On a acquis des vices par la polissure; mais on en a aussi beaucoup perdu par la polissure et les lumières.

Le mauvais est principalement résulté de l'influence du despotisme et de ses suppôts; et si leur crédit diminuait, ce serait un grand pas vers la moralité.

Sous Louis XVI, l'esprit philosophique a continué : changeant d'objet, il s'est modifié dans sa marche par sa légèreté naturelle.

Il était ferveur et mode au commencement du règne précédent. Il s'est enraciné et est devenu fond ; de manière qu'on a moins parlé de philosophie, mais elle s'est étendue et nourrie.

Sous ce règne, l'administration et les chefs de la cour se sont ressentis de la jeunesse. La sottise, l'inconsistance même dans le mal, et une contrariété de marche, produite par l'ascendant alternatif des volontés affectives du roi et de l'influence du parti de la reine, ont beaucoup fait.

La jeunesse des premiers de l'état a aussi beaucoup influé sur les mœurs, qui ont été plus superficielles et plus légères dans leurs frivolités, plus excessives, abandonnées et irréfléchies dans le luxe et les fantaisies. En même temps que le goût des choses extérieures a acquis plus de vivacité, il a pris un caractère plus changeant, plus indépendant, plus original ; ce qui a tenu, je pense, autant à la tournure libre et philosophique des idées qu'à la jeunesse des modèles.

On était, sous Louis XV, roué, libertin et frivole avec étude ; on est devenu, sous Louis XVI, frivole, indépendant, sans principes, et plutôt ignorant que superficiel.

Les arts et les sciences, sous ces deux règnes, se sont soutenus et animés par le goût national, sans aucun encouragement de la cour.

Sous Louis XV, la fleur de la frivolité et vers la fin de son règne, l'enthousiasme philosophique, ont dominé dans les écrits.—Point de grand génie, mais de la culture et du succès.

Sous Louis XVI, la littérature s'est délayée pour ainsi dire dans des œuvres innombrables et faibles; la pauvreté de l'esprit national s'est dénoté dans les écrits. Aucune réputation ne marque. — Le sol s'est noyé dans la philosophie; — les sciences expérimentales ont accaparé les bons esprits; — la littérature ne s'est enrichie que de traductions.

La philosophie a eu des sectes et s'est égarée. Beaucoup de genres nouveaux ont vu le jour; mais il n'y a eu que des œuvres faibles et pauvres.

L'instruction, peut-être encore plus superficielle, est devenue plus générale, et c'est l'origine de la foule des mauvais ouvrages; tout le monde a étudié le courant.

La philosophie et l'indépendance ont fourni quelques essorts; mais la nourriture et l'instruction manquent à peu près partout.

Le bon et le mauvais de la philosophie se sont bien montrés dans ces temps.

§ XIII.

Sur le genre d'esprit de quelques nations.

Le génie français manque surtout de patience. Il spécule, il devine, il imagine, il n'observe et ne réfléchit point.

Nos romans ne sont que des fictions. Crébillon seul a présenté quelques peintures de mœurs, quelques études du cœur humain; mais dans un cercle extrêmement rétréci.

Nous n'avons pas eu un seul historien.

Parmi une foule de théoriciens, nous ne pouvons pas compter plus de trois ou quatre philosophes observateurs.

Parmi nos poètes, Molière, presque seul, a eu le génie de l'observation et la connaissance de la nature.

Nous excellons dans tous les arts qui dépendent de la théorie, du tact, du goût et de l'invention; mais nous sommes surpassés dans le genre de perfection qui tient à la patience et à une observation exacte et suivie.

Le génie espagnol est l'exaltation. Il est remarquable que ces fictions exaltées qui ont rempli notre littérature pendant la première moitié du xviie siècle, n'étaient que l'imitation du génie espagnol, où Corneille lui-même avait puisé, et que parmi les Romains, Sénèque et Lucain, qui sont les modèles du genre déclamateur dans la littérature latine, étaient nés l'un et l'autre en Espagne.

§ XIV.

Du beau.

Lecteurs curieux de bavardages, lisez tous les traités sur le beau, composés depuis que les hommes écrivent ! Lisez Platon, saint Augustin, le Père André, Diderot, ce bavard enthousiaste, à qui une imagination vaste et un coup d'œil rapide on fait accorder le nom de philosophe, et que le dégoût ou l'impossibilité d'approfondir, et l'habitude de se passer des choses que lui-même n'entend point, chassent pour toujours du séjour de la vérité !

Le beau est l'unité, dit saint Augustin ; le beau, s'écrie un autre, est l'uniformité combinée avec la variété. Le beau, rabâche le philosophe, est la vertu d'offrir des rapports à l'entendement.

Volf a mieux vu ; il a dit que le beau était ce qui était constitué de manière à plaire. Sans doute il a trop généralisé le sens de ce mot ; mais enfin, il n'est pas absurde, il a pris le genre pour l'espèce, voilà tout.

Qu'est-ce enfin que le beau, c'est-à-dire cette modification des êtres à qui nous donnons ce nom? ces manières d'être analogues dont la collection se nomme le beau?

Le mot beau fut, je crois, adapté dans le principe à ce qui transmettait à l'âme une sensation agréable par le calme de la vue ; et l'analogie qui a créé les expressions figurées, donna aussi au mot beau un sens figuré, et l'appliqua aux choses qui ne se perçoivent point par les yeux, mais qui, dans l'impression qu'elles font sur nous, conservent quelque ressemblance avec ce que désigne le mot beau pris en propre. Ce sens figuré s'est étendu, l'expression s'est transmise toujours par le moyen des analogies, et celles des dernières modifications qui l'ont reçue n'en présentent que très peu avec celles à qui elle fut premièrement attachée.

Voilà le sens du mot beau dans sa signification la plus étendue, au propre et au figuré ; voilà le genre, la collection totale des modifications qui portent le titre de belles. Je conviens qu'elles ne sont pas très caractérisées, mais peut-être, sans s'éloigner de la généralité, ne saurait-on le faire davantage.

Le mot beau a aussi des significations moins étendues. Telle que celle où il est pris lorsqu'on le distingue du joli ; en un mot, celle que j'ai donnée n'exprime que le rapport général commun à tous les êtres qui portent ce titre.

Il est, disent quelques philosophes, un beau primitif, essentiel, invariable, divin. Il en est un autre de caprice, de convention, sujet à changer. Oui, il est des modifications qui affectent des organes semblables chez tous les hommes, qui produisent dans tous les lieux, dans tous les temps, chez tous les peuples, les mêmes impressions. Il en est au contraire qui, ne frappant que sur des facultés susceptibles de variété, n'excitent pas toujours les mêmes sensations et les mêmes sentimens. Le beau essentiel ou plutôt nécessaire, est compris dans la première classe, le beau accidentel dans la seconde.

Diderot dit qu'en anglais, le mot qui représente notre beau, comprend des modifications propres à nous affecter par l'odorat, et il en conclut que dans l'idée du beau sont comprises ces modifications. Oui, chaque peuple est maître de comprendre dans les expressions, des classes d'êtres plus ou moins étendues. Celle du terme anglais est plus vaste que celle du nôtre ; celle d'un Grec pourrait l'être encore davantage. Qu'importe? il est certain qu'il existe des analogies entre les impressions de l'odorat et celles de l'œil, lorsque les unes et les autres sont voluptueuses. Mais cela n'oblige point à comprendre dans le même signe toutes les qualités propres à les produire. Chaque peuple se crée des mots, ces mots représentent des idées, ces idées des êtres.

§ xv.

Des systèmes.

On appelle système une disposition de dogmes, distribués dans un ordre propre à faire apercecevoir d'un coup-d'œil tout l'édifice, à le faire parcourir avec facilité, retenir avec solidité, apercevoir avec netteté. Les parties en sont liées, agencées les unes avec les autres; elles ont, comme le cercle, un centre et une circonférence, ou, comme la pyramide, un sommet, une base et une dégradation. Toutes se tiennent et s'enchaînent; étant uniformes et naturelles, on passe aisément de l'une à l'autre.

Le système s'établit par classes, suivant l'analogie de la nature, et il se distribue alors par divisions.

La manie de réduire ainsi la science en système a des inconvéniens, elle force les conjectures, elle courbe les phénomènes, elle lutte contre le doute.

Le système d'interprétation est celui de l'organisation, de l'ensemble du mécanisme; on est induit à juger des choses d'après les phénomènes qui en résultent et qui servent ensuite à faire présumer d'autres phénomènes. La science est prodigieusement avancée quand elle en est là; mais combien ne reçoit-elle pas d'échecs de la part de ceux qui veulent trop tôt l'y conduire!

Le sens commun du mot système présente un assemblage harmonique de parties qui se correspondent, qui coagissent, en un mot, un assemblage d'êtres, considérés comme liés ensemble et isolés du reste.

Cette signification générale liée avec divers accessoires, a produit les diverses significations du mot système; il en est d'autres que je ne crois pas autorisables, et qui se sont établies sur une analogie entre quelques-uns des êtres à qui ce nom avait été premièrement donné, mais qui ne consistait pas dans leur qualité commune. Ces significations qui sortent du génie des langues, ne me semblent pas dignes qu'on les adopte; elles ne tendent qu'à confondre les idées et à obscurcir le sens des mots.

Mais dans le sens général du mot système, on peut marquer plusieurs divisions, ce sont les espèces résultant du mélange d'une idée commune à un accessoire différent.

Ainsi, il existe des systèmes mécaniques, des systèmes distributifs, des systèmes positifs, des systèmes interprétatifs ou destinés à l'interprétation, etc., etc.

§ XVI.

Des théories en général.

La théorie est le système des notions abstraites et générales, comprises dans une science ou dans un art.

L'observation des individus et de leurs rapports crée la théorie ; la théorie créée, apprend à son tour à connaître les individus et leurs rapports.

Les uns abusent de la théorie ; ils en créent de fausses, ils systématisent à faux, ils s'absorbent dans des opinions abstraites et générales, dont on ne peut tirer, pour le particulier, que des conclusions fausses, inutiles ou insuffisantes. La simplicité, l'abondance des résultats, l'apparente rapidité de la science, les séduisent trop.

D'autres traitent les théories de chimères vaines, ou propres à égarer; ils les méprisent et se bornent à des notions très peu abstraites et générales. Ils perdent ainsi pour la rapidité des progrès, l'avantage de l'ordre et de la liaison des notions. Ils considèrent trop cette foule de théories fausses, fondées sur des faits insuffisans, sur des erreurs ou des suppositions, comme renversées les unes par les autres. L'incertitude, qui en résulte pour eux, rend leur instruction insuffisante. Souvent aussi leur esprit est peu capable de concevoir les abstractions et les généralités; ils méprisent ce qu'ils ne peuvent pas posséder, ils condamnent ce qu'ils ne peuvent pas connaître.

Les uns abusent, les autres proscrivent à tort.

A prendre le mot dans la rigueur exacte, point de raisonnement sans théorie.

Mais les théories élevées, avec les avantages qui en résultent, offrent tant de piéges dangereux, entraînans et séduisans, qu'elles ont vraisemblablement, jusqu'à ce jour, beaucoup plus nui que servi à l'utile instruction des hommes.

§ XVII.

Suite.

La pratique se plaint souvent à tort de ne pouvoir suivre la théorie.

Ceux qui ont assez de force pour suivre dans l'exécution l'esprit de système, ne font souvent que s'écarter péniblement des bonnes voies, où l'instinct, l'ensemble des circonstances retiennent la foule.

§ XVIII.

De la théorie en littérature.

J'aime une théorie courte et ramassée comme celle de Montesquieu ; car j'ai beaucoup plus de fruit, et non plus de peine à la développer, que je n'en trouve à extraire celle de Mably.

Mais celle de Mably est pour tout le monde, et l'on n'entend Montesquieu qu'en proportion de ce qu'on possède des idées et des notions qui l'ont conduit à ses résultats.

Quand on est théoricien comme Reynal, qui ne dégrossit rien, qui me jette dans un océan de doutes, qui m'entraîne après lui dans le vague de ses spéculations; on est insupportable à mon esprit; car toutes puériles que soient la plupart des hypothèses que Reynal se plait à jeter à travers ses opinions, elles ne laissent pas d'étourdir par leur fracas, d'interrompre à tout instant le fil des pensées, et de rendre le chemin de la vérité semblable aux routes d'un pays barbare, où l'on n'a pas laissé seulement les torrents et les rochers, mais jusques aux troncs d'arbres et aux racines.

§ XIX.

Des principes.

Les principes ne servent pas seulement à mettre la science en ordre, à en faciliter l'usage et le souvenir, mais à la compléter, à en faire un tout correspondant, et à servir de base aux découvertes ultérieures, quand ils ne sont point arbitraires et factices, mais puisés dans la connaissance de la matière.

Les hommes superficiels qui n'ont pas les sources, l'esprit et la logique de leurs connaissances, tombent au premier moment dans les hérésies les plus absurdes.

Quand on entre dans l'esprit de ces personnes à erreurs hardies, on y trouve des vides immenses.

Sur les choses spéculatives, l'instruction et la saine raison sont extrêmement rares.

L'imagination sans l'instruction et la solidité du jugement, est comme un homme sans caractère.

Il faut à une grande science, un esprit vigoureux.

§ XX.

Des sceptiques en littérature.

Pyrrhon, le premier de cette secte, lui a donné son nom (pyrrhonisme). Il était d'Elée ; l'incertitude des questions les plus débattues, les dissensions des philosophes dogmatiques, les leçons de Démocrite, sa grande érudition, qui lui fit connaître quelle était la multiplicité des opinions adoptées dans les diverses régions de la terre, le jetèrent dans un tel labyrinthe d'incertitudes, qu'il trouva bien plus sûr et plus commode de douter, que de s'éclairer. Dans la pratique, il ne se conduisit pas moins d'après les apparences, mais dans la spéculation, il ne vit nulle part de certitude. Tels furent, à son exemple, ses disciples, que l'ennui de la dispute et le conflit des dogmes philosophiques qui agitaient alors la Grèce, multiplièrent à l'infini.

Cependant, cette secte dura peu, la curiosité s'y opposait; on veut savoir, l'incertitude afflige et l'on croit volontiers ce que l'on désire; d'ailleurs, les sceptiques poussaient le doute jusque sur les maximes morales instituées et accréditées pour le bonheur de la société. Cette doctrine les rendit odieux, et l'amour de l'estime éloigna les penseurs de leur secte. Quels que soient les causes de cette interruption, la philosophie sceptique disparut moins de deux cents ans après sa naissance, et ne revit le jour qu'à Rome, au temps de Cicéron. Elle y eut des sectateurs peu nombreux, peu brillans, peu accrédités, jusqu'au III° ou IV° siècle, où, un nouvel intervalle fit oublier son existence. C'est au XVI°, qu'un Portugais, nommé Sanchez, lui rendit la vie, et depuis elle a brillé dans les ouvrages de Lamotte le Vayer, de Huet, de Montaigne, et surtout du célèbre Bayle.

La seconde secte des académiciens, ou la nouvelle Académie, n'a guère différé du scepticisme que par l'intensité des opinions : ceux-ci n'admettant pas même de probabilité.

Le but des anciens sceptiques était, à les entendre, la patience, le calme et l'absence de toute sollicitude qui devait résulter de la persuasion de leur doctrine ; mais il est plus vraisemblable que le désir de narguer les philosophes dogmatistes, était le motif de leurs affections, où il entrait beaucoup de mauvaise foi.

Les modernes ont été mus, les uns par le désir de renverser les argumens des frondeurs de la révélation, en sapant la fermeté des bases sur lesquelles on les appuyait. D'autres peut-être par la persuasion intime de leur doctrine ; tel ce grand dialecticien, cet intrépide docteur Montaigne.

Je n'examine pas jusqu'à quel point le système des Pyrrhoniens est erroné ; ni quels sont, sur les diverses choses que traite le jugement, les différens degrés de certitude ; mais il me semble que cette secte est propre à démasquer beaucoup d'erreurs, à faire connaître les divers rapports et les qualités opposées des êtres ; qu'elle est propre à entretenir parmi les philosophes la méfiance de leurs propres lumières, des préjugés et des apparences ; à prolonger le doute, et à donner aux scrutateurs cette lente sévérité si propre à nous préserver des piéges de l'erreur. Il me semble aussi qu'en ralentissant la course des dogmatiques, elle la rend moins sujette à l'égarement.

§ XX.

De la vérité en littérature.

« Rien n'est beau que le vrai, le vrai seul est aimable. »

Cette maxime est outrée, mais elle a une certaine exactitude. Les idées justes procurent le plaisir de la découverte de la vérité : les expressions justes écartent l'ennui de la recherche et du travail : la vérité des fictions produit l'illusion, sans laquelle l'intérêt et la vivacité des impressions n'existent plus ; et, de mille autres manières encore, tout ce qui porte le nom de vrai produit les effets les plus désirables.

§ XXI.

De l'affectation.

L'affectation est une manière de faire les choses, non par l'attrait qu'elles exercent sur nous, mais pour faire briller nos grâces, notre savoir.

L'affectation déplaît, parce qu'elle annonce des prétentions.

Elle excite la méfiance, parce qu'une impression vive et réelle, mère de la sincérité, ne permet pas l'affectation. Celui qui affecte n'est pas fortement touché, et il peut feindre, s'il le veut.

L'affectation annonce, dans celui qui s'y livre, une âme que la vanité domine, caractère qu'on méprise, auquel on accorde difficilement de grandes qualités, un grand jugement et des vertus qui excitent la confiance et l'intérêt; qu'on hait par rivalité, et auquel on croirait bientôt mille défauts, ne fût-ce que parce qu'on désire les lui trouver.

L'orateur qui paraît lui-même touché excite nos sentimens, nous fait croire aux idées qui le transportent, en nous montrant la force de leurs effets; or, l'orateur affecté ne paraît jamais touché.

Le style naturel, ouvrage de l'impression qu'on éprouve, s'exprime comme on sent, et présente, par conséquent, les choses avec la forme sous laquelle elles ont frappé, forme qui, vraisemblablement, doit frapper aussi l'auditeur. L'affecté agit différemment: il donne à l'expression la forme et le caractère les plus propres à faire briller son esprit, son imagination. Mais cette forme pourra n'être point propre à émouvoir; elle présentera les objets obscurément, et sous une face infiniment moins touchante que celle qui a frappé vivement l'orateur naturel.

L'affectation laisse trop percer le projet ; elle porte trop l'air du travail, du soin, de la préparation ; ainsi, si l'orateur affecté offre quelque chose de bien, il en sera moins loué que le naturel, parce qu'il paraîtra l'avoir fait avec plus de peine. S'il donne de fortes raisons, on croira qu'il les a beaucoup cherchées, qu'il n'en a oublié aucune ; que peut-être même il n'a pas été bien sincère dans tout ce qu'il a avancé.

§ XXII.

De l'exaltation.

L'exaltation de la tête et des sentimens est utile autant qu'agréable ; elle crée, selon la diversité des circonstances, les grandes vues, le romanesque, le pittoresque, les originalités, les délicatesses, les finesses, les bizarreries, les douces et brillantes illusions, et tant d'autres trésors inappréciables du sentiment et de la pensée.

Eteinte, elle en laisse perdre les traces, le souvenir, les idées, les habitudes, le tact et la faculté.

L'existence s'embellit, les richesses de la nature se multiplient et se varient pour l'homme qui a appris à les connaître et à les sentir.

Mais l'habitude de l'exaltation change tout. L'homme ne peut plus vivre avec les autres; il est d'une autre espèce.

L'ordinaire, le principal des choses de la vie, échappe et disparaît à l'homme absorbé par l'extraordinaire; trop attentif au superflu, il oublie et dédaigne le nécessaire.

On se blase, on se dégoûte de tout; l'organisation s'énerve, s'inquiète, s'appauvrit, et une existence brillante se change bientôt en une douleur d'habitude.

L'esprit, le cœur et les sens, parcourant toutes les illusions, se perdent et s'abîment.

A force de laisser errer l'imagination, de se livrer à l'extraordinaire, de changer de songes et de délires, de s'absorber dans les abstractions et les subtilités; à force de leur donner un grand corps et de perdre de vue l'expérience et la pensée froide, les passions, les sentimens, les opinions, s'attachent plus fortement aux rêves qu'on a formés: c'est une des routes qui conduisent à la folie; alors les vapeurs, la mélancolie, prennent la place de tous les dons utiles et agréables que la modération des mêmes causes accordait à l'homme sage.

§ XXIII.

Esprit, style léger.

Légèreté d'esprit, de cœur; idées légères, poésies légères, style léger; toutes expressions métaphoriques tirées de diverses modifications de ces corps qui, moins fortement contenus par l'attraction, sont mus par l'impulsion avec plus de fréquence et de vitesse; qui, plus étendus que substantiels, offrent beaucoup de surface et peu de profondeur ou de densité, etc.

Parcourons les principales applications de ce mot figuré, observant et le sens exact qu'on lui attribue dans chacune, et le rapport de ces nouvelles qualités auxquelles on l'affecte, à celles pour lesquelles il fut créé.

On appelle tête légère, un esprit dont les idées varient souvent; qui, s'arrêtant peu sur chacune d'elles, semble les parcourir en voltigeant; qui, par conséquent, manque de mémoire et d'attention.

L'esprit léger est celui qui, paraissant se porter avec aisance sur le champ des idées, n'en cueille que la fleur; les parcourt avec cette grâce et cette facilité qui caractérisent les mouvemens d'un corps qui n'est pas gêné par le poids.

Le cœur léger est celui qui semble voler d'affections en affections; qui, entraîné par les plus légers motifs, semble pouvoir être mu par un souffle.

Les idées légères sont celles qui, très fines, transparentes, frivoles, semblent devoir peser peu; aucun détail, aucune complication, ne les surcharge; elles ne font ni ces impressions fortes, ni cette attention lassante qui, appartenant, les unes aux corps durs, les autres aux masses lourdes, sont exclusives de légèreté. L'idée légère est une vapeur; on l'aperçoit à peine, elle fuit à l'instant; elle est transparente, la voilà opposée à ce qui est grave : sa légèreté n'est plus que frivolité.

Poésies légères, productions légères, où tout est rapide, facile; où l'on ne trouve ni impressions fortes, ni attention fatigante, ni cette harmonie grave qui pèse sur les organes; où les idées sont fines, transparentes, variées; sujets, frivoles; travail, libre, rapide et facile; toutes modifications dont j'ai développé l'analogie ailleurs.

L'esprit léger, les idées légères, les productions légères, plaisent aux mobiles gens du monde, parce qu'ils ne fatiguent point leurs faibles organes ; qu'ils flattent leur finesse ; qu'ils les amusent par leur variété ; qu'ils ménagent leur délicatesse scrupuleuse si facilement dégoûtée, fatiguée, déchirée, et sur qui, sans blesser, on ne peut aller au-delà du chatouillement.

§ XXIV.

De la lecture.

Le but de la lecture est de produire l'effet que l'écrivain s'est proposé, du moins pour l'ordinaire.

La lecture de la comédie, c'est l'art de la jouer de la voix.

Celle du didactique consiste à conserver au discours toute sa clarté, à . augmenter même, s'il est possible, à prononcer distinctement, à séparer les phrases par des intervalles de temps, à distinguer les sons par des différences de sons, qui avertissent l'auditeur de leur variété et ne l'exposent point à l'amphibologie ; à s'énoncer avec une simplicité dans les sons qui laissent à l'esprit le calme nécessaire pour concevoir ; à articuler plus vivement les idées saillantes qui méritent d'être pesées et retenues.

Voilà quelques idées sur l'art de lire le didactique.

§ XXV.

De l'art d'amuser dans la conversation.

L'art d'amuser dans la conversation ne peut être l'ouvrage d'un jour ; cette adresse à varier les sujets, à répandre de l'agrément sur tout, à faire naître d'un rien une idée plaisante, exige presque nécessairement un grand usage.

Mêler le sérieux, le flatteur, le plaisant, le persifflage, sans passer les bornes de l'honnêteté ; paraître écouter avec plaisir et parler avec agrément, présenter à des esprits délicats une foule d'idées ou du moins de formes nouvelles, faire de la plus légère circonstance naître un compliment fin, et flatter encore par une contradiction agaçante, c'est, abstraction faite de tout ce dont je ne parle point ici, s'offrir à un comité de jolies femmes sous une forme extrêmement aimable.

Un air naturel avec des grâces, une contenance aisée, une gaîté facile, l'air affectueux et bon, sont des qualités qu'on aime. Si l'on joint à cela beaucoup d'esprit et une conversation piquante, on aura la tournure qu'il faut avoir le plus souvent dans le monde.

Les citations bien faites annoncent l'instruction et brillantent le langage. On réfléchira que lorsqu'elles sont naturelles et amenées par l'occasion, elles produisent réellement cet effet-là ; mais il n'en est pas de même, si elles portent le caractère de l'affectation et qu'on paraisse donner la torture à la conversation pour les y faire arriver juste ; alors on les répute préparées ; on peut croire avec raison qu'elles sont les seules logées dans votre mémoire, et que vous n'êtes dans le fond qu'un ignorant qui a des prétentions et qui donne dans la pédanterie.

Notre siècle a bien aussi sa pédanterie, mais elle ne consiste point, comme autrefois, à faire parade d'une érudition assommante ; elle affecte de mettre souvent en usage les termes et le langage de la philosophie moderne ; elle emploie à tout propos les termes techniques, consacrés aux arts ; elle rapporte tout à la physique et à la chimie ; elle est néologue.

On ne peut contester qu'elle a, comme sa devancière, le vice des prétentions, souvent même celui de l'ennui ; mais il est certain cependant qu'elle ne participe pas à toute sa sottise, et que, tandis que la première n'était guère que le partage des hommes sans éducation, celle-ci est le ridicule de beaucoup de gens comme il faut, qui prétendent même être les arbitres du ton.

§ XXVI.

Du poète.

On a coutume de dire que la nature fait les poètes, que l'art n'y peut rien. Aussi, le premier effronté qui a charpenté, raboté et imprimé deux ou trois cents vers, ne manque-t-il guère de se mettre au nombre des inspirés.

On n'est point poète, malgré sa constitution, mais tout le monde peut être versificateur par habitude, et quelque connaissance de la langue y suffit.

Cet homme, dont l'âme sensible et brûlante éprouve les affections avec une violence inconnue ou vulgaire, dont l'imagination féconde, apercevant les images avec facilité, en reçoit une impression vive, dont l'oreille exquise jouit avec délices de l'harmonie et s'indigne de ce qui la choque; cet homme fut né pour être poète, c'est-à-dire qu'il est constitué pour sentir vivement, pour voir les objets sous une forme brillante et pittoresque et il les exprimera de même.

C'est Ossian, fils de Fingal ; c'est Milton ; c'est l'Américain enthousiaste qui chante les triomphes de sa nation au milieu des ossemens épars de ses ennemis dévorés.

Mais il est un poète, enfant de l'art, celui que l'habitude de l'harmonie a doué d'une oreille exquise, que l'observation de la nature, l'usage des plaisirs raffinés et les lumières de la réflexion ont doué d'une imagination gracieuse, élégante, variée ; dont l'extrême usage d'écrire sa langue a rendu les expressions aisées, nettes et naturelles ; celui-là ne tient de la nature qu'une constitution mobile, et c'est l'éducation qui la lui a donnée. Une délicatesse infinie le rend connaisseur sur ce qui choquerait l'esprit, le sentiment ou l'ouïe. Ses productions intéressent par mille agrémens légers ; il sera ingénu comme la Fontaine, facile comme Chaulieu, harmonieux comme Gresset. Sans doute il ne fera point éprouver les sensations violentes du premier poète, mais sa lecture sera peut-être plus voluptueuse, et le caractère de son talent plus à la portée de ce siècle.

Quoique cet homme soit l'ouvrage de l'art, lui contestera-t-on le nom de poète ? Alors je n'aurai agité qu'une dispute de mots.

§ XXVII.

De la poésie

La poésie est le langage d'une âme ardente, d'une imagination enflammée. Les passions, les impressions vives, tout ce que produit l'exaltation, apprit aux hommes la poésie comme la musique.

L'harmonie des sons et la vivacité de l'expression caractérisent la poésie. Elle est destinée à émouvoir vivement ; elle échauffe l'âme, réveille la sensibilité par des images et des sentimens ; elle peint avec énergie, et le prestige du nombre, en charmant l'oreille, ajoute et favorise l'enthousiasme.

C'est principalement dans la bonne versification que cet effet de l'harmonie est plus sensible ; aussi n'appelle-t-on proprement poésie que des ouvrages en vers.

Quoique le caractéristique de la poésie soit de produire plus parfaitement l'effet que l'écrivain désire, elle n'a pas toujours la même force, et la vivacité des affections qu'elle produit, ne diffère pas moins que leur genre. Tantôt elle endort, tantôt elle anime; elle échauffe quelquefois; gracieuse et variée, elle effleure l'âme par mille jouissances douces, légères, diversifiées. Toujours le physique et le moral de l'ouvrage, c'est-à-dire l'harmonie et les idées, les expressions, les sentimens, les images, ce qui agit sur l'oreille et sur l'esprit, doivent se porter à l'impression qu'on veut produire.

La poésie de la Fontaine est douce, molle en son harmonie, naïve en ses expressions, simple dans ses idées, gracieuse en ses images. Boileau est exact, mais froid quant au nombre; ses idées sont correctes, ses images justes, mais sans brillant; ses expressions sont précises, sans grâce, sans richesse, sans élégance. Le premier amuse; il produit des impressions faibles, mais douces et voluptueuses; le second instruit lorsqu'il dit vrai; quelquefois critique éclairé, toujours bon versificateur, jamais poète.

Dans la prose comme dans la versification, l'harmonie doit tendre, d'accord avec le moral, à l'effet qu'on veut produire; mais l'harmonie de la versification est bien plus puissante.

Les images vives, les pensées fortes, les sentimens brûlans, ne seront créés ou bien reçus que par une sensibilité exaltée : la poésie est, dans l'auteur, l'ouvrage de cette exaltation; elle sait la faire naître dans l'auditeur.

Le poète et l'amateur de poésie (j'entends surtout ceux qui, par leur chaleur, méritent plus proprement ce nom et se rapprochent moins du langage ordinaire) seront toujours doués d'une âme sensible et d'une oreille exquise ; du moins jouiront-ils de ces facultés dans certains momens.

Les images sont du ressort de la poésie : leur effet est vif, leur impression, forte ; elles sont ou expressives, ou gracieuses, ou magnifiques, et impriment plus profondément dans l'âme la trace du caractère qu'elles portent ; c'est pour cela que les langues peu formées, dont presque toutes les expressions sont métaphysiques, paraissent s'énoncer toujours poétiquement.

La poésie ne s'éloigne du langage ordinaire que par une harmonie plus sensible et un caractère plus expressif. Sa déclamation ne subira pas d'autre différence ; mais quelquefois, comme la versification, elle pourra élever jusqu'à une sorte de chant l'harmonie qu'elle déploiera.

Le moment propre aux compositions poétiques est celui où l'organisation pensante est dans une extrême activité : alors, si l'on écrivait en prose, on serait presque nécessairement diffus et verbeux ; mais, en vers, l'imagination offrira rapidement assez d'idées, assez de tournures différentes, pour qu'on puisse avec facilité accorder à la raison la rime, la mesure et l'harmonie.

§ XXVIII.

De l'épopée.

L'épopée est le récit d'une action : l'unité d'action et d'intérêt, et le rapport des parties à ce point central, sont de son essence.

Télémaque, fût-il même écrit en vers, ne serait point un poème épique; il n'est, tel que l'a composé son auteur, qu'un roman héroïque.

La Henriade, la *Deuxième Guerre Punique*, ne sont point des poèmes épiques, mais, si l'on veut, des poèmes historiques.

La fable est donc de l'essence du poème épique; elle est le fond du fait qui s'y raconte, modifié par l'imagination, s'il est tiré de l'histoire, de manière à se réduire à l'unité.

Le merveilleux, s'il n'est pas de l'essence de ce poème, lui donne beaucoup de magnificence et d'effet.

§ xxx.

De la poésie lyrique.

La poésie lyrique est celle qui s'unit à la musique.

L'exaltation de la tête et des sentimens est le type naturel, et a dû être l'origine de la poésie lyrique.

Tous les sentimens ont leur accent, leur mouvement.

La musique vocale a elle-même dû prendre naissance dans la même source, la déclamation, les accens des passions, leurs sons imitatifs ; les mouvemens de leurs intonations ont conduit l'homme à la mélodie et au nombre ; le nombre et la mélodie trouvés, ils ont continué de s'y unir et cette alliance a fait les délices de l'âme et des sens.

L'ode anacréontique est le produit d'une ivresse douce et voluptueuse.

L'ode pindarique est le produit d'une exaltation forte. Aussi les poètes de ce genre appellent-ils cette exaltation leur génie, et en parlent-ils sans cesse sous ce nom. Aussi Pindare et tous ceux qui l'ont suivi ne cessent-ils dans leurs odes d'invoquer et de rappeler la fureur qui les possède, manière qui souvent s'éloigne de la nature et qui devient ridicule dans certains discours versifiés, d'une didactique languissante où l'auteur exalte sa fureur poétique avec un sang-froid pédantesque. Lamothe dit : (Ode à Thémis.)

> Nombreux accords, hautes pensées,
> Unissez pour moi vos attraits,
> Et servez les *fureurs sensées*,
> Qui m'ont conduit dans ce palais.

Lamothe qui, ayant peu de sentiment et de poésie, ne pouvait faire de bonnes odes, pouvait au moins avec une tête analytique et des idées étendues, se garantir de pareilles platitudes, aussi répugnantes à l'esprit juste qu'au bon goût.

§ XXXI.

De la poésie érotique.

La poésie érotique, c'est-à-dire qui est l'expression de l'amour, qui est destinée à le peindre ou à le faire naître, peut revêtir plusieurs formes et adopter plusieurs langages. Impétueuse si elle veut peindre les transports de la passion et du désir ; douce, coulante, languissante même, si elle veut exprimer une suite d'impressions voluptueuses, senties par une âme déjà épuisée de jouissances.

Veut-on en faire le langage d'un cœur sensible et vivement épris ? Des idées fines mais justes, rendues par des expressions naturelles, peindront des sentimens vrais, doux, et qui ne peuvent avoir de prise que sur une âme aussi délicatement organisée que vivement affectée. J'objecte, cependant, que si ce genre n'est revêtu d'une expression extrêmement naturelle, il paraîtra facilement tomber dans l'affectation, et manquera absolument son but, car, au lieu d'un cœur très enflammé, il ne peindra plus qu'un esprit qui alambiquera à loisir des sentimens dont le modèle n'est point en lui. Une harmonie douce, gracieuse et facile, n'ajoutera pas moins à l'effet qu'à la vérité de ce genre, surtout si elle est empreinte de cette chaleur égale et vive, reflet du sentiment qui l'a enfantée.

Mais la finesse du sentiment qu'on exprime n'est pas indispensable, et on peut, sans son aide, produire un très grand effet.

La mollesse d'une âme sensible, lassée par de longues sensations, se rend par des idées vraies, tendres, voluptueuses, sans violence ; par une harmonie langoureuse et une expression extrêmement facile.

Ce que j'appelle des idées sans violence, sont celles qui peignent ou qui excitent des sensations de cet ordre.

La violence des transports, l'impétuosité des désirs, s'exprimeront par un style rapide, le style de la passion ; par une harmonie très mélodieuse, très musicale, et par des idées analogues au sentiment dont on est pénétré.

Tous ces genres sont plus relatifs à l'expression qu'on veut rendre, qu'à l'impression qu'on veut produire ; mais on ignore souvent combien entre ces deux choses il existe de rapport.

Veut-on exprimer tel sentiment ? on connaît les effets de ce sentiment, le langage qui lui est naturel, les idées qu'il inspire, et on imite tout cela.

Veut-on produire telle impression ? on recherche les idées, les expressions, les images, l'harmonie les plus propres à la faire naître et on les met en usage.

Ces procédés sont certainement bien différens ; mais il règne entre eux cette analogie, qu'un sentiment exprimé avec vérité, fait ordinairement naître dans l'âme de celui que cette expression frappe, un sentiment tel ou différent, mais qui, dans les mêmes circonstances, est toujours à peu près le même ; ainsi l'expression vraie et vive de la douleur, fera naître la pitié.

Il y a dans le premier de ces deux genres une division à faire entre l'expression et la peinture, adaptant la première à son état propre, et l'autre à la manière d'être d'un autre état. Ces deux espèces mêmes sont très différentes quant à la manière, quoique le but soit, dans beaucoup de cas, presque exactement le même.

L'expression se rend avec la manière de dire, que le sentiment de la passion doit nous rendre naturelle ; la peinture avec le langage que doit produire, non l'état qu'on peint, mais celui que produit en nous la connaissance de cet état. Celui-ci est-il la colère ? l'expression sera celle de la fureur ; la peinture, celle de la crainte, de l'étonnement, de la pitié, de l'ironie, selon les circonstances.

Une difficulté commune à toute cette partie de l'éloquence, dont le but est d'exprimer et de faire naître des sentimens vifs, c'est la combinaison du naturel au nouveau ; il n'y a que le nouveau qui frappe ; il n'y a que le naturel qui touche et qui peigne ; et pour atteindre l'un, combien n'est-il pas dangereux de s'éloigner de l'autre !

§ XXXII.

Comédie. — Tragédie.

Ces noms ont été long-temps les seuls connus dans la littérature ; ils équivalaient à ceux d'ouvrage sérieux et d'ouvrage badin. Le poëme du Dante fut appelé ainsi. On donnait indifféramment ce nom aux productions qui naissaient et aux traductions des anciens.

La cause de l'universalité de cette dénomination tenait peut-être à ce que personne ne sachant lire les ouvrages de quelques genres qu'ils fussent, ils avaient besoin, pour qu'on les connût, d'être récités, joués en quelque sorte, ce qui arrivait en effet ; des rapsodes s'emparaient d'un poëme nouvellement composé, ils le promenaient parmi les peuples, à peu près comme ces proclamateurs publics crient dans les marchés et carrefours, les relations des événemens remarquables et les arrêts des tribunaux.

§ XXXIII.

Du drame.

Ce mot exprime le genre de fiction qui met en action des évènemens supposés.

Depuis très long-temps on compose des drames et on les représente. On écrit sur la méthode à suivre dans la composition ; on établit des règles despotiques ; on marque des bornes qu'on interdit de franchir, comme si, pour être agréable et utile aux hommes, c'est-à-dire pour leur donner des plaisirs présens et des plaisirs futurs il n'existait qu'une seule route.

A quoi devons-nous la triste froideur de nos drames modernes? en peut-on douter! Circonscrits dans des bornes étroites, retenus dans une enceinte sévèrement défendue, nos auteurs sont obligés de s'imiter, de se répéter, de nous offrir toujours les mêmes choses; point de nouveautés de leur part, point de plaisir. Celui qui marche dans le sentier adopté foule la même terre que foulèrent les pieds de ceux qui l'ont devancé ; il n'y laisse point de traces nouvelles ; il suit celles qui s'y trouvaient avant son passage. C'est dans les champs, dans les bois, qu'on presse une terre encore indépendante, et que le pied imposant du sauvage creuse les monumens de son empire, c'est sur un sol qui n'était point encore subjugué.

L'ennui, les bâillemens et le mépris sont l'effet que produisent ordinairement ces esprits étroits qui, captivés par un usage ridicule, ne savent pas attaquer le cœur avec des armes nouvelles, ni vaincre l'apathie où le plonge l'habitude d'être toujours uniformément affecté.

Pourquoi donc l'art d'émouvoir par de douces illusions supporterait-il si peu de combinaisons favorables? Pourquoi cette servile obligation de rapporter tout à un seul modèle, à la ressemblance de quelques productions, crée-t-il un genre, et reçoit-t-il une dénomination?

Ce nom collectif, ce signe classique n'est pas plutôt adopté qu'on le considère comme une notion émanée des dieux. Aussitôt on en circonscrit, on en indique soigneusement la signification. Il n'est plus permis de s'éloigner de cette classe ni de la trop étendre; il faut imiter, il faut répéter, parce que quelques ébauches, filles du hasard plus souvent que du génie, ont eu du succès ou décidé qu'elles peuvent en avoir seules, et qu'il n'y a plus d'espoir à la gloire que pour leurs copistes; et ces erreurs ont d'autant plus d'autorité, qu'elles sont soutenues pour l'ordinaire par les auteurs des chefs-d'œuvre adoptés qui, certains qu'on ne les égalera pas dans leur genre, s'opposent à ce qu'on atteigne au même but par une autre route, et par de prétendus connaisseurs qui, en possession de juger d'après certaines règles adoptées, ne veulent point prendre la peine de s'en créer de nouvelles.

§ XXXIV.

Des romans.

Le mot roman signifia d'abord la langue vulgaire de notre Gaule, c'est-à-dire ce mélange uniforme et grossier du celtique, du latin et de l'ancienne langue des Francs. Les premiers ouvrages écrits dans cet idiôme barbare conservèrent son nom : il a passé, depuis, au genre de littérature dans lequel ils étaient presque tous écrits, aux fictions en prose. Nulle matière n'est plus rebattue que la question de l'utilité des romans, ou du mal qu'ils peuvent causer : il est clair qu'il en est de dangereux, comme il en est d'excellens. Je crois que leur grand effet a été de rendre les mœurs plus douces, plus tendres; de développer dans de jeunes cœurs les premières semences de la sensibilité.

Les âmes en sont devenues plus délicates; les sentimens, peut-être plus nobles; les mœurs leur doivent de leur aménité; les esprits, de leur légèreté, de leurs grâces. Certainement, ils attaquent souvent l'innocence ; mais serait-on beaucoup mieux sans eux? N'est-ce rien que toutes ces jouissances de sentiment, ces délicatesses du cœur qu'ils ont réveillées? et ne vaut-il pas mieux que nous soyons amans et tendres que simplement hommes et libertins? Les romans eussent été du poison dans Lacédémone ; à Athènes, ils eussent été plutôt utiles ; et nous ressemblons plus à Athènes qu'à Lacédémone.

Tout ce verbiage n'est qu'une amplification sur cette sentence de J.-J. Rousseau : « Il faut des romans aux peuples corrompus. »

M. Tissot assure que le déluge de maux de nerfs qui semble, depuis quelques années, attaquer la France, est dû à la foule de romans qui s'y est répandue et à la fureur avec laquelle quelques jeunes personnes gênées le jour, ou qui ne le trouvent point assez long pour le plaisir, passent les nuits à cette lecture.

Ne pourrait-on pas dire que ce genre séduisant a répandu le goût de la lecture et des lettres?

§ XXXV.

Lecture des romans.

La lecture des romans est à la plupart des jeunes filles ce que le jeu est à ceux que sa passion enivre : absorbante du temps, de l'intérêt, de l'attention.

Elles fuient l'instruction, cherchent l'émotion, rassemblent des matériaux pour nourrir et renouveler les chimères dont leur imagination se repaît. De là, les suppositions exaltées, les opinions fausses, les espoirs fantastiques, les désirs désordonnés, l'attente et la soif de ce qui n'existe pas, le dégoût et l'ennui de tout ce qui existe ; de là aussi, mais rarement, cherchant à se rapprocher de ses modèles fantastiques, la nature se perfectionne, s'élève, et gardant, par l'habitude, quelque chose des formes forcées qu'elle a contractées, il lui reste de ses erreurs des grâces, des talens et des vertus étrangères à l'humanité commune ; mais combien plus souvent, pendant l'activité de l'imagination, l'émulation de soi-même reste paresseuse et distraite, ou, prenant une fausse voie, recueille, en cherchant des perfections, des erreurs, des ridicules et des vices!

§. XXXVI.

Troubadours. — Trouvères.

Ces mots, qui viennent du verbe *trouver*, ont la même signification; ils veulent dire *trouveurs*, *inventeurs*, et ont été créés par les anciens poètes de notre langue, qui se les arrogèrent. Les troubadours étaient les poètes de la langue *d'oc*, les trouvères, ceux de la langue *d'oïl*.

Le mélange de la langue romaine ou latine que la conquête de la Gaule par les Romains avait introduite dans cette région avec celle des nouveaux conquérans goths, francs, alains, compose la langue qu'on nomme *romance*; elle fut divisée en deux espèces: la langue d'oïl était une combinaison de la romaine avec la franque, et occupait la partie de cet empire qui est au nord de la Loire; la langue d'oc était composée de la latine et de celles de peuples qui envahirent nos provinces méridionales, les Goths, les Alains, puis les Sarrazins; elle régnait sur les provinces situées au midi de la Loire, et a, comme on sait, laissé son nom à l'une d'entre elles.

On donna aussi le nom de provençaux aux troubadours; la domination des comtes de Provence sur toutes les régions occupées par la langue d'oc, les fit comprendre sous le nom de Provence et leurs poètes sous celui de provençaux ; mais bientôt ils abandonnèrent cette dénomination, moins glorieuse et moins distinctive, et s'en tinrent à à celle de troubadours.

Les poésies des troubadours se bornent à des chansons, des tensons, des sirventes; ils ont laissé très peu de romans et moins encore de tableaux de genre dans lesquels les trouvères se sont si fort illustrés.

La chanson nous était venue des anciens Celtes ; les Francs, qui étaient de ce nombre, l'apportèrent dans la Gaule, elle y prit le nom de romance, ainsi que les productions épiques, parce qu'elle était écrite dans cette langue ; les chansons guerrières et les chansons d'amour étaient les principaux genres qu'on pouvait y distinguer; la chanson à boire est d'une origine moins ancienne. Le fabel, ou fabliau, qui répond à notre conte, naquit parmi nous dès le premier siècle de notre monarchie; nous en avons donné l'exemple aux Italiens, aux Espagnols ; ce sont nos trouvères qui les ont portés chez eux et leur en ont fourni l'idée, souvent même les sujets.

Le roman est aussi très ancien en France; les premiers furent l'ouvrage de la dévotion; ceux d'amour et de chevalerie les suivirent : écrits d'abord en vers, ils ont été depuis traduits en prose plus moderne et nous en avons retrouvé dans les langues étrangères plusieurs dont l'origine était française, mais qui s'étaient perdus; car les trouvères ont enseigné ce genre aux peuples voisins, comme celui du fabel. Les romans de chevalerie, les plus nombreux de tous, peuvent se diviser en quatre classes. Ceux qui décrivent les hauts faits des paladins de Charlemagne, ceux qui ont pour sujets les paladins d'Arthur, ceux qui traitent l'histoire des Amadis, ceux qui n'entrent dans aucune de ces classes.

Le tenson, ou combat d'amour, appartient principalement aux troubadours; c'est une discussion dialoguée sur quelques points de galanterie : on y trouve de la subtilité, de la licence, de l'esprit. Ils donnèrent naissance aux cours d'amour, tribunaux singuliers qui étaient présidés par les dames, et dont la fonction était de décider en dernier ressort ces questions épineuses et les contestations qui en naissaient.

L'examen de ces diverses poésies, en offrant la peinture des mœurs et des opinions de ce temps, indique la source et les causes de nos préjugés, de nos coutumes, des singularités de notre caractère.

Les romans de chevalerie ont perdu leur lustre à la décadence de cette institution; ils ont été suivis de ces longs romans d'amour, où l'on retrouve encore des restes de l'ancien caractère des Français; ceux-ci ont été remplacés successivement par les nouvelles, les contes de fées, les romans moraux, les romans par lettres, etc. En parcourant cette branche de la littérature, on retrouve les changemens et la diversité que porte dans toutes les productions de notre nation l'instabilité de ses goûts et de ses idées.

§ XXXVII.

Des romans espagnols.

L'esprit espagnol est sensible, exaltable, fin, délicat; il tient de la combinaison d'un climat chaud, d'un sol salubre et fertile.

Son imagination s'exalte, s'échauffe; il aime la gloire, il admire avec enthousiasme; tout ce qui l'élève à ses yeux et aux yeux des autres, le séduit et l'enchante; les grands romans de l'humanité, les fables qui exagèrent l'homme doivent être nées dans le peuple le plus vain de la terre.

La raillerie suit la vanité, elle est aussi la fille de l'esprit; la friponnerie suit la paresse et la pauvreté; l'hypocrisie naît du zèle persécuteur; et ces tristes circonstances appartiennent au régime politique de l'Espagne.

L'énergie du climat, l'exemple du peuple le plus érotique qui ait été connu, ont répandu la galanterie et le libertinage, que l'oisiveté a accru.

La jalousie est née de la force de l'amour et de l'exemple des mœurs orientales.

Cette esquisse vague et légère nous indique déjà la source d'où ont dû couler les genres originaux de fictions dont l'Espagne a fourni les premiers modèles.

Les romans de chevalerie y régnèrent, y furent adorés jusqu'à Michel Cervantes; le ridicule qu'il versa sur eux les ayant décrédités, ils furent remplacés par les nouvelles, et cette pépinière de romans bourgeois, peintures des mœurs populaires, dont les traductions de Le Sage nous ont fait connaître quelques parcelles. La galanterie règne surtout dans le premier de ces deux genres, emprunté immédiatement des Arabes. La critique, la peinture de la misère, de la dépravation, de la friponnerie et des mœurs générales de la société, dans le pays qui fournit aux auteurs leurs observations, composent le dernier.

Dans cette classe, on pourrait comprendre quelques productions qui, sous le nom de comédies, n'offrent que la forme dialoguée qui puisse appartenir au drame; d'ailleurs sans intrigue, sans unité, même sans borne de temps; longs et désordonnés tableaux à qui, pour ressembler exactement à l'espèce de romans dont nous venons de parler, il ne manque que l'expression narrative.

A ces genres, successeurs du roman chevaleresque, on peut ajouter le roman héroïque, qui est un chevaleresque mitigé. Ce genre a survécu à Cervantes; il nous a été transmis par les Espagnols et a servi de modèle à Corneille, à Scudéry, à Calprenède, et à la tourbe de cet ordre qu'on peut regarder comme le résultat de l'imitation espagnole, combinée avec l'esprit du temps.

§ XXXVIII.

Du genre espagnol.

Le genre espagnol est l'exaltation.

Il est remarquable que ces fictions exaltées, qui ont rempli notre littérature pendant la première moitié du XVII° siècle, étaient puisées dans l'imitation du génie espagnol, où Corneille lui-même avait puisé, et que, parmi les Romains, Sénèque et Lucain, qui sont les modèles du genre déclamateur dans la littérature latine, étaient nés l'un et l'autre en Espagne.

§ XXXIX.

Du théâtre allemand.

La célèbre Rosvitha, chanoinesse de Grandersheim, a composé les plus anciens drames allemands qui nous soient parvenus : elle vivait dans le x⁰ siècle. Charlemagne, avant elle, avait fait faire un recueil des poésies bardes, parmi lesquelles il s'en serait trouvé probablement de dramatiques ; mais la superstition des prêtres en a détruit tous les exemplaires. La chanoinesse de Grandersheim composait en latin ; ses pièces étaient pieuses et offrent un tableau des idées religieuses de son temps. Les drames rares qui ont été faits depuis elle jusqu'au xv⁰ siècle sont dans le même goût, bien qu'il paraisse qu'il y en ait eu de composés en langue allemande. Au reste, les uns et les autres n'ont laissé que des traces douteuses. Cependant, dès le xii⁰ et le xiii⁰ siècles, l'Allemagne, comme la France et l'Italie, avait ses chanteurs d'amour, qui n'y portaient pas le nom de troubadours, mais de mesingers.

Le xv⁰ siècle vit naître des traductions de quelques drames latins, mais la source de cette espèce de littérature, en Allemagne, fut principalement dans les jeux de carnaval, et dans les disputes théologiques; les Luthériens surtout plaidèrent souvent leur cause avec des drames. Les jeux de carnaval étaient des dialogues que les jeunes gens masqués allaient réciter dans les assemblées de danses et qu'ils préparaient dans le même temps; les auteurs mêmes de ces jeux de carnaval s'escrimèrent à d'autres productions, et instruits par les ouvrages des théologiens et les traductions des anciens, ils mirent au jour, sous le nom de comédies et tragédies, quantité de drames dont quelques-uns étaient chantés.

Toutes ces pièces, fort éloignées de ce qu'on appelle la régularité, étaient sans mesure pour la longueur, sans travail soigné, sans vraisemblance. Au commencement du xvii⁰ siècle, le célèbre Opity porta dans le théâtre allemand la réforme; il asservit la versification à de nouveaux modes, c'est-à-dire à la régularité des pieds, au moyen de la combinaison des syllabes longues et brèves; il mit dans ses pièces de la mollesse et de la vraisemblance, mais il fut mal imité par ses successeurs et ses contemporains.

Les uns que le genre italien avait séduits, préférèrent le brillant, l'oripeau, aux beautés réelles ; ils se rendirent inintelligibles pour vouloir s'élever ou raffiner leurs idées, et ils eurent pour chef Lohenstein ; les autres se livrèrent à une gaîté grossière ; ils mêlèrent le bas comique au tragique noble, et composèrent ces drames héroïques et politiques qui amusent encore la populace, sur quelques théâtres de l'Allemagne.

L'opéra avait mal commencé. Les princes allemands, dégoûtés du triste spectacle qu'il leur offrait, lui préférèrent le théâtre italien, et par cette exclusion décourageante, ils l'étouffèrent dès sa naissance.

Enfin, vers 1730, les progrès du goût, la communication des nations voisines, l'émulation firent changer de face à la littérature allemande et le théâtre s'en ressentit ; on soigna davantage le style, on consulta plus les règles et les bons modèles. M. Gottsched, génie étroit et crédule, imbu du goût français, et hardi par aveuglement, ayant vers le même temps entrepris de corriger sa patrie, on attribua à ses dissertations puériles et à ses innovations maladroites, des progrès, ou du moins un changement qu'avait amené le concours d'un grand nombre de causes.

Cependant le théâtre allemand a continué de se perfectionner et de s'étendre ; il offre une variété qui doit se trouver dans les productions de tout peuple savant et imitateur, car les auteurs allemands, ayant préféré, les uns les modèles et les idées françaises, les autres les modèles et les opinions anglaises, d'autres, les règles des anciens, et d'autres encore ayant combiné ces diverses manières, il en est résulté dans leurs productions une diversité de ton qu'on ne trouve nulle part ailleurs, mais, par la même raison, il pourrait bien être arrivé qu'aucun de ces différens faires ne fut au nombre de ceux que le naturel de la nation lui destinait.

Toutefois, la longue imperfection des lettres allemandes, ayant obligé les princes de cette nation qui, soit par vanité, soit par goût, se plaisaient aux productions des beaux arts, à chercher en France et en Italie des ressources de ce genre, elles ont manqué d'encouragement ; la langue même est demeurée imparfaite dans la plus grande partie de l'Allemagne. Elle n'a été cultivée que dans le Brandebourg et la Saxe.

§ XL.

Littérature hollandaise.

Beaucoup d'érudition, des historiens, des poètes médiocres en assez petit nombre, des traductions innombrables, composent à peu près la littérature hollandaise. La fiction en prose, que nous nommons roman, leur est inconnue, ou plutôt ils ne savent se la procurer que par traduction.

Cependant la naissance de la poésie moderne n'a pas été plus tardive dans ces régions que dans le reste de l'Europe, et si la donnée défavorable d'une langue dure n'a pas permis qu'avec le temps elle atteignît tous les genres de perfection, si la constitution céreuse, lente et flegmatique des habitans proscrit l'enthousiasme et les grâces, cette existence d'une poésie aborrigène, aussi précoce que celle des peuples voisins, prouve qu'avec de plus heureux hasards, elle aurait obtenu de plus grands succès.

Les Reede-Riks, anciens poètes flamands, chantaient, dans le temps des troubadours de France, des Mummers d'Angleterre, des Monsters-Sangers d'Allemagne; ils étaient liés en sociétés qui existent encore, mais dont ne font plus partie que des citoyens des dernières classes, continuant toujours sous les mêmes noms, de s'assembler dans les foires, dans les maisons particulières, buvant, se querellant et se proposant des défis et des énigmes, auxquels ils attachent des prix. Ces Reede-Riks n'ont rien produit depuis leur fondation qui puisse illustrer leur société.

Les autres poètes hollandais ont travaillé surtout dans le dramatique ; leurs comédies sont des farces chargées ; leurs tragédies sont des tableaux de grandes catastrophes entassées et incohérentes. Ils ont aussi traité les autres genres et le pastoral, où la dureté invincible de leur idiôme ne leur a pas permis les succès dont semblaient répondre leur constitution naturelle et les beautés champêtres de leurs sites. Deux femmes se sont fait remarquer dans le nombre, Catherine Lescaille et Madeleine Pollins.

Ceux d'entre les Hollandais qui se sont distingués depuis le xvii° siècle, sont Corneille-Van-Ooft, Juste-Vondel, son contemporain bien supérieur, grand, hardi, rude et brut comme son pays et son siècle ; on le compare aux grands réformateurs Shakespeare, Lopèz de Vega, Opity; Jean Vander, Goez, Antonides, brillant par la facilité, le feu, la hardiesse, la pompe ; Luc-Rotgans, célèbre par un beau poëme de Guillaume III, auteur dans tous les genres de poésie, et qui dispute aux précédens le premier rang parmi ceux de sa nation; Jacob Van-Starkemburg, poète pastoral, Guillaume Van-Haaren, lyrique estimé, et beaucoup d'autres.

§. XLI.

Du théâtre. — Comparaison entre les théâtres français et anglais.

L'art du théâtre en Angleterre ne présente pas les mêmes difficultés que parmi nous. En admettant qu'il n'est pas moins difficile de produire sur les Anglais les effets qu'ils désirent et qu'ils paient de leurs applaudissemens, qu'il ne l'est de nous affecter à notre manière, toujours dirai-je que les méthodes qui mènent à ces effets sont bien différentes, et que les talens d'un grand acteur de Londres et ceux d'un comédien de Paris, se ressemblent fort peu.

L'Anglais n'est pas délicat; il est organisé fortement, susceptible d'éprouver des sensations fortes, et n'est point à la portée des sensations fines. Il veut du pittoresque, du marqué, du saillant : le reste glisserait sur son âme, il n'en apercevrait pas même le mérite.

Nous, au contraire, nous Français, d'un goût très délicat, sensibles aux plus légers détails, choqués par les défauts les plus faibles, nous voulons du poli, du limé, du fini ; les inconvenances nous choquent, les invraisemblances nous dégoûtent, les indécences nous répugnent, les traits trop décidés nous révoltent ; nous remarquons les fautes légères, nous apprécions les beautés fines, et pourvu qu'on ne choque pas notre extrême délicatesse, qu'on ne bouleverse pas trop violemment notre machine frêle et susceptible, qu'on ne secoue pas avec rudesse notre organisation sensible et délicate, nous permettons qu'on nous ennuie, ou du moins qu'en exerçant notre esprit sans le fatiguer, on ne dise presque rien à notre cœur.

Présentez à l'Anglais des images nouvelles, chaudes, singulières, énergiques, vous remuez sa sensibilité, vous faites couler ses larmes, éclater ses rires, c'est ce qu'il demande.

Piquer notre curiosité, la satisfaire, plaire à notre oreille par une harmonie douce ; ménager notre sensibilité, ou du moins, éviter de la fatiguer par des mouvemens trop prolongés, réjouir notre esprit en lui présentant des images gracieuses et variées, c'est ce que veut le Français : évitez les fautes les plus légères, tout ce qui nuirait à l'illusion, tout ce qui exciterait des mouvemens douloureux, tout ce qui offenserait sa délicatesse de mœurs, c'est là surtout ce qu'il exige.

L'art théâtral, en Angleterre, demande une sensibilité vive, c'est le point essentiel ; l'art et l'étude sont presque inutiles : ils n'enseignent que les détails, on ne vous les demande point, on ne les apprécierait pas; la scène anglaise est un tableau fait pour être aperçu de loin, les effets sont beaux, grands, énergiques; ils offrent une belle construction, des groupes bien assemblés, un clair-obscur admirable; mais nul fini, nulle grâce; les couleurs ne sont point mariées, les teintes ne sont pas fondues, la toile est encroûtée, raide au toucher, mal propre; les détails fourmillent d'incorrections, souvent même pèchent contre la vérité; l'Anglais qui n'aperçoit que le saillant, admire.

Ce fameux Garrik, qu'ils ont tant prôné, nous eût enlevé dans quelques instans, par la belle vérité de son expression, mais presque toujours il nous eût choqué par le brut de ses manières, la maladresse de ses grâces, par ses oublis, ses vides, ses incorrections de ton, d'attitudes. Et, dans les rôles qui exigent le plus grand fini, qui, même ne brillent presque que par là, dans les petits-maîtres qu'il jouait aussi, son air gourmé, lourd et contraint, son ton désuni, grossier, excessif, inégal ne nous eût amusé que par le ridicule.

§. XLII.

De la mode en littérature.

Nous avons un grand ennemi des progrès de nos connaissances, c'est la mode.

La variété de nos goûts n'est pas simultanée, mais successive, nous louons, nous aimons, nous poursuivons exclusivement une chose, et ces affections ont peu de durée.

L'esprit français est étroit, il aime que sa vue soit fixée. A la fois avide et fatigable, il veut acquérir peu, mais il veut que ce peu soit tout.

La nation n'honore qu'un mérite, les écrivains n'ont qu'une loi, les esprits qu'une direction ; nous n'avons qu'un livre ; et des esprits que la nature et la première éducation auraient destinés à des carrières diverses, se rassemblent sur le même terrain, parce qu'il n'y a des spectateurs et des applaudissemens que là ; il n'y a que l'ambition modérée qui s'en écarte, et l'ambition modérée suppose les talens médiocres.

§. XLIII.

Métaphysique et poésie.

La métaphysique abrège, en resserrant dans les principes, un grand faisceau de pensées homogènes.

La poésie abrège, en rassemblant dans une image, les élémens éthérogènes d'une multitude de pensées.

§. XLIV.

Influence des sciences sur la littérature.

Qu'ils me semblent égarés ceux qui pensent que les sciences exactes, physiques, expérimentales, philosophiques, qui se sont emparé de nos idées et de nos goûts, soient propres à faire déchoir la littérature! Elles la soutiennent par de grands moyens; par l'habitude et la faculté de penser juste, et d'apercevoir la vérité; par celle de consulter la nature plus que l'opinion, de s'instruire plus par l'observation et moins par la lecture, d'imiter la nature au lieu des productions précédentes, etc.

Une excellente langue, dit M. de Condillac, serait celle qui aurait suivi les progrès d'un peuple perfectionné. Il en est de même de la littérature et des beaux arts. Il faut qu'ils naissent du génie d'un peuple et s'approprient ainsi à son caractère, à ses idées acquises, à sa manière de sentir.

Un peuple, instruit par l'observation de ce qui est le plus propre à l'affecter agréablement, compose des règles; mais des peuples postérieurs ou étrangers, venant à connaître ces règles, les croient en aveugles, n'osent douter de leur divine infaillibilité, et sans examiner si elles sont propres à rendre l'art tel qu'il le faut pour l'homme auquel ils le destinent, ils ne balancent pas à en faire le type de leurs productions : souvent l'autorité les fait croire, la superstition s'en mêle, on s'enflamme d'enthousiasme, mais le cœur, qui n'a point d'oreilles pour la crédulité, s'obstine à refuser son suffrage, il reste muet, et au milieu des applaudissemens du monde savant, le monde sensible est fort ennuyé.

La beauté est une qualité presque toujours relative, et quand l'imitation pourrait égaler l'original, les chefs-d'œuvre d'un peuple par rapport à lui, ne doivent jamais avoir absolument les mêmes succès chez un autre.

Les beaux arts plaisent par l'imitation de la nature, mais le défaut de l'imitation de l'art, c'est qu'elle n'offre qu'une seconde copie, où la ressemblance doit être faible et l'illusion légère.

Celui qui fait de sa sensibilité sa règle et son guide, fait un ouvrage touchant; celui qui imite un autre ouvrage, peut n'en retenir que le froid; il n'a point de pierre de touche.

Aussi les peuples ignorans d'érudition, ont-ils fait de beaux ouvrages; ils imitaient la nature et consultaient leurs sensations; Faust, Shakespeare, Homère.

Chez les peuples érudits, on a suivi des règles faites pour d'autres; on a imité les étrangers et les anciens. La lecture a distrait de l'observation; la science a prévalu sur le tact; et du fond de leur cabinet, ignorant les choses de leur âge, les savans de toutes les nations ont inondé leurs compatriotes de productions somnifères, soutenues par la dangereuse autorité de la déférence.

L'épais Allemand a été tourmenté par des imitations grecques, latines, françaises, etc., qu'il n'entendait pas mieux dans la traduction que dans les originaux. Le Français gémit encore d'être pris pour un Grec, un Romain, un Espagnol, un Italien. Ce dernier gémit qu'on veuille le ramener au temps où il était maître du monde. Mais le superbe Anglais dédaigne l'imitation comme il s'indigne de l'esclavage, et sa littérature, appropriée à son caractère, fait les délices du monde par le charme de l'originalité.

§ XLV.

Des moyens de travailler en grand.

Il faut avant tout savoir connaître et employer les hommes ; et puis :

1º Posséder toujours l'ensemble de son travail ;

2º Trier ce qu'il faut se retenir et ce qu'on peut confier à d'autres ;

3º Savoir distribuer le travail, le diriger, le juger lorsqu'il est fait, en un mot savoir faire travailler.

L'ordre et les méthodes qui abrègent et qui simplifient sont absolument indispensables, quoiqu'on doive peu s'enfermer dans les détails ; on ne saurait, sans ces moyens, donner à ceux-ci l'attention nécessaire, et cependant leur demeurer supérieur.

§ XLVI.

De l'érudition.

L'érudit, en occupant sa mémoire, néglige

son intelligence, laisse l'observation de la nature pour l'étude des productions des hommes ; il doit être ou il devient imitateur, copiste, crédule ; s'il raisonne, ce n'est plus que sur les données de l'érudition ; s'il imagine, ce n'est qu'à l'exemple des autres.

Les notions qui s'accumulent finissent par devenir à charge, si on ne les résume.

§ XLVII.

Des extraits littéraires.

L'extrait est la partie la plus utile de chaque portion du tout.

L'extrait d'un écrit est l'exposition de ce qu'il contient de plus important, brièvement rapporté.

Le faiseur d'extraits retranche les détails, les ornemens ; il se contente de tracer les grandes parties de l'ouvrage, et d'énoncer collectivement ce qui n'est que d'une importance secondaire.

L'extrait doit ressembler à l'arbre dépouillé de ses feuilles, où toutes les branches sont à découvert, où elles sont unies sans ornement, mais où elles s'aperçoivent avec netteté.

Le but de l'extrait est de faire connaître l'ouvrage, d'abréger la longueur de sa lecture, de le rendre plus clair, en élaguant les parties inutiles et frivoles qui partagent mal à propos la mémoire et l'attention.

L'extrait qui ne serait destiné qu'à offrir le mérite et les diverses qualités d'un ouvrage pourrait se borner à les énoncer avec ordre, à les juger et à en citer les lambeaux les plus propres à le faire connaître ; c'est ainsi qu'on expose l'extrait d'un ouvrage de littérature, non dans le même but que l'ouvrage fût composé, mais dans le dessein d'en donner une notion bibliographique.

L'extrait d'une question contentieuse est destiné à faire connaître le nœud de la question, c'est-à-dire quel est précisément le jugement qu'on demande; il consiste donc à présenter à nu les idées et les rapports qu'on se propose de faire juger, à éloigner tout fatras étranger, tout ce qui distrairait l'esprit du vrai point du sujet ; et si l'ouvrage qu'on extrait s'étend jusque là, à déduire avec clarté, brièveté et précision les idées propres à guider le jugement.

L'extrait qui tend à produire l'effet de l'ouvrage primitif en l'abrégeant, doit, dans le genre didactique, embrasser tous les moyens propres à rendre l'expression plus brève, plus claire, et la peinture des objets moins noyée, sans nuire à la justesse ;

ainsi, l'extracteur d'une histoire généralise les faits, etc., etc.

Dans le genre descriptif, il classe, il énonce collectivement les objets, etc., etc., dans le philosophique, il serre, il laconise une expression trop diffuse, il lie par un principe général des idées analogues offertes séparément ; il élague ou il raccourcit ce qui n'est pas de l'édifice du système, mais ce qui ne sert qu'à l'étayer ou à rendre la lecture plus agréable.

On voit que j'ai distingué deux sortes d'extraits selon les deux buts les plus ordinaires ; l'un de produire l'effet de l'ouvrage primitif, l'autre de donner une notion bibliographique plus ou moins étendue de cet ouvrage.

Le troisième genre d'extrait est métis ; il tient des deux premiers, ou plutôt, il les embrasse. Il a pour but de reproduire l'effet de l'ouvrage et tout à la fois de le juger ; ainsi, on fait cet extrait en joignant à celui du premier genre, des réflexions sur les diverses parties de l'ouvrage, sur l'intention de l'auteur et sa conduite, soit que ces réflexions soient mêlées dans l'extrait et placées à côté des parties qui les occasionnent, soit que ne voulant pas interrompre la chaîne de l'extrait primitif, on les mette en notice, ou que voulant, pour les faire mieux entendre et les rendre plus lumineuses, les exposer de suite, on les place au commencement ou à la fin de l'ouvrage.

Cette manière d'extraire est la plus étendue, mais elle est aussi la plus propre à faire connaître un ouvrage ; elle met ceux dont le goût différerait de celui de l'extracteur, en état de juger par eux-mêmes ; elle leur en fait connaître plus exactement le plan et la partie systématique, et elle remplit en outre le but de l'extrait du premier genre.

S'il arrive qu'en extrayant, on ait une intention qui diffère de celles que j'ai supposée, il est clair qu'il en naîtra d'autres sortes d'extraits, qui voudront être traités différemment.

§. XLVIII.

Suite.

Il fut un temps où l'on faisait des amplifications; maintenant, les extraits conviennent généralement davantage.

Les esprits se sont exercés, les notions familières multipliées, les notions à acquérir étendues.

Dans la multiplicité d'objets dont l'homme s'est environné, il ne suffirait plus à rien, s'il n'avait tout simplifié; l'expression s'est abrégée comme tout le reste.

L'extrait se prête à la rapidité de la conversation, à l'attention délicate.

Le penseur l'aime, l'extrait le flatte et l'exerce, il ne l'ennuie pas.

Il plaît à l'esprit rapide, impatient. L'ellipse, les intermédiaires franchis, des principes, un mot qui met sur la voie, une phrase qui énonce plusieurs idées, voilà ce qui réussit.

En poésie comme en didactique, cette méthode avare a ses avantages ; par elle le goût est aiguillonné, non rassasié.

Elle montre le caractère d'un esprit nourri qui n'épargne pas les ressources, qui n'enfle pas ce qu'il donne.

L'extrait secourt la mémoire, l'enrichit, agrandit sa portée.

Que les formes de l'extrait varient selon les convenances, selon les degrés, depuis la simple indication jusqu'au développement; que souvent utile et agréable, il doive souvent aussi céder la place à l'abondance, à l'analyse, à la répétition même, cela est sensible. Sur les applications, il y aurait immensément à dire. Voilà quelques idées ; la plume coulerait des heures sans épuiser la matière. Mais chaque manière de traiter les choses a ses inutilités à proscrire.

§. XLIX.

Des traductions — Réflexions sur l'art de traduire.

La diversité des fins de la traduction entraîne la diversité des méthodes. La traduction commune est destinée à produire les effets de l'auteur original ; un autre genre de traduction tend à peindre le génie d'une langue et à enrichir celle du traducteur des idiotismes de celle du modèle ; une autre, enfin, destinée aux écoliers d'une langue, doit la leur faire concevoir, etc. S'il se présente encore quelque autre genre de traduction distinguée par son but, j'en traiterai dans la suite de ces réflexions.

Le grand nombre des lecteurs cherche moins des connaissances que des sensations, et s'il cherche des connaissances dans une traduction, c'est plutôt ou les opinions et les faits que présente l'ouvrage traduit, ou le génie et le caractère de son auteur, que les idiotismes et les figures de sa langue originale. Qui pourra remplir les fins qu'il se propose? La fidélité dans les idées et l'imitation du caractère dans les formes. J'appelle caractère, cette modification du discours propre à affecter l'esprit, les sens ou le cœur d'une certaine manière. Ainsi ces qualités, la simplicité, le poli, le brut, l'harmonie, l'ordre, l'abandon, la rapidité, etc., sont toutes comprises dans le caractère; et l'imitation du caractère doit être telle, que la traduction produise, à un degré égal, les mêmes jugemens et les mêmes sensations que le modèle. La traduction qui va plus loin que l'auteur, cesse en cela d'être une bonne traduction ; elle ne mérite que le titre d'une imitation supérieure. La traduction fidèle, peint les opinions, les faits, les sentimens du modèle, sous la forme, avec l'arrangement qu'il leur a donnés, et revêt du même caractère, tellement qu'à travers l'écorce on aperçoit l'esprit de l'auteur, ses sensations; l'entraînement de ses idées, la manière dont il fut affecté, son projet, son naturel; enfin, on le juge comme à la lecture de sa propre production, tellement encore, que le lecteur se trouve affecté et instruit, précisément comme il l'eût été par l'original.

Voici quelques observations propres à faire remplir ces effets.

1° Le caractère, comme les opinions et les faits, a son plan général et ses détails. La traduction doit s'approprier l'un et l'autre, c'est-à-dire qu'elle doit présenter le système des idées et des faits avec le même arrangement, le même ordre de relation, le même équilibre de parties, enfin elle doit offrir une disposition, une construction générale absolument identique ; et, de plus, présenter chaque fait, chaque opinion, chaque idée avec les mêmes modifications, les mêmes relations, etc.

2° Le caractère exige la même duplicité de ressemblance. La teinte générale de l'ouvrage et celle de chacune de ses grandes parties doivent être fidèlement rendues, sans nuire à toutes les variétés de détail, et sans en être altérées, de manière que, dans le coloris total, ces détails ne se trouvent pas étouffés et que leur tranchante diversité ne rompe pas l'uniformité du ton, tel que le présente le modèle. Pour cela, on concevra aisément qu'il est ridicule de prétendre à traduire un auteur sans l'avoir déjà lu, et même sans posséder, sans avoir conçu et saisi son esprit et son caractère.

3° On peut, dans ce genre de traductions, retrancher à la ressemblance pour lui ajouter d'une autre manière. Il n'y a qu'à se rappeler qu'on veut peindre l'auteur, et que, ne se souciant d'imiter la langue que dans le cas où cet asservissement ne nuirait pas aux autres avantages, on doit sacrifier cette imitation, toute les fois qu'elle ne peut concourir avec eux. Ainsi, une expression noble dans l'original, qui, littéralement traduite, serait vulgaire dans la traduction, sera changée contre une autre qui, présentant la même idée, lui donnera encore le même caractère, affectera d'une façon semblable, laissera à l'auteur sa manière, au discours son ton, etc. De même, dans tout autre cas, la matière sera subordonnée à la propriété, et l'on cherchera moins à traduire fidèlement les mots qu'à produire les effets qu'ils rendent. Il se présente une question ici : se permettra-t-on les mêmes droits sur les idées, et parce qu'une idée qui, dans l'original, affecte d'une certaine manière, pourrait affecter différemment dans la traduction, faudra-t-il qu'on la change ? Je réponds, 1° que les idées n'étant point comme les mots, sujettes aux influences du hasard, des habitudes, etc., leur caractère est moins relatif, et qu'en les plaçant dans le même point de relation, en les enveloppant d'une expression analogue, on les caractérisera presque toujours semblablement, de manière non que tel homme doive en être affecté comme un autre, mais qu'en la rencontrant dans l'original et dans la copie, il éprouve par elle les mêmes impressions ; 2° que dans le cas où le caractère et la fidélité de l'esprit ou de l'idée ne pourraient concourir, le goût du traducteur doit choisir le plus précieux et lui sacrifier le plus frivole, ce qui varie, selon les circonstances, comme la liaison plus ou moins

intime de l'idée au système, ou l'inflence du caractère d'un certain jugement sur l'effet général, etc., etc.

4° Celui qui prétendrait rendre des effets semblables par des moyens différens, se tromperait
presque toujours; il atteindrait une analogie, jamais
une ressemblance exacte : D'ailleurs, il n'y a
qu'à se rappeler que l'instruction est pour quelque chose dans le but de cette traduction, pour
concevoir qu'il s'éloignerait de la même route,
quand même il pourrait affecter semblablement.
Je suppose, pour rendre mon principe clair, que
M. de *Gassendi* ait prétendu dans sa traduction
de l'épisode du *Dante*, n° 1, atteindre à la force
de son modèle, et imprimer les mêmes sentimens d'horreur, de pitié qu'il présente toujours,
se trouverait-il que le lecteur aurait pris du Dante
une idée injuste, qu'il le croirait verbeux, faiseur
de figures, ampoulé, déclamateur, ce qui est
précisément l'opposé du caractère de ce morceau?
Je conclus que pour peindre le caractère d'un
auteur, il ne suffit pas d'affecter le cœur d'une
manière pareille, mais qu'il faut encore employer
des moyens pareils, autant qu'il est possible, et
rendre les mêmes propriétés par la même organisation. Ce que j'ai prétendu sacrifier à l'effet,
dans l'observation précédente, c'était la matière
et non son caractère, car le caractère consiste

dans les qualités comme dans les propriétés ; ou, pour mieux dire, ce qui caractérise, n'est pas seulement de produire une certaine impression, mais de la produire par une certaine manière d'être, de sorte que s'il arrivait qu'avec des qualités différentes, deux choses frappasssent l'âme et les sens d'une manière semblable, il y aurait dans leur caractère de l'analogie et de la différence ; et cette différence doit s'éviter 1° parce qu'elle en met presque nécessairement dans l'effet ; 2° parce qu'elle nuit à l'instruction, qui, elle-même, est un effet désirable, ou un but de cette espèce de traduction.

§ I..

Suite.

Une traduction fidèle présente toujours les plus grandes difficultés ; les mots, les périphrases, toutes les expressions d'une langue trouvent rarement dans une autre des synonymes parfaits ; on est obligé de les rendre par des signes qui ne présentent pas à l'esprit exactement des modifications semblables.

Le traducteur d'un ouvrage philosophique dont

les termes ne représentant pas des êtres physiques qui ne varient jamais, mais des idées abstraites, métaphysiques, morales, qui, suivant les opinions, les systèmes et les méthodes, changent avec les temps et les lieux, ne peuvent être rendus avec exactitude par des expressions d'une autre langue ; ce traducteur, dis-je, pour donner à ses lecteurs une intelligence parfaite du livre qu'il traduit, devrait mettre à la tête de son œuvre des définitions qui changeant le sens des termes reçus dont il userait, et fixant celui des nouveaux qu'il serait obligé d'employer, lorsqu'aucun de ceux de la langue n'approcherait à un certain point du sens réel, de l'expression originale, le leur donnerait absolument analogue à celui des termes du commentaire ; mais il faudrait, pour cela, que le traducteur fût lui-même un philosophe très lumineux et très subtil ; il faudrait qu'éclairé par la suite des idées et l'ensemble systématique des opinions de son auteur, il sût restituer le sens réel, le sens parfait des mots que cet auteur emploie et auquel le changement des notions opéré par le temps, l'oubli des anciennes, leur en ont pour l'ordinaire, même dans l'esprit des savans, substitué de nouveaux. Et si l'on réfléchit que, outre que cette opération, qui exige une pénétration infinie, une facilité étonnante à combiner toutes les idées méthaphysiques, abstraites et morales qui peuvent se former dans le cerveau de l'homme, qualités infiniment rares dans les plus instruits et les plus heureusement organisés ; si l'on sent, dis-je, que, outre la presque impossibilité de cette réunion dans de tels hommes, ceux qui se chargent du travail des traductions ne sont point ordinairement de cet ordre, on concevra qu'il est extravagant d'en attendre une certaine perfection dont le défaut, cependant, rend la lecture de l'ouvrage ou inintelligible ou dangereuse, ou que, devenant presque impossible de saisir le vrai sens de l'original, on demeure exposé à n'y rien comprendre ou à voir des choses qui n'y sont point.

§ LI.

Des traducteurs.

Si l'on considère que, pour être bon traducteur, il faut posséder parfaitement au moins deux langues, qu'il faut de plus connaître la partie dont traite, l'auteur qu'on traduit, qu'il faut et assez de génie pour donner un nouvel être, une nouvelle forme à des idées étrangères, et assez de souplesse pour ne s'éloigner jamais de ces idées, et assez de courage pour s'exposer au mépris attaché par l'erreur à la carrière la plus difficile de la littérature, on sera moins surpris de ne trouver parmi nous qu'un si petit nombre de bons traducteurs. Ce n'est qu'après avoir établi sa réputation par des productions plus brillantes, qu'un homme de génie osera employer ses talens à ce genre peu estimé ; mais cet homme le voudra-t-il alors, le pourra-t-il même ? Accoutumé à créer, pourra-t-il s'astreindre à suivre les idées d'autrui; maître de produire au jour de nouveaux enfans, se résoudra-t-il à élever ceux des autres ?

Que ne gagneraient pas nos connaissances, si un recueil de traductions parfaites nous rendait enfin inutile l'étude de deux langues mortes qui, maintenant, occupent nos plus belles années ? Jusque où ne parviendrait pas un homme qui, sans y perdre, aurait employé à une saine littérature, ou aux principes des sciences exactes, six ou sept ans que le grec et le latin absorbent à présent? et à quoi comparerait-on avec justice cet avantage inappréciable et général, auquel en encourageant les traducteurs, nous parviendrions sans doute en peu d'années ?

§ LII.

La philosophie et la poésie. — Allégorie.

Je connais deux sœurs d'un âge très avancé.

Elles se consacrent au public, et le public les traite de folles. L'une est une coquette toujours parée, toujours embellie par l'art, dont la folie est de vouloir plaire ; l'autre est une espèce de devineresse qui passe sa vie à méditer et qui prétend prédire les choses futures ; celle-là veut être agréable et se destine à nos plaisirs ; celle-ci veut être utile, et sa vaste instruction renferme toutes les connaissances.

On aura peine à croire que cette pédante soit la cadette, et la cadette de plusieurs années ; elle est sèche, maigre, ses muscles sont fortement, rudement exprimés ; elle est parleuse, mais laconique dans sa tournure ; quoiqu'elle se plaise à prononcer des oracles, son langage n'est point ambigu. Sa figure est indifférente ; elle ne rit ni ne pleure, ne s'attendrit jamais, mais elle annonce un esprit tendu, et la curiosité s'y peint ; elle aperçoit tout et ne s'émeut de rien, car son caractère ne la porte point à sentir, mais à connaître.

L'aînée est très différente : si l'on s'en tenait au témoignage de ses yeux, on la jugerait beaucoup plus jeune ; il est vrai qu'elle met dans sa parure un art infini ; cependant, le genre de vie libertin auquel elle se livre eût dû la faner de très bonne heure.

Sa vie est partagée entre l'amour et la débauche ; le sentiment même dont les atteintes sont si destructives pour la beauté, exalte souvent son âme ; elle est toujours occupée par des sensations vives ; la variété peut-être la délasse et prévient l'épuisement de ses forces. En effet, combien d'instabilité dans son caractère, avec quelle aisance elle revêt toutes les formes qu'elle croit capable de plaire ; elle est la coquette la plus habile. Etes-vous sensible ? elle vous enivre de toutes les jouissances du sentiment ; tendre, honnête, malheureuse, elle vous livre tour à tour aux vives impressions de la tendresse, de l'estime, de la pitié, de la terreur. Elle saisit tout ce qui peut ajouter à la force des effets ; tantôt elle est lugubrement vêtue, sa voix est sourde, sombre, sépulcrale ; ses yeux sont en pleurs, la pâleur la défigure ; votre oreille est intéressée par ses sons plaintifs ; vos yeux frappés par les images qu'elle vous présente ; tous vos sens sont affectés, séduits, enchantés par la syrène.

Un autre jour, le sein couvert de fleurs odoriférantes et la tête parée d'un chapeau léger, elle ornera sa fraîcheur des ajustemens les plus simples ; elle contracte un air naïf, sa bouche sourit innocemment; ses yeux baissés sont animés d'un feu dont elle semble ignorer la cause, sa voix douce ne chante que les plaisirs de l'enfance, son front ingénu peint la sincérité de l'ignorance et le calme absolu du cœur.

Voulez-vous éprouver les aiguillons du désir ? Attendez que, sortant de son lit, gaie, vive, fraîche, pétillante, elle vous reçoive en négligé ; alors, libre sans indécence, elle provoquera le désir sans permettre à la satiété de la suivre ; sa voix brillante s'exercera sur des airs vifs, faciles, irréguliers; coquette sous le voile de la folie, elle permet à son peignoir de s'entr'ouvrir, ou, sans paraître y songer, elle attache sa jarretière ; elle court, danse, rit, babille, laisse dénouer ses cheveux, perd en folâtrant sa mule, vous prend la main, vous caresse, se laisse embrasser et semble n'y pas entendre malice.

La peindrai-je plus voluptueuse et moins vive, languissamment couchée sur un canapé, couverte de voiles transparens, et brûlée d'un feu que son attitude fait deviner. Sa voix est molle, lente, entre-coupée, ses yeux sont mi-clos, sa fraîcheur est appetissante ; ses contours charmans, ses attitudes agaçantes enflamment les sens à travers la gaze légère qui les dérobe pour les faire désirer.

Le cynisme n'a point d'excès, où pour ranimer des sens blasés par la jouissance ou par l'âge, elle ne soit capable de se porter ; alors elle s'étale indécemment sous vos yeux. Ses expressions sont aussi libres que ses attitudes ; et le raffinement de son libertinage crée des sens au vieillard le plus apathique.

Je ne saurais vous détailler tous les caractères sous lesquels elle sait se montrer. Méchante, elle vous amuse par ses critiques ; badine, elle vous réjouit par ses bons mots. Il n'existe presque aucun plaisir qu'elle ne sache vous faire éprouver, et l'art n'offre point de ressource qu'elle ne mette en jeu pour séduire.

Ces deux sœurs là ne se haïssent point ; le théâtre de leur gloire est si différent ! L'aînée se plaît parfois à mettre en chansons les oracles de la cadette, et cela les fait connaître du public. Mais leurs amans n'observent pas cette profonde paix.

Les courtisans de la cadette font mine de mépriser ceux de l'aînée, les taxent de frivolité ; ceux-ci à leur tour, leur reprochent la sécheresse et l'ennui dont ils semblent faire profession ; le petit nombre des hommes qui voit juste les estime l'une et l'autre et ne croit point leurs dons incompatibles ; écouter les leçons de l'une ; se conduire d'après ses instructions, savourer les agrémens de sa sœur, leur paraît quelque chose de très simple ; ils se moquent, et de celui qui ne peut acheter quelques connaissances que par le sacrifice de toutes les sensations voluptueuses, et de celui qui, marchant aveuglément au milieu d'elles, s'expose, faute d'avoir les yeux ouverts, à devenir la victime de leurs amorces.

CHAPITRE IV.

Éloquence.

Art oratoire.

§ 1er.

But de l'éloquence.

L'éloquence, non certes la plus glorieuse, mais la plus sûre du succès, est celle qui s'empare des passions dominantes dans ceux qui l'écoutent, les flatte, les honore, les justifie, et leur prouve qu'ils font une chose glorieuse en se livrant à leurs inclinations basses ou criminelles.

Qui pourrait résister à un orateur qui, devant des hommes lâches, colore et ennoblit la lâcheté, qui, devant des hommes envieux, donne à l'envie les noms d'une vertueuse méfiance, d'un ardent amour de légalité, qui, devant des hommes intéressés, prouve que l'intérêt public et le leur, sont le même ?

On ne saurait assez le craindre ni assez le mépriser.

§ II.

Style propre à l'éloquence.

Ce qui se prononce a besoin d'être plus clair que ce qui se lit.

Ce qui se prononce devant une multitude a besoin d'être plus palpable que ce qui n'aurait qu'un petit nombre d'auditeurs choisis et attentifs ; les idées doivent être plus claires, la poésie plus sensible.

Le discours prononcé ne comporte pas la même brièveté que le discours écrit, soit qu'il en devienne moins intelligible, soit que ne passant qu'une fois devant l'attention, on ait à craindre de la trouver distraite ; il demande donc parfois des répétitions.

Des raisonnemens liés, qui auront besoin d'une attention suivie et non interrompue, pourront échapper souvent à l'auditeur ; il sera bon de les rendre ou du moins de les récapituler par des formes rapprochées et rendues plus faciles à saisir.

Le style des productions qui doivent avoir été réfléchies et travaillées, peut paraître lui-même plus travaillé que celui de celles qui doivent porter l'empreinte du premier bond.

Un discours médité sur une matière importante est dans le premier genre.

Rousseau, dans le sentiment même, est travaillé; il a la force, il a l'énergie, mais il n'a pas l'abandon.

Le rôle, le caractère, la situation de l'auteur de l'ouvrage, ajoutent à son effet et doivent influer sur le caractère du style.

Ils influent aussi sur le ton de la prononciation. Ces lois sont presque trop évidentes pour être indiquées, mais si importantes et si mal suivies, qu'on ne saurait trop les rappeler.

Le but, les auditeurs, les sujets ont aussi leur influence; l'art de peindre le sentiment et la pensée, l'art de les transmettre a, comme tout autre, ses variétés indéfinies, ses nuances innombrables, ses relations que l'esprit aperçoit, que le tact sent, que la souplesse de l'art observe.

L'effet poétique recevra beaucoup du caractère vrai de l'œuvre et de l'auteur. La plupart ont un caractère évidemment factice, un caractère composé de parties incompatibles, souvent le lecteur ne peut suivre de l'œil celui qui parle, et s'il lit haut, il ne peut en bien saisir et en lier les tons.

Les abstractions ont souvent à un haut degré le caractère poétique et sentimental; mais quelquefois elles ont besoin de recevoir un corps par les figures.

Le prophète, le propagateur d'une religion, doivent, pour émouvoir, pour entraîner, être exaltés ou le paraître : leurs disciples le sont aussi ; le dévot contemplatif, le dévot prêcheur le sont également ; tous ces gens ont embrassé leur situation par exaltation ; s'ils sont hypocrites, ils ont dû la jouer. Les impressions sensibles à produire, les grands motifs de terreur, de désir, d'amour, de haine, d'indignation, de respect, d'obscurité des mystères où l'imagination s'égare, voilà le genre prophétique, le genre ascétique, la raison immolée en général à l'imagination et au sentiment ! Voilà l'exaltation de la tête et des passions ou réelles ou jouées !

Tout rôle a un caractère, un ensemble, un accord, une compatibilité dans ses parties. Mais combien certains rôles comportent de variétés ! Combien de choses compatibles, quelle succession, quelle liaison de diversités et de nuances dans les caractères de la nature ! Combien chaque situation est composée, et combien la série des situations offre des tableaux divers ! Combien, sans cesser d'être vraies, la fiction et l'imitation peuvent être riches !

Dans les productions de sentiment, et surtout dans les dramatiques, donner la clarté sans rien ôter au naturel et à la vérité, c'est un des écueils de l'art.

La grande difficulté est celle des expositions : elles pèchent tantôt par l'artifice, tantôt par l'invraisemblance, tantôt par la puérilité, la frivolité intrinsèque des parties qui la fournissent, telle celle de Rodogune.

Il est une lucidité métaphysique, dialecticienne, précise, étendue, aisée, nette dans les aperçus abstraits : Helvétius, Fontenelle, Du Marsais, la possédèrent.

Il est une lucidité de sentiment qui pénètre les objets dans leurs formes concrètes et palpables, avec leur ensemble, leurs couleurs, leurs jeux, leurs faces intéressantes. Tels furent Montesquieu, Fénélon, Jean-Jacques Rousseau, Goëthe, immortels aussi long-temps que l'imagination et le sentiment conserveront leur empire parmi les hommes.

L'une et l'autre ont leur application.

La première plaira surtout aux esprits du même genre, à certains faux philosophes et pédans du temps, aux personnes inexpérimentées, peu instruites, mais douées naturellement d'une tête dialecticienne.

Rarement elle se restreindra dans l'application aux bornes que la saine philosophie lui désigne. Elle voudra composer seule les lois de l'Amérique septentrionale.

Les esprits qui seront principalement pourvus de celle-là par la nature de l'exercice, possèderont rarement l'autre à un certain point, et n'appliqueront pour l'ordinaire leur poésie même, qu'à orner ou à éclairer des spéculations purement abstraites.

La seconde fera les délices du grand nombre des lecteurs et des auditeurs. Elle se trouvera fréquemment liée à une possession suffisante et à un emploi convenable de la première. Elle pourra, le plus souvent même, s'y substituer pour l'usage avec peu de perte d'avantages.

Enfin, seule, elle fera l'orateur touchant, le prophète du peuple, le souverain des passions et des sentimens.

Les hommes se conduisent presque toujours par l'émotion du moment.

C'est l'impulsion du moment qui fait le plus souvent oublier l'intérêt de l'avenir. C'est encore l'exaltation du moment qui fait sentir, qui fait concevoir, qui fait désirer, qui rapproche les lieux et les temps sous l'influence de l'imagination.

Celle-ci et le sentiment sont les plus invincibles des orateurs, les plus dangereux des sophistes.

Il est des personnes que l'imagination entraîne et séduit jusque dans ses écarts; il en est qui ne font que sourire aux excursions ingénieuses d'un esprit qui quitte le solide, l'important, le réel..., ou du moins ce qu'elles appellent ainsi. Tous cependant ont une porte ouverte au charlatanisme; mais elle est tantôt petite, tantôt grande; elle est ici, là, au cœur, à la tête, ou ailleurs.

Peu méfians de leur ignorance, les hommes se laissent facilement abuser sur ce qu'ils ignorent. Mais plus vains, plus jaloux encore que sagaces, ils s'abandonnent difficilement au charlatanisme qu'on veut établir dans l'enceinte de leurs connaissances.

En général, les fantômes de l'imagination auront plus de force sur la femme, l'enfant, l'être inexpérimenté; les réalités en auront plus sur l'homme qui a vu et vécu, en qui l'imagination s'est éteinte.

Il en est à qui il faut montrer l'agréable, d'autres qui ne sont influencés que par l'utile.

La chaleur échauffe, la vérité persuade. Ce qui impose le plus puissamment, c'est l'assurance calme. Le calme inspire la confiance.

Le ton du barreau doit essentiellement être naturel et vrai, car il n'est pas destiné à l'imagination comme le théâtral, ni à l'exaltation et la faiblesse comme celui de la chaire, ni à la passion et à l'intérêt personnel comme l'éloquence publique et privée, mais à des esprits sérieux, accoutumés aux artifices, et qu'il faut porter à des actes froids et réfléchis. Le ton du barreau étant senti, il faut encore que le caractère de l'orateur lui donne de l'intérêt ou du poids par sa consistance, par sa modestie intelligente.

C'est un point capital dans la conversation d'être bref, clair et sensible.

Là, plus qu'ailleurs, conviennent ces formes nerveuses et ramassées qui donnent dans quelques mots le résultat sensible et frappant de beaucoup de pensées.

§ III.

De l'éloquence politique.

Le propre de l'éloquence politique est d'éclairer. L'orateur n'est pas partie comme au barreau; ou, comme dans la chaire, ministre d'un dogme et d'une volonté déterminée; il est au nombre des juges, il délibère, il cherche la vérité avec le même intérêt et le même caractère que ceux auxquels il parle.

Cependant, il arrive souvent que l'orateur politique adopte la marche entière, directe et déterminée du barreau, lorsque sa personne est attaquée, lorsque son opinion est déjà prononcée et qu'il ne s'agit plus que de la faire triompher; lorsqu'il a un adversaire connu.

§ IV.

De la persuasion.

Pour persuader, il est important de cacher qu'on veut prouver.

§ V.

De l'emploi du pathétique.

Sans examiner s'il est bien permis et s'il est d'une délicatesse exacte de chercher à émouvoir ceux qui nous jugent, puisque aujourdhui tout le monde use de ces armes, et qu'il est sûr, du moins, que cette méthode est devenue juste en devenant respective, cherchons quel est le moment du pathétique, le moment où l'orateur doit parler au cœur, pour pénétrer plus vivement l'esprit de ses raisons, les lui faire entendre avec plus d'intérêt, plus d'attention, et, par conséquent, le saisir avec plus de facilité.

Je crois que le sentiment doit précéder les raisons. Lorsque celui qui vous entend, l'âme émue, attendrie, déchirée par les malheurs que vous lui peignez, vous voit vertueux, sensible, persécuté, il est plus porté à juger favorablement de vos raisons. Avec quel intérêt il les écoute ! et qu'il désire de vous trouver innocent ! Il n'est pas une de vos paroles qui lui échappe ; vos preuves lui semblent toutes convaincantes ; votre vertu, votre bonne foi, dont vous venez de le pénétrer, ne lui permettent pas de révoquer en doute vos assertions. Votre cause est soutenue par une grande autorité, par celle d'une âme droite et sincère ; c'est la vôtre, il a vu en vous l'homme honnête, et votre jugement peut autant sur lui que s'il ne se rapportait pas à votre propre cause.

§ VI.

Influence de la sensibilité sur l'éloquence.

Une vive sensibilité est souvent la mère d'une admirable éloquence : on conçoit la situation de l'être qu'on fait parler ; on suppose qu'on est lui, ou plutôt qu'on est dans les mêmes circonstances, et l'on s'énonce alors comme on sent qu'on le ferait. L'expérience et l'imitation peuvent produire le même effet ; on se rappelle les émotions qu'on a senties, on cherche ce qui peut les reproduire, on essaie sur sa propre sensibilité l'arme qu'on prépare à l'attaque de celle des autres hommes. Le souvenir de nos expériences et l'imitation des êtres qui les ont produites fixent l'incertitude de nos recherches.

§ VII.

Des passions.

Les rhéteurs distinguent trois parties dans le discours, les preuves, les mœurs et les passions, dont le but est d'instruire, de plaire et d'émouvoir.

Il est dans le cœur de ceux qui nous entendent, certains penchans et certaines aversions, certains désirs et certaines craintes, qui peuvent les engager à penser et à agir comme nous le voulons ; l'orateur irrite ces sentimens, il les produit, il les rappelle en eux, il les exalte, et il augmente avec art leur efficacité ; voilà ce qu'en matière d'éloquence on nomme émouvoir.

Les passions, disent encore les rhéteurs, doivent marcher après les preuves ; il faut instruire avant de toucher.

Il est important d'exciter la confiance : paraître se reposer sur la bonté de sa cause, déduire ses raisons avec simplicité, n'avoir point l'air de chercher à éblouir la raison en touchant le cœur, c'est ne pas permettre à l'auditeur de croire qu'on veuille le tromper, c'est l'engager à considérer vos preuves comme plus solides et plus claires.

Lorsque l'auditeur n'est point encore prévenu, prétendre le toucher, c'est paraître vouloir le tromper ; il se défie de vous, il vous observe avec plus de circonspection, son esprit n'est pas convaincu, son jugement n'est pas assis, les passions n'auront point de prise sur son cœur, il résistera volontairement à leur impulsion.

Mais s'il a vu la justice dans votre cause, si vos raisons l'ont convaincu, avec quelle joie ne se laissera-t-il pas persuader ! il se livrera à toutes les impressions que vous pourrez lui susciter, il s'estimera de s'émouvoir, et enflera à ses propres yeux les émotions que vous lui aurez causées.

Cette marche, paraissant être celle de la sécurité, enhardira le juge comme vous; votre opinion deviendra pour lui un préjugé favorable.

§ VIII.

De la force.

On donne le nom de force à la capacité de produire un grand effet ou de résister à une impulsion violente.

Le fort, en matière d'éloquence, est ce qui fait une vive impression, ce qui ébranle vivement ou l'oreille ou l'âme. Ainsi on dit une image forte, une idée forte, une expression forte, d'une image, d'une idée, d'une expression capable d'affecter vivement celui qui l'entend ; on appellera aussi argument fort celui qui captera fortement le jugement.

J'ai dit une impression vive, pour la distinguer des fortes ; en effet, on appelle fortes celles dont le règne est plus étendu et la durée plus longue. Si donc, on dit d'une phrase, d'une idée, d'une expression, qu'elle a plus de vivacité que de force, on saura en quoi consiste la différence de ces deux qualités.

Voici quelques idées sur ce qui produit la force :

L'harmonie exalte les organes de l'auditeur

et contribue ainsi à la force des impressions qu'il éprouve.

Les images mettent à la place d'une conception vague et faible, une sensation : elles doivent ajouter à la force de l'affection.

La clarté, rendant l'impression d'une pensée plus entière et plus facile, doit donner plus de force à ses effets.

Certains sons produisent sur nos organes un mouvement plus violent, et donnent ainsi de la force aux idées qui s'y trouvent liées.

Les passions des hommes produisent certaines impressions sur ceux qui les voient. Ces impressions seront d'autant plus fortes que les passions paraîtront plus vraies.

L'impression d'une idée, d'un raisonnement, d'une image, exprimés brièvement, sera plus subite, se fera tout à la fois, et sera par conséquent plus forte.

La surprise ajoute à la force des impressions, parce qu'elle réunit toute l'impression dans un instant, et qu'elle agit sur des organes neufs et non émoussés.

§ IX.

(Du naturel.

Le naturel, dans le sens exact de ce mot, est ce qui se fait indépendamment de l'intention et de la volonté de l'homme.

Le naturel, en matière d'éloquence, est ce qui est produit par les mouvemens habituels de l'esprit et du cœur, ou par ceux que leur imprime la passion qui nous agite, sans que, dans l'un et l'autre cas, l'intention, la volonté d'employer telle ou telle manière, se fassent sentir. La situation habituelle de nos organes, ou celle que doit y produire la passion dont nous sommes affectés, doit tout enfanter. Pour que l'œuvre soit naturel, il est l'opposé de l'affectation.

§ X.

De l'ordre.

Ce mot, pris en bonne part, ou, si l'on veut, le bon ordre, signifie l'arrangement relatif de plusieurs êtres, qui leur fait produire le meilleur effet.

Dans l'art oratoire, cet ordre consiste à faire succéder ses idées et ses paroles de la manière la plus propre à leur faire produire l'effet qu'on se propose. Ainsi, je suppose qu'on veuille produire une impression longue : la gradation sera le bon ordre.

§ XI.

De la narration.

La narration est la description, la peinture d'un fait. Narrer, c'est-à-dire peindre, exprimer, représenter des évènemens.

La méthode à suivre, lorsqu'on narre, varie évidemment selon le but que le narrateur se propose. Les moyens les plus propres à parvenir aux buts divers qui peuvent le faire agir, composent les caractères divers que doit revêtir la narration.

Ces buts sont d'éclairer, d'amuser, d'attendrir: tous ces effets sont le produit de causes différentes dont la science et l'exécution constituent l'art de narrer. Je vais parcourir les principaux, et développer mes idées sur la manière de les faire naître.

Le narrateur qui veut instruire doit suivre la méthode de l'art d'instruire, de la didactique ; il faut qu'il présente un tableau juste, fidèle, clair et facile à saisir ; que l'ordre de paroles annonce et peigne l'ordre et la succession des faits.

Sa diction doit être simple et claire ; il doit en élaguer tous les mots oisifs qui ne serviraient qu'à obscurcir les phrases et à distraire du sujet, toutes les idées accessoires qui, sans être d'une certaine importance, absorberaient l'attention et la mémoire, et retarderaient la chaîne des faits qu'il faut présenter à découvert et sans confusion.

Il indiquera la filiation des effets et des causes, lors seulement qu'elle ne sera pas évidente et que cette notion concourra à ses fins ; hors de ces cas, ce serait surcharger son discours des idées accessoires dont j'ai marqué le vice.

La narration destinée à faire rire doit présenter des accidens et des objets ridicules, burlesques, risibles, soit par eux-mêmes, soit par leur assemblage, leurs combinaisons, leurs contrastes. Le choix des termes doit être propre à communiquer aux choses ces qualités ; l'alliage des idées doit concourir au même objet.

La narration destinée à attendrir doit présenter les objets et les accidens sous la forme la plus propre à émouvoir la sensibilité; elle doit n'omettre aucune des circonstances propres à rendre le sentiment vif; les expressions doivent être énergiques, les tableaux vrais et touchans, les effets poétiques avec naturel. Le caractère des auditeurs doit être considéré, pour offrir à leur cœur les idées et les images les plus capables d'agir sur eux.

Les détails servent la vraisemblance, augmentent la foi de l'auditeur, et par conséquent la force de son émotion.

Le narrateur qui paraît attendri lui-même, touche encore l'auditeur par l'estime vive et la sympathie de douleur qu'il lui inspire; comme il paraît être vrai, la confiance naît, et par conséquent l'émotion est plus certaine. Ainsi, dans ce genre, on emploiera le style de la passion que doivent inspirer à l'homme sensible les faits que l'on narre.

La narration des faits contestés doit établir et prouver leur vérité; cette preuve résulte de la manière conforme à la nature dont ils ont été produits par les faits accordés; ou ils sont les effets des mêmes causes, ou ils en sont les signes par quelque enchaînement semblable. On fera apercevoir cette analogie avec clarté, avec évidence; ainsi le caractère et les actions, les intérêts et les désirs, les désirs et les efforts se servent mutuellement de signes. La simplicité d'un fait, ou sa ressemblance à ce qui arrive ordinairement, sera une preuve de sa vérité; on doit donc lui en donner l'apparence. Les détails établissent la vérité, lorsqu'ils sont trop naturels pour paraître avoir été controuvés.

§ XII.

De la facilité.

La facilité, en fait d'éloquence ou de langage, est le caractère d'un discours qui paraît avoir été composé sans travail et sans soin.

La facilité est due le plus souvent à l'habitude, quelquefois à la nature, et je ne doute pas, malgré les préjugés adoptés, qu'elle ne puisse être le fruit d'un art profond.

Tâchons donc d'en saisir le caractère.

L'asservissement scrupuleux aux règles ne saurait être que pénible; ainsi la facilité entraîne une certaine indépendance et ne s'astreint guère à une marche très méthodique.

L'enchaînement des idées que la présence des objets et la suite des sensations produit en nous, lorsque sans affectation, sans prétention, sans attention sur nous-même, nous laissons errer notre esprit sur le sujet qui nous affecte, est une image de la marche libre d'un discours facile.

Toute idée trop éloignée, trop étrangère, trop subtile; toute idée qui paraît enfin n'avoir été produite que par de longues, de grandes, de pénibles recherches, ne saurait avoir l'air de la facilité.

Toute variété excessive dans le style, toute correction exacte, toute abondance d'expressions trop étonnante pour paraître le fruit du moment, s'éloignent aussi de la facilité.

Tout raisonnement trop serré, trop précis, doit avoir été élagué; il n'est point l'ouvrage du premier tracé; il a été corrigé ou réfléchi : la facilité qui raisonne est un peu babillarde.

L'extrême sujétion aux bienséances annonce une grande attention sur soi-même. La facilité, quelquefois, consiste dans un peu de licence.

Les constructions de phrases qui ne se présentent pas d'abord, le néologisme, l'usage des choses rares et recherchées, l'érudition, sont de grands ennemis de la facilité; mais des phrases coulantes, que la bouche, d'accord avec l'oreille, semble avoir formées, des expressions simples et nettes, un enchaînement d'idées naturel, quelques négligences, lorsque la règle est pénible, l'exactitude à sacrifier à une grâce qui séduit le langage analogue au sentiment, en général plus de mollesse que de force, c'est-à-dire une force peu soutenue, parce que les affections vives lassent celui qui compose, deviennent bientôt pénibles et ne sauraient être prolongées, sans ressembler à l'art qui surmonte la nature et commande à la paresse; tels sont les caractères de la facilité.

Elle plaît parce qu'elle occupe peu le lecteur ou l'auditeur; ce qui a été facilement composé est facilement saisi. Elle annonce la simplicité, le vide des prétentions; elle est un grand préjugé de la sincérité, qualité que n'a pas le sophiste, grand rechercheur de raisons captieuses, toujours attentif à tromper et à cacher. La facilité est l'enseigne de la bonne foi, de la propre conviction et de la netteté de la compréhension; car ce que l'on disait, ce que l'on prouve sans peine, on le conçoit bien.

La facilité est vantée dans le style épistolaire, dans le dialogue, c'est que c'est là que les prétentions sont le plus détestées, et que la bonne foi et la vérité sont le plus chéries.

L'habitude produit la facilité, parce qu'un grand usage de tous les termes, de toutes les expressions, de toutes les idées usitées dans une certaine matière, nous les met à la bouche ou sous la plume, et nous laisse le choix de ceux qui s'adaptent le plus naturellement ; rien ne cloche, rien n'est en désaccord, tout paraît d'une grande simplicité et semble s'être présenté d'abord ; cependant il s'en faut que la facilité soit toujours le fruit de l'habitude dans la composition, elle l'est plus ordinairement dans la prononciation, car souvent ce qui a été composé sans peine n'a pas l'air facile, et l'habitude donne beaucoup plus la facilité réelle que l'air de la facilité.

La facilité peut être l'ouvrage de la nature, si par une grande souplesse, une mobilité heureuse, l'esprit se trouve d'abord saisi ; telles sont les femmes à qui un peu d'ignorance aide encore à composer des choses faciles, en les empêchant de s'asservir aux règles et d'étaler de l'habileté ; mais si au naturel que je viens de décrire, s'unit, chez elles, ce qui est très fréquent, une disposition à la paresse (car les organes souples ne sont pas ordinairement très forts), l'air de la facilité se montrera parfaitement dans leurs productions, et elles serviront de modèle dans cet aimable genre.

§ XIII.

De la clarté.

La clarté est cette qualité de l'expression qui

transmet à l'auditeur les idées qu'elle renferme, sans travail, sans erreur et sans difficulté.

L'obscurité et l'amphybologie sont ses contraires ; la première rend difficiles à saisir les idées que l'orateur présente, l'autre contient un sens double, de manière que l'auditeur peut entendre ce que l'orateur n'exprime pas.

La clarté est nécessaire dans tout ce qui est destiné à instruire. Elle est la première qualité de ce genre nommé didactique.

On parvient à être clair, en exprimant par des termes du style ordinaire, les idées que pour l'ordinaire les gens de l'art renferment dans des termes techniques ; en employant des comparaisons exactes, et prises dans les objets les plus connus à l'auditeur ; en élaguant les vains détails et tout ce qui serait épisodique, pour laisser dans un grand jour la grande construction du système.

Helvétius a avancé, dans son traité de l'homme, que tout le mérite du discours se réduisait à la clarté ; je n'adopte point cette assertion exclusive, mais je me réunis à lui pour accorder à cette heureuse qualité une utilité très fréquente et très considérable.

La force tend beaucoup à la clarté ; plus l'idée est facilement saisie et nettement aperçue, plus son effet est prompt, entier, isolé, par conséquent plus il est fort.

La clarté met à la portée d'une intelligence commune, des choses qui passent vulgairement pour obscures. Le lecteur, flatté de se trouver plus d'esprit qu'à l'ordinaire, verse sur l'auteur la reconnaissance de la satisfaction qu'il en a conçue.

L'orateur clair, range le grand nombre de son avis, car lorsque les données sont également aperçues, les jugemens des hommes se ressemblent le plus souvent, et ce que vous aurez sincèrement jugé, le grand nombre, pourvu exactement des mêmes lumières, le jugera également.

§ XIV.

Du laconisme.

Le laconisme n'est point le langage ordinaire de l'éloquence.

§ XV.

De la prosodie.

Il y a une prosodie qui est déclamation, intensité d'expression. Elle est grande chez le petit esprit pour qui tout importe, chez le sensible méridional, chez le vulgaire qui laisse parler ses impressions. Elle est nulle chez le didactique, le septentrional, l'homme blasé de la grande ville et chez l'homme de la bonne compagnie qui bannit toute démonstration vive.

§ XVI.

Harmonie du style.

On comprend sous cette expression toutes les qualités qui résultent de l'assemblage des mots considérés comme simples sons.

Elles consistent principalement dans les diverses combinaisons des nombres et des inflexions, c'est-à-dire de la vitesse et de l'élévation des sons.

Cependant, il est une harmonie qui dérive de quelques autres de leurs modifications, comme le dur, le doux et certains sons imitatifs.

§ XVII.

De la déclamation.

(Ce mot est pris ici dans le sens commun.)

La déclamation est une espèce de prononciation qui tient de la musique, c'est-à-dire qui est prosodiée avec une harmonie plus sensible que la prononciation ordinaire.

La déclamation ajoute à la force de l'impression, parce qu'elle exalte et qu'elle élève l'âme de l'auditeur.

Par la même raison elle nuit à la netteté de sa conception.

L'exaltation qu'elle opère produit bientôt la lassitude ; les premières impressions sont plus vives, les dernières sont tièdes et molles.

Elle diminue de la vérité et nuit à ses bons effets.

Elle fait présumer l'affectation et participe à ses mauvais effets.

Quelle est, d'après ces réflexions, le cas où la déclamation peut être avantageuse ?

Elle ne doit s'employer que passagèrement,

mais la transition d'une prononciation simple, à la déclamation, doit être assez bien ménagée pour ne pas occasionner la surprise et ne pas laisser percer l'affectation.

La poésie dont l'effet est d'exprimer avec violence, et qui renferme une harmonie mesurée et régulière, qui guide la déclamation, est à peu près le seul style qui la supporte.

Le moment où l'âme de l'auditeur doit être touchée par des passions très violentes, et hors de la portée ordinaire de la sensibilité, est celui où il est utile de l'exalter par la déclamation, d'émouvoir, d'ébranler par des secousses puissantes, toute l'organisation sensible.

§ XVIII.

Du langage précieux.

Le style précieux est l'effet du désir de se distinguer par son langage, d'éviter ce qui est commun, vulgaire, de montrer une délicatesse scrupuleuse sur le choix des termes et des tournures, de prouver qu'on est au fait des mots nouveaux, qu'on a l'esprit de son siècle en employant des expressions modernes, etc. Des styles qui ne se ressemblent pas et qui naissent de diverses causes, de buts différens portent également le nom de précieux ; il est difficile de donner sur cette matière une définition générale plus précise.

Ce style est l'opposé du familier et du libre, qui, se souciant peu de la pureté et de l'élégance des expressions, ne tend qu'à fuir la gêne ou à rendre les choses d'une manière plaisante, pittoresque, naturelle, gaie.

Comme le précieux prétend à une grande connaissance de la langue, il emploie souvent pour le prouver des mots reçus, mais peu usités et inintelligibles pour le grand nombre.

Le néologisme flattant aussi cette vanité qui cherche à se distinguer du commun, annonçant cette liberté, cette noble indépendance des règles dont on fait gloire, etc., doit plaire aux précieux.

Ce qui annonce les connaissances de la mode, plaît à la vanité du précieux qui, dans beaucoup de cas, n'est qu'un pédant, suivant la mode. C'est pourquoi, dans ce siècle-ci, les expressions techniques sont fort en vogue dans le style précieux.

Comme les précieux ont ordinairement les prétentions consacrées par la mode actuelle, ils emploient souvent les termes affectés à ces prétentions, telles que sont de nos jours les expressions relatives aux maladies nerveuses, celles qui expriment les modifications de caractère que la philosophie du jour sait feindre ou rechercher.

§ XIX.

Du langage du monde.

Le langage du monde a, comme les parures et les mœurs, ses modes, ses variations, ses vicissitudes. Du temps de Molière, le style des Calprenède et des D'Urfé avait donné l'exemple du précieux, du sentimental épuré, de l'esprit raffiné, subtillisé, distilé. Depuis, le changement des mœurs, la fermentation des esprits, l'avancement de la langue, le mitigèrent. L'esprit de finance influa aussi sur les termes et sur la construction des phrases ; le goût de la philosophie, l'instruction, le libertinage, l'affectation, la paresse et l'enchaînement des circonstances créèrent ces expressions outrées, ces phrases fines, mais longues, obscures et presque inintelligibles, ce qui passa parmi les gens du monde pour la quintescence de l'esprit. Alors écrivit Crébillon, qu'on peut regarder comme l'historien des mœurs et du jargon de son temps parmi le grand monde. La lassitude et le dégoût condamnèrent ce nouveau genre, et comme il arrive pour l'ordinaire, dans ces choses, on lui fit succéder l'opposé, c'est-à-dire un naturel, une simplicité extrême ; l'aisance et la liberté du langage l'emportèrent sur tout ; mais le goût des sciences exactes et naturelles fit éclore une nouvelle révolution dans le langage ; ce goût ayant passé des académiciens aux élégans, les uns par discernement ou par despotisme, les autres par affectation, s'empressèrent d'introduire une foule de mots techniques que la chimie, la physique ou les mathématiques fournissaient.

§ xx.

Style passionné.

L'homme agité de sentimens violens veut exprimer avec rapidité et avec force. Pour lui, les expressions exactes sont trop longues, trop faibles, c'est la métaphore qui remplit ses vues, c'est elle qu'il emploie. Souvent, embarrassé de trouver le mot propre, le mot énergique, il ne s'arrête pas ; un terme nouveau voit le jour, ou bien l'expression la plus éloignée se rapproche et vient occuper une place où elle ne s'était jamais vue.

§ XXI.

Style précieux.

Le style précieux est ce langage qu'emploie une sorte d'affectation qui prétend à l'esprit, au raffiné surtout, à ce qui s'éloigne du commun. Des expressions nouvelles, une subtilité qui va jusqu'à l'obscurité, tout enfin ce qu'enfante un esprit qui vise à la délicatesse scrupuleuse, à la distinction du langage, se trouvent pour l'ordinaire dans ce style qui diffère essentiellement du style pédant, production de l'affectation et du savoir.

§ XXII.

Style du jour.

Le style du jour est caractérisé par les couleurs, les manières, les expressions ordinaires.

Les mœurs du moment, les opinions qu'on adopte, les sciences qu'on cultive, les principes qu'on suit, influent sur les variations du langage et produisent le style du jour.

A l'instant où j'écris, le goût et la culture des sciences exactes ont sensiblement influé sur le jargon. Les phrases sont nettes, simples, lucides, et les expressions précises; les termes techniques employés par ces sciences se placent souvent dans la conversation ordinaire; c'est l'effet de l'habitude ou de l'affectation qui feint l'habitude.

L'absence absolue des préjugés dont se parent les élégans et certaines femmes, fait admettre dans leur jargon des expressions très licencieuses, et le libertinage effréné tend à les faire passer en usage; mais la délicatesse d'esprit les poursuit; tout ce que la nation a de pur, tout ce qui est légitimement public, suit les lois de la plus sévère décence; les esprits modernes seuls s'en dédommagent dans le privé.

Ainsi le style familier de l'élégant est le tableau de la licence la plus effrénée : son style à prétention est le vocabulaire des sciences profondes.

Les nouveaux systèmes de morale primitive et législative, ont surtout influé sur les expressions. La sensibilité est devenue aussi précieuse que l'était autrefois la vertu, et les nerfs ont presque pris la place du cœur. Ce n'est plus au patriotisme qu'on s'arrête : ces esprits vastes embrassent toute l'humanité dans leurs affections.

Le style de Marivaux pouvait devenir celui du jour : il était coupé, brisé; sa brièveté faisait quelquefois des impressions vives; il favorisait les madrigaux et prenait un air de naturel qui l'aurait rendu encore plus séduisant. Quelques précieuses et quelques romanciers l'avaient adopté; mais il était fatigant à l'oreille, trop éloigné de la précision qui est à la mode, et l'on s'est aperçu qu'en voulant feindre le naturel, il laissait percer l'affectation.

Celui de Crébillon pouvait séduire : son obscurité ressemblait souvent à la finesse et prêtait d'ailleurs infiniment au persifflage. Idole de son temps, il fut en vogue; apparemment que la difficulté de la construction et la peine de s'entendre, trop contraire à la paresse qui nous caractérise, ont contribué à le faire abandonner.

Il faut aujourd'hui infiniment de justesse, de naturel et de clarté, parce que les lecteurs prétendent tous à la philosophie. Veut-on passer pour homme d'esprit? ce n'est qu'avec une finesse exquise, infinie, qu'on peut se faire accorder ce titre; c'est que l'esprit des lecteurs est lui-même très souple, très délicat, très pénétrant et très fin. Emploie-t-on la figure? il faut qu'elle soit exacte, nette, satisfaisante, qu'elle ajoute à l'énergie et à la clarté. Le lecteur sévère crie au Phébus, au bel esprit, et condamne le livre sans l'achever.

Je sais que tous les styles ne sont pas naturels, simples, faciles ; que le règne de l'affectation subsistera tant que les écrivains seront maladroits et vains ; mais il me semble qu'en ce moment on le proscrit plus sévèrement, peut-être par la raison que l'esprit de vanité qui règne dans les lettres tend à le propager davantage.

L'étude des sciences emploie le style didactique, les écrivains et les lecteurs en contractent l'habitude, et il se naturalise en eux. Or, quels sont ses caractères ? la simplicité, la précision et la clarté ; ces qualités doivent, par une suite nécessaire, se retrouver souvent dans le style du jour. L'étendue et la diversité des connaissances dont aujourd'hui tout le monde se pique, ont agrandi le cercle du style ordinaire ; des termes propres à chaque art, à chaque science se sont réunis dans les mêmes têtes et ont figuré dans les mêmes ouvrages, même dans les conversations ; le langage ordinaire s'est enrichi, les expressions se sont multipliées.

La nature semblait épuisée par les poètes, et n'offrait plus d'images qu'on n'eût employées cent fois ; l'écrivain encyclopédiste puise aujourd'hui ses similitudes dans les opérations des arts ; il laisse le champ vaste, mais trop connu, qu'offre la nature, pour fouiller les richesses cachées dans les ateliers des artistes.

On a enfin connu l'avantage de l'intelligence sur la mémoire, de la réflexion sur l'érudition, de l'observation sur l'autorité. Aussi se pique-t-on plus de présenter des idées neuves, subtiles ou profondes, que de citer des noms, des harangues, ou de contester des dates. Mais je m'éloigne de mon sujet, et je m'avance à peindre l'esprit de mon siècle lorsque je n'ai entrepris que le tableau de son style.

§ XXIII.

Du style pédantesque.

Le style pédantesque est celui qu'emploie l'affectation du savoir. Ce style consiste rarement, aujourd'hui, à prononcer des mots grecs et latins; il est moins hérissé de dates et de noms d'hommes, de villes, de batailles, parce qu'on affecte peu l'érudition; mais comme nous prétendons infiniment plus à la profondeur des sciences exactes, à l'histoire naturelle, à la philosophie, ces sciences peuplent notre langage de leurs mots.

§ XXIV.

Style mystique.

Ce style est celui des dévots, de ceux dont le genre consiste dans un extrême attachement à Dieu et dans l'abandon absolu de tout le reste. La secte de ces dévots s'appelait le *quiétisme*: elle a fleuri sous Louis XIV. Madame de Maintenon était à sa tête; M. de Fénelon fut long-temps un de ses plus ardens partisans.

Toute notre langue fourmille de mots qui ne sont admissibles que dans ce style; il était plein d'onction et de cette douce chaleur que fait éprouver au cœur une passion absorbante, mais sévère, calme et sans combats.

§ XXV.

Style marotique.

On donne ce nom au style dont a écrit Marot, et qui était le langage de son temps; on l'imite encore dans des pièces dont le genre doit être naïf.

Il consiste à employer les vieux mots, les vieilles constructions, les vieilles expressions ; car l'usage introduit dans la langue certaines phrases qu'on ramène toujours sous la même forme, et qui ne sont presque autre chose que des mots longs et compliqués.

Nous avons beaucoup de poésies dans ce style-là ; tous les contes, beaucoup de romances, quelques chansons, s'en rapprochent plus ou moins.

En prose, on l'a moins suivi. Un roman intitulé : *Histoire amoureuse de Pierre-le-Long*, s'est appliqué à l'imitation, non seulement du style, mais des opinions, des mœurs et des idées de ce temps.

Beaucoup de romans de chevalerie, beaucoup de poésies, nous en fournissent des modèles remarquables.

§ XXVI.

Style burlesque.

Ce style est celui qui cherche à envelopper les idées dans des images et des expressions basses, populaires, triviales et peu usitées.

§ XXVII.

Style cynique.

Le style cynique est celui qui, ne cherchant que l'expression et le naturel, abjure la décence, emploie tous les mots de la langue, et laisse aux idées toute leur nudité.

Le style cynique renchérit sur le familier : celui-ci se gêne peu, ne choisit pas les termes les plus nobles, ni les tournures les plus brillantes ; il est sans affectation, sans prétention, mais il respecte la pudeur : l'autre la renie ; les mots communs, bas, orduriers, dès qu'ils expriment ses idées, lui conviennent et sont préférés, s'ils sont plus précis, plus faciles, ou plus tôt trouvés. L'écrivain cynique veut rendre ses idées et ses sensations, voilà tout ; il ne connaît que ce but, il n'observe pas d'autre loi.

§ XXVIII.

De la prononciation.

La prononciation doit concourir, avec les autres parties, aux fins qui sont le but de l'orateur.

Pour que le sens du discours soit bien saisi, il faut que l'auditeur, dispensé de donner une attention forte à la perception des sons, puisse l'employer entière à l'intelligence des paroles : l'articulation exacte produira cet effet.

Si la prononciation était trop rapide, l'auditeur, forcé d'entendre une phrase avant d'avoir bien compris la précédente, manquerait plusieurs sens, perdrait le fil des idées, et elles ne se graveraient point dans sa mémoire, faute d'avoir été parfaitement embrassées et suffisamment agitées par son intelligence; la prononciation doit donc garder une lenteur proportionnée à la rapidité de conception des auditeurs.

Si la prononciation était telle qu'elle joignît des mots séparés dans le discours, qu'elle brisât des phrases, elle pourrait rendre le sens apparent du discours différent du sens réel, ou, du moins, obscurcir celui-ci, induire en erreur ou gêner, empêcher, retarder l'intelligence, ce qui est, je suppose, l'opposé du but de l'orateur. La prononciation doit donc diviser ce que le discours divise, unir ce qu'il unit; cela s'opère, ou par des silences, ou par des changemens d'inflexions, ou, à l'opposé, par la continuation interrompue de la parole avec les mêmes inflexions.

§ XXIX.

Idées détachées sur l'art oratoire.

I.

Prouver, démontrer, c'est faire croire, c'est faire juger, c'est exposer les choses de manière que les rapports qu'on veut faire apercevoir soient saillans.

II.

Il est des choses qui existent ordinairement ensemble, soit parce qu'elles sont effets des mêmes causes, soit parce qu'elles sont effet ou cause l'une de l'autre ; ces choses-là se servent mutuellement de preuves, ou de signes.

III.

Presque toutes les choses sont bonnes et mauvaises : on fait juger une chose bonne, lorsqu'en cachant ses mauvais effets on énumère, on éclaircit, on amplifie ses effets utiles ; si l'on offre ses vices, on en présentera le remède, et l'on supposera ordinaires les circonstances où ses vertus auront le plus d'efficacité, ses vices le moins d'effet.

IV.

L'expression de la passion est un art d'imitation ; cet art se borne à saisir les effets de la passion et à les rendre dans les idées, dans la diction, dans la prononciation, dans le geste.

V.

Le grand art d'influer sur les hommes en leur communiquant des idées, renferme une grande, une immense diversité de buts et de moyens qui constituent les diverses parties de l'art. Celle de ces parties dont le but est de les convaincre et de les persuader, se nomme éloquence ; celle dont le but est de les instruire, didactique ; celle dont le but est d'émouvoir puissamment leur sensibilité dans tous les genres, poésie. Toutes ont des manières particulières, et lorsqu'elles se combinent, il en résulte des arts métis, qui, pour l'ordinaire, conservent le nom de l'art simple dont le caractère est le plus sensible en eux. Ainsi, le but d'instruire, uni à celui de faire des impressions agréables et vives, combinant ensemble leurs manières, composent la poésie didactique.

VI.

Lorsque l'orateur fait montre d'une grande sagacité et qu'il paraît vivement convaincu lui-même, cette autorité sera aux yeux de celui qui l'écoute, un grand préjugé, si surtout, d'après le caractère qu'il sait montrer sans affectation, il ne peut être suspecté de feinte.

VII.

L'institution d'une méthode suppose la connaissance du but, et elle est l'exposition des opérations qui, combinées avec les données, doivent, suivant la filiation naturelle des causes et des effets, atteindre ce but désiré.

VIII.

La définition sert à faire distinguer la chose; la

description, ou le traité, à la faire connaître ; les définitions des mots désignent les choses qu'ils expriment ; la définition d'une chose est un signalement destiné à l'indiquer ; la description est une image exacte qui la fait connaître dans tous ses détails, dans tous ses rapports : peut-être donnerait-on plus proprement le nom de traité à la description qui comprend même la peinture des rapports.

IX.

Les jugemens sont des liaisons d'idées, ou l'aperçu de la co-existence de certaines idées, ou enfin une idée qui embrasse ou en lie plusieurs autres dans un certain état relatif. Juger que Pierre est plus grand que Paul, c'est réunir dans l'opinion l'idée de Pierre et de Paul, celui-là plus grand, celui-ci plus petit. Ainsi les jugemens sont des liaisons d'idées. Ce qui tend à faire porter un certain jugement, tend par l'identité à faire lier dans l'opinion deux ou plusieurs idées.

Ainsi, faire porter certains jugemens, faire lier des idées, faire résulter la liaison de certaines idées du système d'idées qu'on présente, ou prouver, sont la même chose.

On y parvient en plaçant des idées de manière à ce qu'elles soient facilement comparées par l'intelligence.

Ce que je dis peut expliquer jusqu'à un certain point ce qu'il est possible d'entendre de cette expression de l'abbé Condillac : *Tendez à la plus grande liaison des idées.*

Si cela est ainsi, il résulterait qu'en disant : « Observez la plus grande liaison des idées, vous » remplirez par là les devoirs de l'écrivain, vous » atteindrez à tous les mérites de l'éloquence, » un auteur croirait avoir accompli tout cela en rendant très sensible la justesse de ses jugemens, et en disposant son discours de manière à ce que l'auditeur, sans peine et sans recherche, jugeât toujours ainsi que lui, ce qui, sans doute, serait un grand succès, mais trop partiel cependant pour que M. de Condillac l'ait seul désiré. D'où il suit, que ce sens n'est pas celui qu'il entend par son expression, ou qu'elle en renferme plusieurs selon le cas où il l'emploie.

X.

L'antithèse, en rapprochant des idées opposées, rend par le contraste leurs modifications comparées, plus saillantes; elle dépend des pensées et des mots : des pensées, parce que c'est entre elles qu'est l'opposition; des mots, parce que c'est à la construction qui rapproche, et à l'expression propre à développer dans les deux idées les modifications qu'on veut mettre en présence, qu'est due la plus grande force de l'effet.

XI.

Mais s'il est utile à l'orateur de faire concevoir avec facilité jusqu'aux plus fines modifications de ses idées, s'il lui est utile encore de captiver l'attention et d'écarter l'ennui, combien ne devons-nous pas à cette riche source de métaphores et d'images allégoriques que nous offrent les langues des arts et le droit de chercher partout ses expressions! Toutes les idées deviennent par là claires et animées comme des sensations. Ainsi on exprime par des termes de mathématiques les rapports de quantité; la peinture offre une foule de mots pour indiquer des formes, des opérations, que l'analogie lie aux siennes; la mécanique, la chimie, la physique, qui présentent des êtres connus et des mouvemens déterminés, éclaircissent par l'analogie les êtres et les mouvemens inconnus qu'on veut peindre ; en un mot, le style reçoit de l'immixtion des langues et des images que présentent les sciences, l'intelligibilité et la vie, qui, selon certains raisonneurs, réunissent tous les avantages dont on peut l'orner.

XII.

Socrate était nommé l'accoucheur, c'est qu'il faisait en quelque sorte accoucher l'esprit de ses disciples, en guidant leurs observations et leurs souvenirs, en les conduisant à l'aperçu des données qui devaient produire le jugement où il voulait les amener. Cette méthode a l'avantage d'exciter la confiance et d'établir solidement dans l'esprit des auditeurs les opinions qu'on leur suggère ; mais elle est surtout excellente pour l'instruction, et convient plus à l'institution qu'à l'éloquence.

XIII.

L'attention de l'auditeur est nécessaire ; on la captive par les impressions, on évite de la lasser par la brièveté et par la clarté, car plus le travail

est long et l'intelligence difficile, plus l'attention
devient pénible et douloureuse.

XIV.

La confiance inspirée à l'auditeur par l'orateur,
augmente, en raison de l'estime que celui-ci marque en lui. Mais si la flatterie portait le caractère
de l'astuce, elle produirait l'effet opposé.

XV.

L'abandon fait présumer la sincérité, il excite
la confiance. L'affectation fait présumer l'attention et la présence d'esprit ; elle montre le pouvoir de tromper et la tournure de caractère qui en
est capable ; elle réveille la méfiance.

XVI.

Une possession intègre, une intuition parfaite
de la chose qu'on veut exprimer, produit la précision, car quand on voit bien la chose utile, on

ne dit qu'elle et on la dit dans son ordre; quand on la voit mal, on la dit pièce à pièce, et chaque morceau reste mêlé de beaucoup de choses étrangères ; faute d'apercevoir le point de distinction, on n'ose pas tout séparer ; et puis, quand on ne met pas les choses dans leur ordre, on est obligé de les répéter pour qu'elles se rapportent.

XVII.

Souvent, en généralisant le mot, on agrandit l'image, on rend la pensée pittoresque. Cette manière est très usitée à présent. On restreint moins, on détermine moins, on affiche moins, on attribue moins, on laisse la pensée grande, générale, isolée, et l'intelligence ajoute plus d'accessoires que n'eût pu faire l'expression.

XVIII.

Il est un langage qui franchit les intermédiaires et les fait présumer ; avec quelques grandes idées, il en fait suppléer une multitude qui les lient, et qui résultent de leur combinaison ; il abrège le travail de l'intelligence, il flatte le lecteur, en lui

fournissant l'occasion de s'applaudir lui-même ;
il favorise la simultanéité des expressions, c'està-dire leur force; il en permet l'analyse, c'est-àdire la distinction ; il dessine le plan, le squelette
du sujet, il n'en montre que la charpente, le revêtissement reste à mettre. Ce style-là est long à
lire, mais la relation et l'enchaînement des idées
principales se saisit mieux. Ainsi il a ses défauts
et ses avantages.

XIX.

Il est un style qui exprime tout, qui n'omet rien,
qui n'a point d'ellipses de pensées, qui a très peu
de mots; ce style produit la distinction et satisfait
l'esprit amateur de lumière. Il ne fatigue pas et
plaît toujours.

XX.

L'extrait élague deux espèces de choses, celles
qui sont présumées par ce qu'il dit, et celles qui,
vu son but, ne valent pas la peine d'être énoncées.

XXI.

J'ai vu l'effet d'un très beau discours gâté, par une simple phrase à la suite d'un tableau pathétique, exprimé par les sons touchans de l'abandon et de la sensibilité ; l'orateur s'avisa de placer une comparaison qui tourna en ironie toute l'émotion qu'il avait fait naître, et fit rire de son pédantisme ceux qui venaient de partager ses impressions. Pourquoi ? C'est que cette similitude, évidemment recherchée, découvrait l'art et la fausseté, et que, là où l'on avait cru reconnaître la nature et des sentimens vrais, on sentit qu'on avait été trompé par l'artiste ; de là les plus fâcheux effets : l'illusion, la crédulité, la confiance s'enfuient, et l'intérêt avec elles ; irrité d'avoir été entraîné par de fausses démonstrations, l'auditeur s'empresse de s'en venger par le mépris ; le dépit et la haine suivent, il devient adversaire. Fâché d'avoir découvert un art puissant dans l'orateur qui l'a trompé, un art supérieur au sien, il s'en console en répandant une critique exagérée et sur la fausseté de ses sentimens, et sur la maladresse qui la démasque, maladresse, d'autant plus ridicule, qu'elle est l'effet d'une prétention déplacée ;

et il lui fera acheter l'inutile avantage d'avoir eu plus d'art qu'il n'a eu lui-même de sagacité, par le discrédit total de tout ce qui peut précéder ou suivre.

XXII.

Les périphrases sont propres à présenter les choses avec le caractère qui convient au but de l'orateur.

XXIII.

On trouve dans les discours de M. d'Aguesseau peu de métaphores, d'interrogations, d'exclamations bruyantes; sa marche est unie, paisible, sans bonds et sans inégalités hardies.

Son discours est mêlé de périodes longues et brèves; mais celles-là sont toujours divisées en membres qui en rendent la prononciation mélodieuse et l'intelligence assez facile.

Il emploie fréquemment la causerie, accumulant les propositions principales, les incidens, les adjectifs; sa construction n'a que la variété nécessaire pour prévenir l'ennui ou la lassitude de l'oreille; il emploie peu les propositions incidentes, et moins encore les subordonnées; son langage a presque toujours la forme de l'exposition, et l'indicatif présent est le seul temps du verbe, à son usage, employé presque toujours à la troisième personne.

XXIV.

Occupée fortement, exclusivement, d'un objet, l'âme passionnée trouve dans les distractions même des fils pour en réveiller le souvenir :

> Si j'éparpille une rose,
> Dans chaque feuille il est peint.

Les rapports, les analogies les plus subtiles, le lui rappellent sans cesse.

XXV.

De ces manières d'être physiques qui accompagnent et désignent certaines affections, il en est qui peuvent s'offrir dans le style : ainsi, la langoureuse faiblesse d'un être absorbé par un sentiment; la vivacité d'un être agité, exalté, etc.

En somme, lorsque le langage d'action pourra naturellement modifier le langage des sons articulés, il lui prêtera beaucoup de force.

XXVI.

L'agrément, la force, en un mot, l'efficacité convenable des descriptions et des narrations, résultent beaucoup du choix des circonstances qu'on exprime.

XXVII.

L'impression produite par peu de mots est plus simultanée, elle est plus vive.

XXVIII.

Le didactique pur a sa place; mais le plus souvent, pour instruire l'homme, il faut le remuer; il lui faut, comme à l'enfant, du miel au bord de la coupe.

CHAPITRE V.

De l'Histoire.

§ Ier.

Utilité de l'histoire.

Quelle peut être l'utilité de l'histoire? c'est de faire connaître les hommes, de peindre les caractères des peuples, de démontrer l'influence des climats sur les gouvernemens, des gouvernemens sur la félicité publique, etc., et d'apprendre ainsi l'art de perfectionner la politique. L'histoire est l'expérience de ceux qui gouvernent le monde : qu'elle se guide donc d'après ce but; qu'elle présente l'analogie des effets et des causes; qu'elle déduise avec clarté l'influence des évènemens, des connaissances, des opinions, sur les mœurs; qu'elle fasse connaître les passions régnantes des nations et des siècles : voilà son rôle.

L'histoire privée d'un homme peut être utile, si un philosophe l'a composée ; elle enseigne le cœur humain ; joignez-y l'autorité morale qu'il a eu sur ses contemporains, elle apprendra à bien apprécier les caractères.

L'histoire des opinions, la peinture de leur influence sur les passions, de celle des passions sur le bonheur, instruira le législateur ; celle du rapport du bonheur au caractère, du caractère à la race, de la race au climat, lui fournira des lumières importantes.

La peinture du tableau des idées, comparée à la peinture du tableau des sentimens, des passions, du bonheur, éclairera de plus en plus les secrets de la morale : ce ne sera point inutile dans les mains d'un politique habile.

Mais trouve-t-on cela dans vos livres? historiens de mon siècle ; quels sont les mérites que vous recherchez? L'exactitude sur les dates, la découverte de quelque anecdote inutile, une véracité puérile, un style agréable ou sottement poétique. Votre livre contient-il une bonne idée? elle est entourée de méchans détails qui la noient, qui fatiguent la mémoire, qui confondent les notions, qui empêchent de saisir l'ensemble. Il faut du génie pour arracher le grain d'or de l'alliage impur qui s'y est attaché.

Vous ne satisfaites pas même ma curiosité. Je

voudrais un homme qui me fît voir dans un grand tableau les principales vicissitudes des peuples et des pays, les émigrations, les mélanges, les origines. S'il était possible qu'il y eût des élémens d'histoire générale, bien faits, écrits par un homme sans préjugés, par un homme qui eût les talens de Montesquieu, perfectionnés par une philosophie plus mûrie; si ce livre était encore plus profond, si surtout il était rendu avec plus de simplicité, d'ordre et de clarté, il serait inestimable.

Tacite, qui n'a crayonné que les détails, a peut-être plus atteint le mérite de l'élégance dans l'expression, de l'intérêt, dans la narration, que cette vérité dans les peintures, ce fini dans les caractères, qui lui ont valu tant d'éloges.

§ II.

Plan d'étude de l'histoire.

Les lois politiques et civiles qui régissent les différens états de l'Europe émanent de trois sources :

1° Lois et coutumes des Romains ;

2° Lois et coutumes des Barbares qui conquirent l'empire romain ;

3° Lois et coutumes féodales.

Ce qu'il y a de despotique dans nos gouvernemens vient des Romains; ce qu'il y a de populaire, des Barbares; ce qu'il y a d'aristocratique, de la féodalité.

La religion chrétienne adoucit le despotisme, mais elle l'établit; le despotisme a été réduit en principes par les jurisconsultes qui ont raisonné la prérogative royale d'après les lois de l'empire romain, et par les prêtres qui ont appliqué à tout ce qui s'appelle roi, la théocratie de David et de Salomon.

Ce qui a influé sur le gouvernement de fait des différens peuples de l'Europe, c'est-à-dire sur les modifications et les mélanges des trois sources dont j'ai parlé, ce sont les évènemens et le caractère des nations.

C'est, par conséquent, dans l'histoire qu'on en suivra les progressions et qu'on en saisira l'esprit.

Depuis les conquêtes et la chute de l'empire romain, l'Europe ne forme qu'une société. On ne saurait avoir la connaissance historique ni politique d'une partie, sans connaître l'ensemble.

Je ne sais qu'indiquer pour apprendre l'histoire de l'Europe! Le moyen-âge a peu d'historiens étendus, aucun de généraux; les historiens du moment, superficiels et systématiques, sans costume, sans connaissance des hommes, présentent la plupart une métaphysique inutile ou fausse, appuyée sur des tableaux vagues, heureusement prompts à disparaître. J'ignore ce qu'on peut recueillir de l'histoire générale faite en Angleterre et traduite en notre langue. En général, il est bon de commencer cette étude en lisant beaucoup d'histoires sans trop s'y attacher et n'étudiant avec attention que les chroniques. A tout prendre, je préférerais les longues aux courtes et les plus détaillées aux plus raisonneuses, et je me défierais surtout des philosophiques ; car entre ces deux écueils, je préférerais qu'un jeune homme débutât par les préjugés plutôt que par la métaphysique.

Il faut entremêler les histoires particulières aux générales et s'attacher surtout aux mémoires. (Ceux relatifs à l'histoire de France sont naturellement réunis dans une collection qui, certainement, est une des entreprises les plus utiles à l'histoire, à la pratique et à la connaissance des hommes.)

Il est très important de faire marcher à la suite de l'histoire, la géographie et l'histoire naturelle, c'est-à-dire ce qui peint la nature et se lie à l'histoire des hommes ; il faut y joindre aussi la connaissance des tableaux ou estampes historiques et particulièrement des portraits des hommes célèbres, et généralement tout ce qui est propre à faire passer sous les yeux les différens lieux, les différens temps et à donner à l'histoire un corps et des couleurs.

Il est bon d'accoutumer un jeune homme à penser en lisant, et pour cela le meilleur moyen est de le faire écrire.

La conversation fait naître les idées, les fixe, les rectifie, mais il n'y a que la méditation solitaire qui crée l'originalité sans laquelle l'esprit n'est jamais lui-même et demeure toujours sans caractère. Or, je ne vois pas de plus sûr moyen pour mettre sur la voie de la méditation, que l'habitude d'écrire.

La conversation sera propre à mettre sur la voie, et à donner de l'activité à l'imagination; mais il est bon de la diriger de manière à laisser à l'esprit le plus de liberté possible, et à exciter son essor au lieu de le borner comme on le fait sans cesse.

Tout ce qui est hors de la portée de l'esprit le gâte, toute théorie est nuisible pour qui n'a pas encore le degré de raison propre à juger. Il faut bien apprendre aux enfans les faits et surtout les mettre sur la voie de les apercevoir, mais il ne faut point leur apprendre la théorie avant qu'ils puissent aisément la saisir et y arriver d'eux-mêmes; les hommes auraient une philosophie et une intelligence extraordinaire si on ne brisait pas en eux le ressort du raisonnement, soit en les dispensant de l'exercer, soit en le chargeant d'un poids au-dessus de ses forces. Si de toutes nos facultés la raison est la plus précieuse, c'est donc aussi celle à laquelle il faut veiller avec le plus de sagesse, et le meilleur moyen, c'est de l'exercer, c'est de la faire agir d'elle-même.

Pour revenir à l'écriture, il est bon, dans ce premier période, d'inviter son élève à extraire plutôt les généralités que les détails, à faire l'analyse des ouvrages généraux, à saisir l'esprit des particuliers, mais alors comme toujours, à refaire et non à copier.

La raison des deux premières remarques, c'est que ce premier travail est destiné à donner l'esprit général de l'histoire moderne, les masses, les divisions, le système général et non trop de détails qui, s'ils étaient faux ou imparfaits, surchargeraient la mémoire et fatigueraient mal à propos l'intelligence.

Comme je suppose (ce qui est indispensable) que l'élève a préalablement fait de bonnes études de latin et celle de l'histoire ancienne qui doit toujours précéder la moderne, je crois ne lui rien prescrire au-dessus de ses forces.

Ce premier période achevé, c'est-à-dire lorsque l'élève parvenu à 16 ou 17 ans, aura dans la mémoire un bon fond d'histoire, accompagné de géographie et d'histoire naturelle, il sera temps de s'occuper sérieusement de lui apprendre à penser et à raisonner sur les faits ; c'est alors qu'il est surtout important de bien choisir ses guides.

Si, par exemple, on voulait faire un esprit à jamais superficiel, bavard, présomptueux, inutile à la société, habile à débiter des maximes et incapable de rien opérer, je crois qu'il n'y aurait rien de mieux que de lui faire lire les histoires de Reynal, de Voltaire, de Madame de Macaulay, de lord Litleton, etc., et de les accompagner de quelques opuscules philosophiques.... Je ne nomme pas les auteurs de ceux-ci, de trop grands noms s'y trouveraient mêlés ; j'aime mieux les réserver pour le moment où, en admettant leur lecture, je leur ferai réparation de l'exclusion totale à laquelle je pense qu'ils doivent être actuellement condamnés.

Si, au contraire, on veut faire un bon esprit, n'ayant de métaphysique que ce qu'il en faut, subordonnant le raisonnement aux faits, guidé par une raison sensible et éclairée ; fort d'une imagination utile, ornée de tableaux et de faits, alimentée par un esprit observateur, je mettrais d'abord dans ses mains *les Considérations sur la grandeur et la décadence des Romains.*

Pierre de touche d'un jeune homme ! s'il en est ennuyé, je m'en méfie ; s'il le goûte, il y a du fond ; s'il le dévore, il sera homme d'esprit ; s'il le savoure, il peut atteindre l'auteur.

Après cette lecture, un jeune homme à disposition, sera éclairé d'un nouveau jour ; il sera tenté d'écrire et voudra relire toutes les histoires pour les raisonner comme Montesquieu.

Je pense qu'il serait très bon qu'il revînt pour lors à ses auteurs anciens et surtout à Tite-Live, Plutarque, Tacite, Suétone et Salluste, ou qu'il en repassât au moins deux ou trois des plus courts, avec attention et qu'il eût le soin d'écrire ses réflexions.

Ces lectures seront très utilement entrelacées des ouvrages de l'abbé de Mably sur les histoires anciennes, considérations *sur les Romains, sur les Gres, entretiens de Phocion,* etc.

Comme l'histoire ancienne doit servir de base à l'histoire moderne, je crois que la politique ancienne doit servir de base à la politique moderne

L'abbé de Mably n'a point de génie, mais il a une instruction saine et beaucoup de raison; si un jeune homme l'admirait, je craindrais qu'il ne manquât d'esprit, mais s'il ne le goûtait pas, il serait plus à craindre encore qu'il manquât de solidité.

Dans ce même période, ce serait un grand oubli que de ne pas faire lire les poètes et les philosophes anciens; comment saisirait-on parfaitement sans cela, leur esprit et leur politique?

Il ne faut pas craindre de prolonger cette étude, quoi qu'en disent les auteurs du jour; la grande connaissance des anciens est encore la source du bon esprit et du bon goût. Je ne disconviens pas qu'il ne soit utile d'y mêler la dialectique des temps modernes, mais les conversations de ce siècle, les lectures en dehors et les principes de Dumarsais, etc., qu'on n'aura pas manqué d'étudier au collége, remplissent assez cette indication.

Au reste, pourvu qu'on retarde encore Helvétius, Reynal, le système de la nature, Condillac, je ne refuserais pas, lorsque l'élève aura *mordu* à Montesquieu, à Mably et aux anciens, de lui faire lire les considérations sur les mœurs de ce siècle, de Duclos; les élémens de philosophie de Dalembert; le Contrat-Social de Rousseau, à la charge de lui enlever ces lectures, si comme il est encore possible, il venait à s'y attacher exclusivement.

Dans le même temps, il lira utilement Machiavel.

L'élève bien instruit de l'histoire, de la politique et de l'esprit des anciens, passera au moyenâge.

C'est le moment où il doit étudier à fond les sources du renouvellement de l'Europe, du nouveau système qui a substitué à la simplicité, à l'homogénéité des choses anciennes, cette complication d'usages, d'opinions, de races humaines, où tous les principes se sont confondus, où a germé ce chaos, ces contradictions qui ont tourmenté l'Europe jusqu'au moment où tant de principes divers, s'étant amalgamés et fondus, ont produit cette nature de choses factice, extraordinaire et sans origine, qui caractérise les temps présents.

Là, sera placée l'étude philosophique et historique de la religion chrétienne, depuis son principe, jusqu'à la décadence de l'empire romain, et ce serait peut-être le moment de s'arrêter sur l'esprit oriental.

Mais où se puiseront ces études? c'est ce que j'ignore. La plupart de ceux qui ont écrit sur la religion chrétienne en ont parlé avec passion ou avec intérêt, et ce qu'il peut y avoir d'instructif et de vrai dans ce qu'on en a dit, est répandu dans tant de livres inutiles ou dangereux d'ailleurs, qu'après la lecture attentive des livres saints, etc., je ne connais rien de plus propre à apprendre à en raisonner que la conversation d'un homme de sens qui ait un peu réfléchi sur la matière.

Si on veut conserver la religion de l'élève, il faut ne lui pas apprendre autre chose.

A l'étude de la religion se joindront, pour imtroduire l'élève au moyen-âge, celle des derniers temps de l'empire romain et celle des nations qui lui succédèrent.

Si le droit romain était une étude faisable, ce serait le moment; la lecture de Gravina pourra suppléer, mais l'élève intelligent rangera ce docteur bien au-dessous de sa réputation; il n'y verra qu'un théoricien, ne puisera dans son livre que le droit, et cherchera l'esprit et le fait dans l'*Histoire des Empereurs* et dans celle du *Bas-Empire*.

Pour les barbares, l'élève s'attachera essentiellement à étudier les *Commentaires de César*; les *Mœurs des Germains*, de Tacite, sont, comme on le sait, classiques en cette partie.

Il est plusieurs historiens du temps, et entre autres *Procope*, qui seraient utiles, mais qui sont mauvais, longs et ennuyeux.

On a composé dans ce siècle, et depuis peu, plusieurs ouvrages raisonnés sur ces matières, je ne les connais point, mais leur réputation n'a pas percé.

L'étude du moyen-âge peut s'ouvrir par celle de l'*Histoire de France* jusqu'à Louis XII.

Cette matière, qui devrait être la plus riche, est une des plus pauvres. Je ne m'attacherai point à critiquer l'ignorance et le monachisme de Daniel, la puérilité de Velly et consorts, la frivolité de Voltaire, la nullité de tous les abrégés; il ne reste que le parti de s'attacher à Mézerai, après avoir lu rapidement sa grande histoire. L'esprit de cet auteur est bon, ses superstitions sont instructives et sans danger. Son défaut d'instruction sera suppléé par les études ultérieures.

Après cette lecture attentive, on livrera à l'élève, qu'on suppose suffisamment nourri de ses premières lectures historiques, pour retrouver, dans l'*Histoire de France* le souvenir du système général de celle de l'Europe; on lui livrera, dis-je, tout ce qu'on pourra se procurer de romans de chevalerie, les *Fabliaux* de Legrand, le *Roman de la Rose*, etc., et au milieu de ces lectures on aura soin de lui faire étudier les *Recherches sur l'ancienne chevalerie*, de M. de Sainte-Pelay.

La lecture des chroniques et le recours aux monumens, quand on peut les avoir sous les yeux, tels que les *Capitulaires* de Baluze, le Recueil du Louvre, Marculphe, etc., sont entièrement utiles pour saisir l'esprit des usages, des principes de ces temps.

Les mémoires particuliers commencent malheureusement tard, mais ils sont bien ce qu'il y a de mieux.

L'élève étant nourri à un certain point des ouvrages originaux, on commencera à y mêler les dissertateurs de droit public modernes.

On lui fera lire une fois l'*Esprit des Lois*, de Montesquieu, pour ouvrir la carrière, mais non pour l'étudier, de peur de l'arrêter ou de le dégoûter ; l'*Introduction à l'histoire de Charles-Quint*, ouvrage qui fait pénétrer l'esprit dans l'histoire générale de ces temps, et qui en donne l'intelligence ; les *Lettres sur les anciens parlemens*, par Boulainvilliers, et ses autres ouvrages ; les *Maximes pour l'instruction d'un roi*, les *Maximes du droit public français*; l'élève n'y verra qu'un recueil indigeste, mais riche et qui met sur la voie.

Alors il pourra lire, sans danger, l'abbé Dubos.

Il suivra les observations sur l'*Histoire de France*, de l'abbé de Mably.

En lisant ces différens ouvrages, il recourra autant qu'il sera possible aux sources citées, ce qui ne se peut presque que dans les villes où il y a une bibliothèque publique.

Il relira l'*Esprit des Lois* et la *Monarchie française* de Chabret.

Quelques autres ouvrages seront bons à connaître et à parcourir, tels que la *Chronologie des Etats*, de Savaron, qui n'est qu'une table, *La Roche Flavin*, *Loiseau*, *Lefebvre*, etc., etc. On s'y trouve naturellement porté, et on n'en prend que ce qu'il faut.

La lecture des remontrances des cours et des brochures du temps font aussi connaître beaucoup de détails épars çà et là dans des ouvrages étrangers à la matière.

Enfin, la lecture des ordonnances doit accompagner : tout est dans Laurière ; on y joindra, pour terminer, l'*Histoire du Droit canonique* et celle *des Conciles.*

CHAPITRE VI.

Jugemens sur quelques Écrivains et leurs ouvrages.

§ 1er.

OSSIAN.

Ossian écrivait, ou plutôt chantait au IIIe siècle. Il était de race royale, et peut-être régna-t-il lui-même.

Les bardes sont les poètes des anciens Celtes. Ossian raconte leurs combats, leurs morts; il chante leur gloire et leurs amours ; le genre sombre domine dans ses compositions ; des images grandes et pittoresques, des expressions vagues et sublimes, un certain désordre, une confusion de grandes idées, de peintures pompeuses, de phrases orientales, ont pris dans les mains du barde un ton de noblesse, un feu, une force d'expression que, nous, hommes amollis par la jouissance, distraits par les petites choses, émus par les petites sensations, nous voudrions vainement atteindre. Ossian est le poète des âmes exaltées, mais il n'est pas celui des esprits délicats et fins. Traduit en anglais par Macphetson, il l'a été de cette langue dans la nôtre, par M. Letourneur qui écrit mieux ses traductions que les plus célèbres auteurs n'écrivent leurs propres ouvrages.

§ II.

MALHERBE.

Ce poète illustre qui a embelli la fin du xvi° siècle et le commencement du suivant, nous a laissé environ six mille vers en odes, épîtres, sonnets, chansons, épigrammes, etc.; en un mot, ce qu'on appelle poésies volantes. On y trouve la galanterie traitée avec le ton hyperbolique et fade qui régnait de son temps, et quelquefois avec celui de la plaisanterie et d'un libertinage d'esprit raffiné, mais toujours décent. La religion y est affublée d'une pompe, d'un ascétisme, d'une exagération ridicules. En général, les métaphores outrées, la fausse érudition, les images et les expressions communes mêlées parmi les objets les plus nobles, le défaut d'ordre dans la disposition des parties qui composent chaque pièce, l'ignorance absolue de la gradation, rendent la lecture de Malherbe très choquante pour un goût délicat. Mais ces défauts ne bannissent pas les traits brillans et une pureté de langage qui, lorsqu'on le compare au temps, donne une haute idée de ce créateur de notre langue et de sa poésie.

Malherbe est flatteur outré ; on le lui pardonne lorsqu'il s'adresse à Henri IV.

§ III.

RICHARDSON et SHAKESPEARE.

Richardson est intéressant, attachant, mais la partie savante et instructive est bien supérieure en lui à la partie poétique ; plus précieuses à l'esprit qu'à la sensibilité, les riches vérités qu'il étale sont très supérieures aux émotions qu'il procure.

Et c'est pour cela que les Français ne l'ont pas goûté, ils ont critiqué ses longueurs qui sont des richesses ; ils n'ont point assez de tête pour saisir le bel ensemble de ses tableaux compliqués, assez de patience et d'attention pour en savourer les détails. Il faut des plans simples à des têtes frêles;

la belle disposition, les belles proportions, la belle ordonnance ne suffisent pas pour les leur faire embrasser. La richesse du détail les distrait, les embarrasse et les embrouille.

Shakespeare est plus poète que Richardson, mais il est encore plus savant moraliste que poète ; une différence, c'est que sa science et sa poésie sont plus dans les détails isolés, celles de Richardson plus dans les développemens. Une page de Shakespeare donne souvent une idée de tout le génie de l'auteur, mais pour apprécier Richardson, il faut embrasser l'ensemble, l'enchaînement, le rapport de toutes les parties. Et cependant, qu'on ne pense pas que je refuse l'ensemble à Shakespeare et les détails à Richardson!

Ce qui offre quelques raisons de cela, c'est que Richardson avait plus de réflexion et Shakespeare plus de sentiment; pleins l'un et l'autre de grandes richesses, le premier les ordonnait avec calcul, le second les employait par inspiration. Richardson se rendait plus compte de ses idées, Shakespeare en était plus ému. Richardson s'était instruit en cherchant à observer et en raisonnant ensuite. Shakespeare s'était instruit parce que les phénomènes de la nature l'avaient frappé. Il avait plus de ce qu'on appelle ordinairement génie, plus de cet enthousiasme nourri de savoir, de cette imagination riche, pittoresque, énergique et vraie, de cette sensibilité forte, délicate et originale. Richardson avait toute la force et l'étendue d'esprit qu'il faut pour recueillir et conserver une immensité de notions, sans rien perdre de la liberté d'entendement qui les juge, les ordonne, les considère dans tous leurs rapports. Il avait toute la liberté d'une tête qui, chargée d'un fardeau énorme, n'en marche avec pas moins de hardiesse et ne perd presque rien de la vigueur de son imagination par le recueil de mémoire qu'elle a rassemblé pour la conduire et la nourrir.

§ IV.

J.-J. ROUSSEAU.

Rousseau digère long-temps, produit et façonne lentement sa pensée ; son style sent le travail.

L'influence d'une constitution douloureuse colore ses pensées et ses opinions.

Rousseau a l'énergie, la force de sentiment et de raisonnement, Raynal l'abondance, Sterne la liberté, l'abandon, l'essor facile et naturel du cœur et de la tête.

Rousseau était né pour sentir; les circonstances le conduisirent à raisonner.

En général, ses idées étaient plus nourries que fines, ses impressions plus fortes que délicates, ses sentimens plus violens que doux.

Avec bien moins de légèreté que de délicatesse, sa plaisanterie était lourde et raisonnée ; il ne connaissait point ce libertinage d'esprit qui égare la pensée loin du sentiment et de l'opinion. Grave et mettant de l'importance à tout, le bon et le vrai tombaient sous sa plume et ne la laissaient jamais voltiger sur les traces de la folie.

Aussi, avec de l'enthousiasme, Rousseau n'a point d'abandon ; son œuvre est d'une main forte mais laborieuse, quelquefois rapide, jamais négligente et facile. Il a de l'exaltation ; son caractère est inconstant, variable, propre à tout adopter avec excès ; son esprit est éloquent et souple, habile à tout colorer à ses propres yeux et à ceux des autres.

Il n'avait nulle éducation qui eût fixé en lui l'habitude de l'honnête. Mais il avait sur cela une étendue d'idées et une absence de raison qui livrait son opinion à tous les prestiges, et son caractère à tous les écarts, parce que n'étant point fixé par les premières habitudes de la vie, il était livré aux suggestions de l'opinion, comme à l'influence des situations.

Ses passions tenaient presque toutes de la faiblesse, sa fierté n'était pas sereine, mais repoussante ; il avait un grand besoin de l'opinion des autres, il prenait l'alarme d'abord ; inquiet et méfiant, il était toujours à se plaindre ou à aboyer de peur qu'on ne l'attaquât. Il était sans générosité, dur avec le faible... Sa présomption était insolente et il était fat à sa manière ; sur ses malheurs, il a toujours été dans les reproches, les gémissemens ou le désespoir ; il était haineux et n'aimait personne réellement ; il avait une petite honte des bienfaits offerts ou reçus, et était très enclin à l'ingratitude.

Il y avait dans ses passions un orgueil démesuré, et de la vraie misanthropie.

Son style est plein de richesses, de facilité, de goût. Servi par un tact admirable d'oreille, d'esprit et de cœur, Rousseau y joignait une fécondité et une souplesse d'imagination proportionnée.

Il avait merveilleusement le talent, par ses ressources infinies d'idées, de sophismes et de sentimens, de séduire l'esprit et le cœur ; il aurait été un excellent prédicateur, un excellent avocat, un suborneur irrésistible.

Il écrivait toujours dans l'exaltation, souvent durant la nuit.

Il a, par ses écrits, encouragé à faillir beaucoup de jeunes filles ; il a gâté beaucoup d'éducations, il a exalté beaucoup de têtes de jeunes gens, et fait des fous de beaucoup de gens qui n'auraient été que des sots, et qui, au reste, peut-être, ont reçu de son impulsion un essor que la réflexion, l'âge et d'autres études ont ensuite mieux dirigé.

Il a, pour sa part, accoutumé le siècle à secouer les préjugés et à goûter les paradoxes.

Il a soutenu le sentiment et retardé ou affaibli les progrès de l'égoïsme, de l'insensibilité et de la vilité morale, et aussi ceux de l'irréligion ; car il a défendu la religion par des argumens qui, quoique nullement probans, étaient du petit nombre de ceux qui pouvaient réussir en ce siècle. Mais tout en la soutenant, il a contribué à en décrier les ministres.

Il a beaucoup contribué aussi à brouiller toutes les opinions, à émanciper les jeunes gens des idées anciennes, et à leur en faire adopter de bizarres et d'extrêmes qui ont influé sur leur conduite, leurs manières et leurs mœurs.

Il a donné naissance à ce nouveau genre mêlé d'enthousiasme, de vertu et d'ardeur de volupté, qui a présidé depuis à tant d'écrits, et qui règne sur tant de jeunes têtes ; à ce genre si propre à ennoblir l'amour et à glisser le libertinage dans la partie la plus saine et la plus morale des deux sexes, si propre peut-être aussi, en le rendant plus général, à le rendre moins funeste et à le séparer des vices qu'il entraînait ou qu'il supposait auparavant.

Il a amené dans la prose la chaleur, l'enthousiasme, la fougue, qui ont eu, depuis, tant d'imitateurs, et qui, avant, étaient à peu près ignorés; le faste, l'ornement, les beautés travaillées et de représentation étaient très connus, la rapidité ne l'était presque pas.

§ V.

VOLTAIRE.

L'amour de la gloire avec toutes ses petitesses, ses faiblesses, ses bassesses, n'était pas soutenu chez lui par un grand caractère.

Il avait beaucoup de tête et fort peu de cœur: de là, la morale la plus variable, l'inquiétude, la faiblesse, la versatilité.

Esprit superficiel et dissipé, il n'a jamais rien approfondi; il s'est attaché aux dehors, aux facilités, à quelques minces données qu'il brodait avec grâce: mauvais philosophe en tout genre; mauvais métaphysicien; drames sans caractère, histoires sans fond ; savant superficiel en toute matière; jamais peintre de la nature.

De là, il a été intelligible et agréable pour la foule dissipée, inattentive et superficielle comme lui.

De là, il a eu tant d'aisance pour ces productions où tout est choix, fleur, poussière dorée ; car tel il est encore là où il ne faudrait pas être léger : modèle du goût français, qu'il a achevé de pervertir.

§ VI.

De l'interprétation de la nature, par DIDEROT.

Cette production, où l'on trouve une grande étendue d'esprit et une expression lumineuse, présente les fruits d'une méditation imparfaite. Diderot est chaud, sensible, enthousiaste. Il saisit fortement la première forme qui lui est présentée et l'observe. Ses affections sont souvent l'énoncé des premières apparences. Il voit des contradictions où il n'en est pas. Il entend les sujets; l'homme sensible s'associe en lui au philosophe, loue et blâme quand il faut discuter. Il donne des leçons sur l'étude de la nature et son cœur à son inçu y mêle des leçons de vertu. Comme il n'observe pas longuement et que son premier regard pénètre pour l'ordinaire, il se repose sur ce regard, et il affirme le doute et l'ignorance éternelle de ce qu'il n'a pas aperçu.

Le *Traité du Beau*, par Diderot, est un bavardage dénué de justesse autant que de clarté.

§ VII.

STERNE.

Sterne était un ecclésiastique prébendier d'York.

Rien n'est si varié, si inégal, que la marche de cet Anglais; gai, profond, sublime, minutieux, religieux, philosophe, on trouve en lui un homme d'esprit, un observateur, un être sensible, un prêtre scrupuleux et à tempérament ; on ne saurait lui donner un caractère plus fixe. Il s'applique à développer toutes les sensations qu'il éprouve, à rendre compte de la série des impressions et des idées qui le guident. Il observe aussi les nuances légères des caractères ; il juge sur les physionomies ; quelquefois il donne dans ce genre qu'on appelle sublime, produit d'un esprit exalté, d'une sensibilité fort vive, et pour lors son style s'en ressent. Joignant à ce qu'il a d'inégal et de décousu une foule d'expressions hautes et métaphoriques, il approche du pindarique; mais, pour l'ordinaire, il est familier avec de la grâce, de l'esprit, du naturel. C'est de lui que nous tenons cette belle similitude, que l'homme civilisé, dans les villes, ressemble à ces monnaies polies par le maniement et la circulation, dont la première empreinte, l'empreinte caractéristique, est effacée.

Heureux bon sens, qui sait tout manier sans importance et répandre à pleines mains sur les autres et sur soi-même le ridicule innocent!

Voyez-là, cette main délicate, badiner avec tout ce qui est fragile et sacré! elle ne brise et n'offense rien. Voyez-là, lorsqu'elle arrive où le simple toucher porte blessure, se suspendre et s'abstenir! Voyez-là se répandre avec profusion, s'élever aux cieux avec une énergie prophétique quand elle a trouvé la touche sensible où l'âme entière se concentre en une seule affection!

Aimable philosophie qui sait mettre à part toute l'importance fatigante des sujets, badiner avec leurs détails amusans, jouer avec tous leurs petits intérêts, y cueillir d'une main folâtre, mais adroite, tout ce qui flatte et réjouit!

La délicatesse, — l'originalité sans affectation,

—la liberté en plusieurs genres,—la grande vérité morale et sentimentale, — l'énergie sentimentale et exaltée; telles sont les qualités de cet écrivain.

Toi qui converses avec Sterne, tu trouveras en lui un grand modèle de finesse, d'intelligence, de délicatesse et de tact; tu apprendras à expliquer tous les gestes, à distinguer toutes les nuances, à voir là où les autres ne voient pas; à sentir, à dire ce qu'ils n'ont jamais dit, ni vu, ni senti, et ce que pourtant ils recevront avec délices de tes mains, si l'habitude n'a formé calus dans leur tête et dans leur cœur, et à tirer d'un petit fonds d'immenses richesses.

Sterne rend bon, car dans cette enceinte de moralité que l'homme regarde si souvent comme une triste prison, il évoque une multitude de jouissances enchanteresses et inconnues, et ne vous environne que de physionomies aimables; il fait foisonner autour de vous tant de fleurs et de fruits délicieux, qu'en songeant aux dangers et aux peines qui vous assailliraient dehors, vous ne sentez plus que la douce nécessité de demeurer où vous êtes.

Sterne vous ouvre un monde nouveau, il vous montre une nouvelle mine de découvertes, d'observations, de pensées, d'émotions, de rires et de larmes; il vous attire à lui et puis vous pousse de la main dans des routes inconnues, où tout est nouveau, où tout ce qui vous environne vous fait découvrir en vous quelque faculté sensible, inaperçue jusques-là, et vous fait éprouver de doux frémissemens.

Il faut, pour bien savourer Sterne, être libre de toute préoccupation, avoir l'esprit, les sens et le cœur dispos et propres à recevoir toute impression. Il ne faut point d'émotion ni d'agitation déjà produite, ni cette ardeur de besoins moraux ou physiques qui poursuit d'un appétit dévorant les excès et les crises ; il faut encore, avec cette disposition libre, mais mobile, une habitude d'intelligence et de nombreuses idées de ralliement qui donnent la rapidité des aperçus, car quand même l'esprit trouve, s'il a eu trop besoin de chercher, le sentiment se refuse.

Une jeune femme avec peu de tempérament et un esprit cultivé, est plus propre que personne à sentir et à goûter Sterne.

Les gens de poids reprochent à Sterne de s'être trop exclusivement occupé de petits objets, de n'avoir donné que de ces bluettes d'esprit, de sentiment, de gaîté, qui ne portent que sur le moment de l'impression, et qui ne laissent ni précepte, ni sentiment durable.

Cela n'est pas vrai en tout : Sterne forme à la délicatesse ; il enseigne la philosophie ; il donne à l'esprit de son lecteur de la précision et de la finesse; il donne sur le cœur et l'esprit humain des lumières justes et nouvelles; il apprend à observer celui-ci, à le suivre dans toutes ses nuances, à le deviner sur tous les signes. Voilà l'utile!

Et sur l'agréable, quelle richesse! quelle jouissance à le lire! Comme il apprend à savourer avec délicatesse toutes les situations, toutes les ressources de ce monde! Comme il ouvre la porte des sensations! comme il vous en crée de nouvelles, de piquantes, de délicieuses! Comme il vous apprend à jouir, et vous montre dans tous les sujets des genres inconnus de jouissances! Comme il vous enseigne l'art et le but de la bonne plaisanterie, du doux, du délicat, du vrai sentimental, du naturel, de l'originalité gracieuse et facile; de l'aimable radotage, de l'ivresse de l'abandon, du libertinage d'esprit, surveillé par le tact le plus exquis; de cette étourderie adroite et légère, qui s'en va cueillant toujours des fleurs sur la rive dangereuse du fleuve!

§ VIII.

GRAVINA.

Son livre *de l'Esprit des lois romaines* marque

un esprit étroit, attaché à la lettre, faible interprétateur, avec une âme honnête et religieuse.

Sa métaphysique de la politique est mauvaise ; elle roule toute sur le droit, sur le juste et le possible, nullement sur le fait, sur le réel et le vraisemblable ; et sur la partie qu'elle traite, elle ne montre que les rêves d'un honnête homme fort borné.

Ce qu'il dit de l'empire romain ne concerne que le droit, et c'est pourquoi il diffère toujours d'opinion des historiens qui n'ont traité que le fait.

Sur le droit civil, il ne voit que ce que la loi dit. L'esprit, la liaison aux mœurs, au gouvernement, au caractère national, tout lui échappe ; il motive mal. Cette partie, en un mot, n'est que l'ouvrage d'un praticien. Quant aux désordres, aux contre-sens, à la fausse explication des lois, le traducteur en est l'auteur évident dans tant d'endroits que je n'ose rien en reprocher au texte.

§ IX.

L'abbé RAYNAL.

La tête de Raynal est féconde, rapide, impatiente ; il est bavard ; il court et ne s'arrête pas à perfectionner l'œuvre qu'il jette.

Il est souple, coulant, variable ; il prend aisément de toutes les matières ; il entre dans toutes les idées.

Enthousiaste, impatient, présomptueux de son esprit, Raynal n'examine point ; il croit à ses premiers aperçus, se trompe, s'égare à tout moment, pose sans restriction des lois générales, se livre à des spéculations simplifiées et généralisées, toujours ingénieuses, souvent instructives, mais imprudentes et nécessiteuses des corrections d'un esprit sage. Sa philosophie, belle et abondante comme sa poésie, se sent, comme elle, de la précipitation.

Sa nature doit être inquiète, impatiente, exaltable.

Analyste, raisonneur, homme de la tête, sa poésie s'en ressent toujours.

§ x.

L'abbé de MABLY.

Homme honnête, bon, plein de solidité et de caractère.

Il a vécu sans faveur et dans la retraite avec des talens admirés, par une suite de son caractère inflexible et sévèrement honnête.

Il n'a écrit que sur la politique.

Il fait présider constamment la politique par la morale ; celle qu'il professe est franche, noble, fidèle, et il soutient cette thèse, si souvent posée et de si mauvaise foi. que, pour les états comme pour les particuliers, la politique la plus sûre est dans la pratique de l'honnêteté.

Attaché aux politiques anciens, il embrasse exclusivement leurs dogmes sur les sources de la puissance, de la stabilité, du bonheur des sociétés ; ce sont, suivant lui, l'agriculture, les mœurs, la pauvreté, toutes les vertus politiques, simplicité, frugalité.....

Il repousse conséquemment tous les dogmes de notre politique moderne, de notre système économique ; il proscrit le commerce, etc.

Ces principes, il les généralise pour toutes les sociétés humaines, et les applique également avec quelques modifications à la démocratie, à la monarchie, à toutes leurs combinaisons, à toute la multitude de leurs modes.

Sans entreprendre de discuter le fond de ses opinions, que je crois très justes, mais peu applicables dans l'état actuel des choses, moins par défaut de convenance que de possibilité, cet auteur voit en grand, remonte aux principes, pense solidement ; il est nourri d'une instruction saine, éclairée par un esprit à la fois métaphysicien et solide, guidé par des sentimens honnêtes et des vues sages.

Quoiqu'un sentiment doux anime sa manière d'écrire, on pourra le trouver froid, sec ; il a peu d'imagination ; au lieu de peindre, il réduit, il abstrait. S'il développe, il s'étend sur ses idées ; cette manière de les présenter n'a nul attrait pour certains esprits, et faute même de se rappeler le sens positif et déterminé qu'il attache à ses expressions, on l'accusera d'être vague ou purement métaphysique ; tandis qu'Helvétius, par exemple, qui l'est bien plus, échappe à tous les dégoûts de son sujet par la poésie de son style.

§ XI.

Le Président DU PATY.

D'abord avocat-général au parlement de Bordeaux, il fut distingué par ses connaissances, son enthousiasme, son éloquence hyperbolique.

Refusé par son corps à l'agrément d'une charge de président, il en fut pourvu par la cour, et le parlement fut mandé sur sa résistance.

Auteur, dans ces derniers temps, du mémoire pour trois hommes condamnés à la roue, le seul de ses ouvrages qui me soit connu.

Belle production!

Nourri de l'affaire, nourri de la matière au naturel et au positif, il discute le sujet le plus compliqué avec un ordre, une méthode, une logique qui n'ôte rien à la vigueur, à la précision de la mémoire, à la solidité du fond des choses.

Rien n'y languit; une étonnante vigueur d'esprit a rangé, resserré, épuré ces longues pages également claires pour l'esprit, vigoureuses pour l'opinion, attirantes pour l'intérêt, lumineuses par leurs détails et par leur ensemble.... L'éloquence y surgit du fond des choses.... L'enthousiasme y paraît appuyé sur la raison....

La science, la philosophie naturelle et artificielle, l'imagination et le sentiment, fondus et amalgamés ensemble dans le creuset d'une même tête, ont coulé rapidement sur le papier dans un de ces momens heureux où le génie, comme la lave du volcan, exalté par la chaleur intérieure, s'échappe librement et à flot par toutes les portes de la pensée.

M. Du Paty paraît dans ce discours attaché aux opinions philosophiques modernes, relatives à son sujet; royaliste en ses dogmes sur notre gouvernement, anti-parlementaire, ses opinions sur tous ces objets tendent à l'excès et au système de parti.

Ses idées sur l'administration de la justice criminelle, sur notre ordonnance, notre jurisprudence, sont infectées du même vice.

Inconsidéré sur les dogmes d'humanité, de philosophie, il est enthousiaste, ridicule et bas dans les louanges qu'il prodigue à Louis XVI, au garde-des-sceaux ; si l'on pouvait ne voir, dans ses plats mensonges, que l'homme qui plie sa pensée pour sauver trois innocens de la roue, on plaindrait la nécessité, on excuserait l'intention, on désapprouverait la manière ; mais le dégoût nous dénonce à chaque page les hommages du flatteur que la force a fait président.

La manière de M. Du Paty est riche et variée ; plus conduite par le sujet, par le sentiment, par le génie, que par la règle et l'habitude, elle est libre, vraie, pittoresque et naturelle.

Des alinéa de plusieurs pages, des chapitres de quelques mots, des phrases pouvant s'allier, détournées et isolées dans des alinéa particuliers, pour plus de clarté, plus de force et pour faire plus d'impression ; le tout à propos, dans l'intérêt du sujet, et non par un esprit d'affectation à peine sensible, tel est le genre de Du Paty.

§ XII.

De la traduction des Géorgiques.

La traduction des *Géorgiques* de Virgile, par l'abbé Delille, ornée de la poésie la plus harmonieuse, est plus brillante que fidèle. M. Delille s'est attaché à imiter son auteur, à traduire pour ainsi dire sa chaleur, son coloris, plus qu'à rendre littéralement ses idées.

On sait, au reste, que les *Géorgiques* sont un poëme où la forme est très supérieure au fond; que celui-ci manque à un point répréhensible d'ordre et de plan; que les observations et les préceptes sont puisés dans les adages superstitieux du peuple, ou tout au plus dans une expérience incertaine et mal étudiée; mais que la vérité, la fraîcheur et la variété des images, l'élégance inimitable d'un style qui ennoblit son sujet sans le dénaturer, et la plus sublime harmonie, cachent ces imperfections sous un voile bien propre à leur concilier l'indulgence.

§ XIII.

Du poëme des Saisons.

Les *Saisons*, poëme par M. de Saint-Lambert, est un charmant ouvrage, précédé d'une excellente préface, où l'auteur développe les vues les plus saines sur ce genre de poésie. Le poëme porte le caractère d'un esprit étendu, éclairé, philosophique ; la variété et l'ordre bien entendu des parties éloignent l'ennui de sa lecture. La poésie en est plus correcte qu'harmonieuse. La tournure des phrases, la construction pèchent par l'uniformité. Le style est orné, noble, brillant, sans enflure et sans affectation. Enfin, l'auteur a connu assez l'art de donner à son poëme une forme capable d'émouvoir, d'intéresser et de plaire, pour remplir ces fins, avec des talens médiocres pour la poésie.

CHAPITRE VII.

De la métaphysique dans ses rapports avec la littérature.

§ 1er.

De la métaphysique.

La métaphysique est la science des principes, c'est-à-dire des vérités générales.

L'observation de la nature fait apercevoir des analogies entre plusieurs individus. Considérer ces êtres sous leurs faces analogues, les réunir, en composer des être collectifs, apercevoir leurs qualités, leurs modifications communes ; examiner leurs propriétés semblables, les vérifier, les énoncer, etc., voilà l'œuvre, le rôle, le partage du métaphysicien.

Comme un grand nombre d'êtres ne peuvent se ressembler que par des points, des parties ténues, les idées métaphysiques sont ordinairement abstraites. Cette union ordinaire de l'abstraction à la métaphysique, les a fait confondre par le grand nombre. On attribue à la métaphysique ce qui n'appartient qu'à l'abstraction, et cette erreur met beaucoup d'obscurité dans les conversations où l'on s'avise d'en traiter.

La métaphysique (1) des êtres en interprète, en découvre les causes, les caractères, les ressorts, les efficacités, en un mot l'esprit.

La saine et profonde philosophie des faits, mène à la métaphysique.

La métaphysique n'est donc pas seulement la science des vérités identiques, la science des vérités générales, la mère des vains raisonnemens théoriques; elle est une source riche et abondante des plus précieuses vérités pratiques. Mais telle que ces hommes puissans, dangereux par l'énergie même de leurs secours, elle veut être employée par une main sage et savante.

La plupart du temps, en métaphysique, on ne s'entend pas d'homme à homme, moins de nation à nation, bien moins encore de siècle à siècle. Si, à cet égard, les idées et les opinions des autres nous sont imparfaitement connues, les nôtres se faussent et s'embrouillent par celles que nous leur supposons. Mais sur les idées de ce genre où les passions et la fraude ont répandu les

1) Elle est prise ici pour l'analyse.

voiles et les illusions, combien moins encore on a dû s'entendre !

Il est rare que les premiers auteurs des opinions les aient reçues aussi absurdes qu'elles le deviennent ensuite.

Les religions, les opinions métaphysiques, les opinions des choses merveilleuses, ont beaucoup reçu de pareilles sources.

§ II.

Des métaphysiciens.

Les métaphysiciens, les logiciens raisonnent trop, ne sentent et ne considèrent pas assez. Au lieu de se pénétrer de l'objet qu'ils traitent, de la nécessité de le palper, de l'approfondir, ils sont à tourner autour de lui, interrogeant toutes les règles et tous les principes qui y aboutissent par quelque côté.

Leur méthode, qui peut aider à de bons esprits, ne doit jamais être qu'auxiliaire.

L'abstraction rétrécit sans cesse la nature, toujours elle est tentée de la réduire au mode qu'elle considère.

Le métaphysicien, comme le géomètre, par

l'habitude de l'exactitude, de la simplicité, de l'évidence, est gêné dans ces considérations courantes, où il faut juger la nature dans l'ensemble de ses composés, en sommaire, en masse.

§ III.

Abus de la métaphysique en littérature, et dans l'usage de la vie.

Quand l'homme envisage toutes choses sous le point de vue métaphysique, quand ses sens, son imagination et son cœur ne sont plus remplis des empreintes de la nature qui l'environne, les ouvrages de l'industrie humaine ne sont plus les imitations de la nature; le tableau de la société n'a plus de chaleur ni de sentiment.

Alors, plus de poésie, plus de charme, la pensée subjugue tout; l'imagination même, froide et légère, n'est qu'un météore sans consistance et le plus souvent sans couleur.

L'homme est environné d'une espèce de féerie triste et vaine; tout ce qui l'entoure est difficile, artificiel, singulier; mille autres chimères sont dans sa tête; elles ne le rendront ni plus heureux, ni meilleur, quand, par des effets insensés, il les aura réalisées.

Le sentiment s'éteint ; tout caractère et toute constance fuient ; car ils ne se rencontrent que dans les voies de la nature.

L'homme devient maniaque, enthousiaste ; il n'existe plus que par la spéculation et l'imagination, et il ne cesse de se remuer convulsivement comme les poissons hors de l'eau.

Si cet abus de la métaphysique devient le goût de l'époque, alors la société se compose d'extravagans, les uns par charlatanisme et les autres de bonne foi ; d'insoucians, dont le grand nombre est égoïste, caché et dépravé, car une telle position des choses mène naturellement à la lassitude, à la torpeur et, enfin, à la corruption. Et le reste, bon par philosophie ou par nature, laisse la société à ses folies, et ne s'occupe que mollement du bonheur du petit cercle qui l'environne.

A peine trouverez-vous, dans cent mille, un homme sage, bon, actif et capable, qui daigne s'occuper encore du salut de la république !

De cette position, qui ne nous attache à rien de naturel, qui ne laisse former aucune habitude, qui ne fait aucun système d'opinion, de goût, de plan de vie, qui nous promène parmi des choses également indifférentes, naît l'esprit de vertige, l'inconstance, la fragilité de tout, les réformes en tout genre.

L'étude métaphysique, devenue générale, portée dans les choses usuelles, qui n'est pas éclairée par l'observation de la nature dans sa marche extérieure et d'ensemble, mais seulement dans son analyse, dans ses lois occultes pour lui dérober ses secrets et rivaliser avec elle, cette étude, portée à l'excès, tend à fausser notre jugement.

Les choses qui nous flattent, nous touchent, nous émeuvent, sont celles que la nature mit d'abord devant nous. Apprenons à en user, cultivons-les, occupons-nous d'en jouir, épurons-les du mélange que les hommes y ont ajouté, rendons-les à leur belle simplicité, mais ne cherchons point à nous faire un autre monde, car il n'y a de situation facile et commode, il n'y a de vrai bonheur qu'en elles.

Observons plus en grand, attachons-nous aux sciences morales, à la poésie.

Nous trouverons, dans ces études la connaissance du bon, et nous nous accoutumerons à y diriger les autres.

Nous y puiserons de la chaleur, des jouissances et de la vertu.

CHAPITRE VIII.

Des sciences, dans leur rapport avec la littérature.

§ 1er.

Des élémens des sciences.

La connaissance des systèmes et des élémens des sciences apprend à classer, à ordonner naturellement toutes les idées relatives qui, par la suite, viennent sans ordre s'offrir à nous ; elle nous est d'une grande utilité dans la culture des lettres.

Des études prises çà et là donnent une connaissance morcelée, sans liaisons et sans fond, la pire de toutes, telle celle qui se puise dans les dictionnaires.

L'étude des élémens donne des principes, une intelligence, une facilité d'ordonner ce qu'on acquiert ensuite.

Les sources donnent la vraie science, l'intelligence, la possession, l'originalité.

Se passer des connaissances des autres, c'est une noble et belle illusion, mais c'en est une.

§ II.

Liaison des sciences entre elles.

Les sciences s'enseignent mutuellement. Les divisions sont dans les systèmes de *signes*. Celui qui considère les systèmes *d'êtres*, aperçoit comment ils se lient, se touchent, s'influencent, se ressemblent et coexistent ; il voit que sans la connaissance générale il n'y a point de connaissance particulière complète.

La variété des études délasse l'organe pensant, l'assouplit, l'exerce, agrandit ses facultés.

La science est immense ; l'analyse, les généralités, la connaissance intègre de chaque partie emploient du travail et du temps ; ainsi les études semblent s'exclure, mais dans chacune, dans toute science et tout art, votre marche sera d'autant plus rapide et plus sûre, que vous serez plus versé dans la science générale.

Les méthodes ont leurs analogies; les vérités ont également leurs analogies et leurs rapports.

Ce que les hommes ont appris du système des *êtres*, ils l'expriment par les systèmes des *signes*. Quelle utilité, pour l'appropriation de leurs découvertes, qu'une intelligence facile et sûre de ces systèmes!

S'arrêter aux *signes*, sans pénétrer aux *types*; se méprendre sur les *types* des *signes*; confondre les trois systèmes d'*êtres*, d'*idées*, de *signes*: grandes carrières de sottises!

Si les connaissances se combattent, si les méprises, les confusions, arrivent par la multiplicité, c'est pour ne pas pénétrer des systèmes de *signes* aux systèmes d'*idées*, et de ceux-ci aux systèmes d'*êtres*.

Les distinctions, les ressemblances, les rapports, l'ordre, tout s'aperçoit par la considération du système des *types*; l'observation, le sentiment, la réflexion sur des données solides, le rappellent à chaque instant.

Sans cela, tout est confié à la mémoire; celui qui ne connaît que des systèmes de signes qu'il n'entend pas ne sait rien d'utile, et oubliera bientôt.

§ III.

Des recherches scientifiques.

Telle recherche scientifique, dont le succès pourrait être infructueux, serait presque toujours, par l'exercice des facultés et les instructions recueillies en route, très utile au philosophe sage et au littérateur.

§ IV.

Des principes relativement aux sciences.

Il faut des principes.

Sous quelque forme qu'il se présente, le principe, en fait de science, est toujours une idée générale, ou de doctrine, ou de précepte.

Je sais que l'usage mal contenu des principes mène à plusieurs abus : au système, à la divagation, faute d'application saine et de savoir juger les cas particuliers; mais ils lient et simplifient les actions, secourent la mémoire, éclairent l'intelligence et rendent plus rapide et plus sûr l'usage de l'une et de l'autre.

Les principes seuls, par des résultats simples, mettent à notre usage les fruits de la science et de l'expérience.

Mais il est plusieurs genres de principes dont l'utilité et l'application sont très différentes ; car l'esprit, suivant ses points de vue et ses projets, classifie diversement ses jugemens comme ses simples idées.

Principe spirituel, — principe matériel ; — le premier est pour l'intelligence, le second pour la mémoire ; — Le premier interprète, le second n'est qu'une formule qui rappelle.

Le deuxième tient à la co-existence des choses, le premier à leur génération.

Le premier égare le spéculateur qui, oubliant que la nature est complexe, cherche à ne voir, dans ses combinaisons, que le simple qui l'occupe.

Les principes abstraits et généraux serviront de peu à l'homme pratique, s'il ne possède les principes composés et particuliers qui sont l'expression de l'influence combinée des premiers.

Or, les principes abstraits et généraux porteront de la clarté dans la conception de ceux-ci, mais l'expérience de la vie est le grand moyen de s'en instruire.

Il est peu de principes, surtout en préceptes, aussi utiles que ces grandes raisons dominantes, qui, sur-le-champ, déterminent par prépondérance ce qu'il faut penser ou croire, et sont, pour celles qui les contrediraient, comme des fins de non recevoir insurmontables dont l'admission rend inutile toute discussion ultérieure.

Quand le penseur actif et solitaire, après avoir atteint, par sa propre force, des lueurs qu'il adopte avec méfiance et qu'il aperçoit imparfaitement, rencontre un livre, résultat des découvertes du temps ou du génie de la science, il s'illumine; — les principes qui lui sont offerts fructifient merveilleusement dans sa tête; — il les conçoit, les sent, les réforme, les supplémente, et se les approprie. — S'il eût lu avant de voir et de penser, jamais la même persuasion, jamais la même intimité n'auraient illuminé la science.

CHAPITRE IX.

Arts. — Beaux-Arts.

§ 1er.

De l'art.

A l'exemple de la nature, l'art destine des mets divers aux goûts divers qui s'alimentent de ses productions.

Il est des cas où l'on ne doit servir que ceux qui conviennent au plus grand nombre.

L'esprit inattentif veut saisir facilement ce qu'on lui présente.

Il est des choses qu'on ne sent qu'avec des idées préliminaires.... de l'imagination.... de la sensibilité..... de la mélancolie..... de l'exaltation....

Une foule d'êtres végétant ne se plaisent qu'à ce qui flatte immédiatement leurs goûts et leurs besoins matériels..... Des singularités, des manies, des excès de l'autre classe, ils ne peuvent seulement s'en faire une idée.

Et l'autre classe même, pour l'ordinaire, ne garde son caractère que pendant de courts instans. Les jouissances forcées et laborieuses la fatiguent sans la nourrir ; elle se laisse aisément retomber dans le commode, le facile, la voluptueuse voie de la nature.

§ II.

Beaux-arts.

On donne le nom de beaux, aux arts qui sont destinés à nous affecter agréablement.

Ainsi, la peinture, la sculpture, la danse, l'architecture, la musique, la poésie sont au nombre des beaux arts.

Les choses naturelles nous affectent d'une certaine manière. Les arts, en imitant ces objets, ou du moins ceux de leurs modes de qui nous recevons ces impressions, les reproduisent en nous, et les beaux arts qui veulent nous affecter agréablement doivent surtout s'appliquer à imiter ceux de ces objets ou de ces modes qui agissent sur nous de cette manière. Aussi dit-on que l'imitation de la belle nature est le principe des beaux arts, règle fort juste, pourvu qu'on ne la rende pas exclusive.

La peinture imitera des objets agréables ; la danse imitera les signes des passions, des situations, des idées qui peuvent nous émouvoir voluptueusement ; la musique, avec d'autres signes, embrassera le même objet ; la poésie, plus étendue, sera une peinture et une musique, etc. Mais les beaux arts ont encore des sources de succès qui ne leur sont pas suggérées par l'imitation de la nature ; telle est, pour la musique, le nombre, la mélodie.

Les causes de plaisir qui sont communes aux arts et à la nature n'appartiennent pas toujours à ceux-là, parce qu'ils imitent celle-ci ; ainsi la faculté de remuer vivement les organes par des sensations immédiates et qui ne reçoivent pas leur force de l'analogie, du raisonnement, ne doit pas être considérée dans les beaux arts comme une imitation de la nature, quoique c'en soit une ressemblance, puisque sa propriété ne tient pas à cette ressemblance.

L'imitation de l'art peut, comme celle de la nature, être le moyen employé par les beaux arts; mais en pareil cas, l'art imité est nature, par rapport à l'art imitateur, et peut en porter le nom.

En classant différemment, les beaux arts auront deux méthodes, celle de l'imitation et celle de l'épreuve; l'une consistera à imiter les êtres dont l'expérience a enseigné qu'il résulte d'agréables impressions; l'autre à éprouver de nouveaux êtres pour choisir ensuite avec les lumières de la sensibilité ceux qui seront propres à donner du plaisir.

Les beaux arts ont donc deux sources de succès : l'une qui consiste à nous présenter les objets de la nature, de manière à rappeler avec leur souvenir, ou avec l'opinion de leur présence, les sensations qu'ils nous causent.

L'autre consiste à combiner des êtres, soit par l'épreuve, soit par le souvenir de ce que l'expérience a enseigné.

§ III.

Suite.

Les beaux arts où le sentiment et l'imagination peuvent agir pour ainsi dire sans le concours de la pensée, tels que la peinture, la sculpture, la musique, n'exigent pas moins de chaleur, ni moins de développement dans l'imagination que ceux qui gisent en idées et en paroles, tels que l'éloquence, la poésie.

Dans les premiers, il suffit de concevoir et de sentir pour imiter la nature, tout est en impressions concrètes. Dans ceux-ci, il faut analyser les sentimens et les pensées pour les exprimer, et il faut non seulement que l'âme soit disposée à concevoir et à sentir, mais encore qu'elle ait cette métaphysique nette et prompte qui décompose l'image ou l'impression, et les réduit en paroles.

Aussi, pour exceller dans les premiers, il suffit du talent, et le succès dans ceux-ci exige la réunion du talent et de l'esprit.

Pour les uns, il suffit de la force, de la chaleur, de la vivacité dans les sentimens et les images ; pour les autres, il faut encore le mouvement des idées ; il faut cette activité de tête qui, très-ordinairement, ne se trouve point dans les grands artistes quoiqu'on la remarque chez quelques-uns, et surtout chez des demi-talens, qui ont plus d'aptitude à parler qu'à faire, et qui portent presque toujours plus loin le raisonnement et la théorie de leur métier que l'exécution.

Je crois même que, parmi les écrivains, les poètes, etc., on trouvera plus d'esprit, mais moins de talent et de génie, à mesure qu'il y aura plus de ce mouvement de tête, que de chaleur et de force dans les impressions.

Cette volubilité, si elle est habituelle, s'accorde mal avec le génie, qui suppose des sentimens et des idées profondes, recouverts d'une sorte d'engourdissement, d'une croûte épaisse à travers laquelle il se fait jour par explosion.

§ IV.

Observations sur la peinture et le dessin.

I.

L'air atmosphérique quoique plus transparent que les corps ordinaires, ne l'est point à un degré illimité. Plus sa profondeur est grande et plus sa transparence diminue. De sorte que les objets plus éloignés de nous ou qui en sont séparés par une colonne d'air plus profonde, souffrent de cette diminution de diaphanéité ; leurs couleurs et leurs teintes s'en trouvent affaiblies. D'où il résulte qu'on fera paraître les corps les plus éloignés sur le tableau, en affaiblissant les clairs et les obcurs et la décision de couleurs.

II.

La seule observation suffit pour instruire que les corps voisins se renvoient leurs couleurs avec la lumière, de sorte qu'un corps quelconque qui, se trouvera sous la réfraction d'un corps jaune sera, en même temps reflété de jaune. Ce renvoi de la couleur des objets environnans produit sur les autres objets, ces nuances faibles et légères que l'on nomme tons rompus, et qui ne s'aperçoivent pour l'ordinaire que sur l'ombre et la demi-teinte, parce que, sur les lieux éclairés par des rayons immédiats, la réflexion est interceptée ou est moins sensible.

III.

On sait que la surprise et le contraste renforcent les sensations, c'est par une suite de ce principe que le faire de ces tableaux destinés à produire des effets vigoureux, doit être brut et peu fondu et adouci. Outre cela, la sensation inégale et âpre, produite sur le sens de la vue, nous frappe avec une violence qui se communique au reste des sensations.

IV.

Comme tous les points de la toile qui sont couverts par un seul coup de pinceau reçoivent une teinte à peu près égale, ou du moins d'une inégalité graduée et très adoucie, on produira des teintes beaucoup plus fondues, moins tranchantes et moins inégales, en travaillant par larges touches; j'en dis de même du crayon. Ce grand avantage, joint à celui de la promptitude qui dérive aussi de cette méthode, tient la mise dans un très grand crédit parmi les peintres.

V.

Lorsque la dégradation des teintes est telle dans la nature que, si l'on exprimait les ombres les plus légères, il ne serait pas possible de donner à l'imitation des plus fortes le degré de noir qu'exigerait leur juste rapport, il faut omettre les premières; c'est ce qui s'observe dans le dessin au crayon rouge, qui ne souffre pas une fort grande dégradation.

VI.

Le sens de la vue n'est affecté que par les teintes et les couleurs. Le jugement des formes et des distances est l'effet de l'expérience et de l'habitude qui, éclairées par le toucher, ont associé dans notre esprit les idées de certaines distances et de certaines formes à celles de certaines couleurs et de certaines teintes, c'est-à-dire l'ont instruit que ces combinaisons de formes et de distances se trouvaient toujours unies à ces combinaisons de teintes et de couleurs.

VII.

Les couleurs ne doivent être considérées comme signes des formes et des distances qu'en tant qu'elles sont plus ou moins altérées ou adoucies par les teintes; de sorte qu'un objet décoloré n'en présente pas moins, avec le secours des teintes seules, les signes de toutes les formes et de toutes les distances dont il est susceptible.

VIII.

Les objets s'offrent à nos yeux comme un rideau plane et perpendiculaire à la direction de nos regards, varié de couleurs, d'ombres et de lumières ; car, comme je l'ai dit, l'habitude et l'expérience nous font juger les formes et les positions par les teintes.

IX.

Or, la peinture sur un plan semblable à celui que nous présentent les objets, place les accidens de lumière et de couleur que l'œil discerne dans celui-ci ; et l'ouvrage de la peinture, placé devant l'homme accoutumé à juger les sensations de la vue produit les mêmes jugemens et des opinions semblables à celles qui suivent l'inspection de la nature.

X.

La peinture imite les objets en modifiant la toile de la même manière que le rideau perpendiculaire que nous offrent ces objets. Or, cette imitation a lieu de deux manières : par les couleurs et par les teintes : les teintes sont l'effet de la présence et de l'absence de la lumière sur les différens points du rideau ; et comme elles dépendent des formes qui interceptent ou introduisent la lumière, elles les indiquent aussi.

XI.

Les imitations de ces deux modifications sont les deux parties de la peinture : la première, l'imitation des couleurs se nomme le coloris, et n'appartient qu'à la peinture proprement dite ; la seconde, l'imitation des teintes, se nomme le clair-obscur. En prenant ce terme dans son acception la plus étendue, elle compose l'art des camayeux, c'est-à-dire des peintures uni-colores.

XII.

Le clair-obscur se divise en deux parties : le dessin et l'ombre. Pour concevoir ces deux parties de l'imitation des teintes, il est nécessaire d'avoir considéré les modifications du tableau des objets qui y donnent lieu, c'est-à-dire qu'elles doivent reproduire.

XIII.

La différence des formes qui introduisent et interceptent la lumière en met dans les teintes qu'elles produisent ; le passage des formes est quelquefois graduel ; de sorte que la différence dans la teinte est, suivant ces cas, ou douce et successive, ou forte et décidée : ce dernier cas arrive sur les points de séparation des corps ou des parties distinctes d'un même corps ; l'autre, au contraire, a lieu sur les ondulations d'une surface qui n'offre pas de division marquée.

XIV.

L'expérience a prouvé qu'il était avantageux d'indiquer d'abord ces points décidés de division entre les teintes, parce qu'il en résultait dans la suite plus de justesse dans les grandeurs.

Les figures et les positions relatives des parties du tableau qui, étant le plus sensibles sur le rideau des objets, et sur la toile du peintre, forment la portion la plus importante de l'imitation. Ces points de division, sensibles entre les teintes, ont été nommés contours. On a commencé ces observations par les indiquer, et on a compris sous la même expression, et indiqué aussi en même temps, les divisions de teintes qui, quoique moins saillantes, étaient importantes. L'imitation des contours s'est appelée le dessin.

XV.

Les autres différences des teintes, leurs dégradations adoucies, leur continuation uniforme, ont été nommées les ombres; on a donné le même nom aux demi-teintes, aux quarts de teintes, etc.

XVI'.

Il est donc facile de concevoir que le dessin et l'ombre, ne renfermant entre eux que l'imitation d'une seule et même classe de phénomènes, qui est la variété des teintes, sont deux parties inséparables de l'imitation des accidens de la lumière, et n'ont été divisées dans l'exécution, que pour la commodité de l'artiste et le succès de l'ouvrage.

XVII.

Cette séparation doit presque toujours disparaître lorsque le tableau est achevé ; alors les contours ne doivent, sur la toile comme dans la nature, paraître que des extrémités d'ombre ; et ils ne demeurent isolés que dans le cas rare où il se présente à imiter des protubérances ou des creux d'une largeur très peu considérable, auquel cas ils peuvent être envisagés comme des clairs et des obscurs fort étroits.

XVIII.

La lumière se propage par des rayons dont la direction est toujours la ligne droite ; ces rayons, en frappant sur les corps, en sont réfléchis, c'est-à-dire que le corps qui les a reçus les renvoie, mais dans une direction qui, quoique droite, n'est pas la même qu'ils suivaient en venant à lui.

Ces rayons renvoyés, réfléchis ou reflétés perdent beaucoup de leur force, et ne répandent sur les corps qu'ils frappent de ce second bond qu'une lueur assez légère ; mais ils sont la cause que les parties des corps qui ne sont pas opposées à la direction des premiers rayons, ne sont pas ensevelies cependant dans des ténèbres absolues. Il est aisé de sentir que les rayons immédiats du soleil, étant la seule lumière qui nous frappe du premier bond, toute la nature, aux heures du crépuscule, et la plus grande partie, aux heures où le soleil est sur l'horizon, n'est éclairée que par réflexion, et alors les côtés obscurs des objets ne sont plus frappés que par la réflexion de la réflexion ; les rayons sont en effet, constamment réfléchis, avec une diminution de la matière lumineuse dont ils sont composés.

LETTRES DE BARNAVE.

PREMIÈRE PARTIE.

Lettres de famille écrites dans sa jeunesse.

I.

A son Père.

Verchóny..... 1780.

« Ayant su de ma mère la raison du courroux où je vous ai vu contre moi, et craignant que vous ne me permissiez jamais d'y répondre, je prends le parti d'écrire ma justification. Je vous supplie de me lire avec toute l'attention que doit me faire désirer le besoin de conserver votre estime et votre confiance, les biens auxquels, malgré l'apparente légèreté de mon caractère, je tiens le plus dans le monde, et dont j'ose dire que je me sens digne.

» J'avoue mon tort quand à la perte du certificat, bien que j'en aie moins que les apparences ne m'en donnent, puisque la rapidité avec laquelle les domestiques ont défait et refait les malles à Crest et à Lisle en a été la principale cause. Cependant, j'avoue que je ne suis pas, à beaucoup près, sans reproche, et je n'y réponds qu'en vous suppliant de m'excuser, et en vous promettant pour l'avenir la plus grande attention à soigner tout ce qui me sera confié. Mon excuse pourrait être la distraction naturelle à mon âge, et je travaille incessamment à m'en corriger.

» Quant aux lettres que vous avez lues, j'avoue que j'ai été étonné que vous traitassiez avec gravité ce que je ne regarde moi-même que comme les frivolités les plus puériles et dont je ne m'occupe absolument que dans les instans les moins précieux. Vous savez quelles sont les passions, l'effervescence de mon âge. J'ai toujours eu trop de délicatesse, et, d'ailleurs, je connais trop les dangers auxquels le libertinage expose, pour m'être jamais livré à la mauvaise compagnie ; je n'ai pas là-dessus un seul reproche à me faire, et quant aux plaisirs que j'ai recherchés, je vous jure que je me suis toujours conformé aux lois que la probité, l'honnêté publique et le sentiment de ma propre estime me prescrivaient. Pendant toute ma vie, j'observerai jusque dans les plus frivoles détails ces règles d'honneur que vos leçons et votre exemple ont mis dans mon âme et que j'y sens pour toujours empreints.

» Moins frivole et moins léger qu'on ne l'est pour l'ordinaire à mon âge, ce qui me reste de ces défauts, la défectuosité de ma conduite sont nés du peu de confiance que j'ai vu qu'on avait en moi. J'aurais été porté à m'occuper de choses sérieuses, mais ne le pouvant pas parce que, vu mon âge, on ne m'y employait jamais, j'ai donné aux amusemens et surtout à la littérature, les momens de relâche que mes études me laissaient. Je ne suis toujours occupé de celles-ci ; si j'ai paru n'y pas mettre assez de temps, c'est que mon tempérament est tel que, faisant plus d'ouvrage que le commun des jeunes gens, je ne suis pas, en revanche, susceptible d'une attention bien longue sur le même objet ; elle me lasse, m'accable et me rend malade à la longue, lorsque je veux y persister.

» Je ne suis point un enfant, les soins que vous vous êtes donnés pour mon éducation et dont tous les jours je sens plus vivement la reconnaissance, l'avantage inappréciable que j'ai eu de passer ma vie avec vous et avec ma mère, n'ont pas dû rester sans effet. Une autre raison s'y est jointe: ma constitution, comme celle de mon frère, s'est trouvée précoce ; dès dix-sept ans j'ai recherché la société des gens au-dessus de mon âge, et maintenant je ne fréquente dans le monde que des personnes absolument formées. J'ai vu, j'ai réfléchi d'après vos conseils, d'après ce que j'entendais, d'après moi. L'état que vous me proposiez était peu de mon goût, vu l'abaissement où j'ai cru voir qu'il s'acheminait à grands pas. D'ailleurs je craignais que la complexion de mon tempérament ne s'en accommodât que difficilement et me retînt toujours dans la classe médiocre, du moins quant à la partie longue et pénible de l'érudition. Cependant, le vide ou l'incertitude que j'ai aperçu dans toutes les autres parties, et plus que tout, le plaisir que j'ai cru que je vous ferais en embrassant celui-là, l'ont emporté sur ces raisons, et je me suis mis à l'étudier. Si j'ai donné quelques momens au monde, l'estime des honnêtes gens a toujours été ce que j'y ai recherché le plus, et je crois pouvoir dire que ceux qui me connaissent n'ont pas sur moi les idées que je crains si fort de vous en voir prendre.

» Si quelque chose m'a nui, c'est surtout, je le dis avec amertume, l'idée que paraissait avoir de moi ma famille et le peu de confiance que je vous inspirais. Si le peu de temps qu'il y a que je vois le monde n'a pas permis que cela ait fait un grand tort à ma réputation, le mal qui en est arrivé dans ma conduite a été plus considérable; je ne me suis jamais occupé de ce qu'on croyait ne pas devoir mettre sous mes yeux ; ici, par exemple, mon oncle et ma mère ont toujours fait tout, sans me charger sans m'instruire de rien ; ainsi je n'ai pu acquérir sur les détails de vos affaires que les idées que mes propres réflexions me fournissaient. J'ai employé à l'étude de la littérature, que j'ai toujours fort aimée, des momens qu'il eût mieux valu sans doute occuper à vous être utile, ou à me rendre capable de le devenir, ce que j'aurais pu faire avec d'autant plus d'ardeur que j'ai beaucoup de goût pour l'agriculture ; d'ailleurs je n'ai jamais mis à ce qu'on appelle précisément plaisirs qu'assez peu de temps, et j'ai toujours choisi les plus honnêtes.

» Dans ce voyage-ci, si les lettres que vous avez vues prouvent que je ne me suis pas toujours occupé d'idées graves, il est sûr du moins que mes soins les plus constans ont tendu à m'acquérir la considération des personnes formées, et que le temps que j'ai passé à Verchény a été tout employé ou à l'étude du droit, ou à mes méditations, ou à des promenades avec mes sœurs, où j'ai tâché d'éclairer leur esprit, de former leur cœur, de leur inspirer les sentimens, la conduite, la modestie, la simplicité, la confiance en leur mère, qu'il m'a paru que leur âge, leur sexe et leur situation rendaient convenable. J'ai fait cela dans les momens où ma mère, occupée ailleurs, ne pouvait s'en acquitter, et d'après les mêmes plans que je lui vois suivre.

» Je promets, pour l'avenir, de me défaire absolument de ce dérangement dans mes meubles, qui, je crois, est la seule chose dont je sois bien coupable.

» Je me borne à désirer que vous preniez plus de confiance en moi, et que vous en veniez à croire qu'à dix-neuf ans, avec vos avis, l'éducation que j'ai reçue, le genre de vie que je mène, et le zèle que je me sens, on peut être capable de s'occuper de choses sérieuses.

» J'espère que vous me pardonnerez cette lettre en faveur du motif qui me l'a fait écrire, j'espère même que vous changerez votre manière de penser sur moi ; mais quelle que soit là-dessus votre conduite envers votre fils, elle ne changera rien aux sentimens de respect, d'amour, de reconnaissance que vos bontés ont pour toujours gravés dans son cœur. »

IX.

A ses Sœurs.

Vorchény, 6 Janvier 1781.

JEUNES FILLES,

« Ne perdez jamais la mémoire des maximes de vertu que mes leçons et mon exemple ont dû vous inculquer. Soyez résignées, aimez la tranquillité, la retraite, et preférez ouvertement le cloître au monde; brodez les vestes avec soin, apprenez à faire supérieurement les chemises, et je vous promets le bonheur sur la terre et dans le ciel.

« J'ai recueilli sur cela le sentiment d'un nombre infini de saints et de saintes, dont nous avons ici la vie et les écrits; je vous les citerais, si, malheureusement pour vous, vous étiez moins ignorantes. Ne lisez point, n'écrivez jamais; car, outre que cela gâte la vue, ce sont inventions du démon. Cependant je vous accorde indulgence pour lire la présente et y répondre.

» Je veux bien, pour me rapprocher de votre imperfection, descendre à un degré de vertu plus humain. Je vous recommande de cultiver les qualités naturelles et les talens qui vous restent à perfectionner ou à acquérir, et qui peuvent vous embellir; d'orner les vertus que vous tenez de la nature et de l'éducation, et de vous rappeler que la simplicité, la modestie, l'instruction et les agrémens sont la parure des femmes et le gage de leur bonheur ici-bas; car ce sont ces qualités-là qu'on recherche et qui reçoivent un encens honnête, sincère et réel, le seul hommage qui soit flatteur. On leur doit les amis vrais et fidèles, l'estime publique, la paix de l'intérieur, ces biens constans et inappréciables sans lesquels tous les autres ne sont rien.

» S'il ne vous reste plus de modèles de dessin à imiter, refaites les mêmes plusieurs fois, et attachez-vous à tracer d'une manière nette et légère.

» Cependant, je vous le répète, toutes ces choses sont inventions du démon. Si vous vous sentez assez de vertu, suivez la première route que je vous ai tracée; l'autre ne vous rendra heureuse que sur ce globe périssable, tandis qu'elle mène infailliblement à la béatitude éternelle. Qui balancerait?...

» N'ayez aucun regret à la comédie, elle ne s'est jouée, ni ne se jouera.

» Je vous salue,
» BARNAVE fils.

» Auriez-vous deviné que ce fût moi ? Que de progrès depuis vous ? »

III.

A sa sœur Julie.

Verchény, 14 Octobre 1786.

« Eh bien! ma chère amie, n'attendez-vous pas avec la plus grande impatience les nouveaux hôtes qui vous arrivent? N'est-il pas vrai que pour étourdir cette impatience, vous êtes réduites à danser, à rire et à mille autres frivolités, qui sont bien loin de vous dédommager de toutes les épreuves de vertu après lesquelles vous soupirez?... Le dangereux abbé vous voit-il souvent? Avez-vous rassemblé votre jeunesse militaire?... Je m'imagine que la présence de mon père met de temps en temps un peu de gravité dans vos plaisirs. A la vérité, vous avez les galas, vous vous parez, vous vous tenez bien droites, cela fait honneur et plaisir; de Presle est là, dans son centre; Adélaïde doit être charmée des plaisirs de Vif; elle y voit sans doute, les grands jours, une douzaine de beautés bleu de ciel que j'y encensai l'année dernière; je juge au moins qu'elles y sont encore.

» Tout cela n'est rien auprès des amusemens qui vous arrivent. Une âme sainte qui refuse le plus souvent toute nourriture par mortification ; un mari soumis avec respect à tous les caprices de sa moitié ; un ministre des autels, médecin des corps et des âmes, qui croit honorer Dieu en servant les hommes ; — sans compter l'espoir raisonnable de faire votre salut par les prières fréquentes auxquelles la circonstance vous appellera....

» J'espère que j'irai bientôt me joindre à vous, pour goûter ces délices, et peut-être vous amènerai-je surcroît de bonne compagnie, ce ne sera pas le cas de dire : Plus on est de fous, etc...

» Mais, quoi! nous serons sages !.... Il y a ici nécessité, honnêteté et le sentiment même s'y intéresse ; il faut apprendre à consoler, à soulager, à égayer, à ménager l'humeur triste et inquiète de ses amis, apprendre à leur être utile autrement que par ses vœux, vaincre un peu de timidité et de froideur, s'exercer à agir, à se mouvoir par soi-même, et à secourir la faiblesse des autres du superflu de ses forces ; il y a dans tout cela de grandes satisfactions, jusqu'à celle de l'amour-propre.... et puis, après des ennuis, après une situation forcée, on revient avec plus de plaisir à la liberté et à l'abandon ; on s'est appris à s'assurer les jouissances de la vie par ses sacrifices, à s'en créer de nouvelles, à savoir s'en passer avec courage ; on s'est formé à un apprentissage dont tous les momens de l'existence confirmeront l'utilité.....

» Au fond, cela ne sera ni si difficile, ni si pénible ; le moyen de s'épouvanter de tout, et de n'être jamais content de soi, c'est de s'exagérer tout..... Des promenades longues, animées de quelques conversations intéressantes, ou d'une gaîté douce, dans lesquelles vous serez toujours secourues, et maîtresses souvent de n'être que spectatrices bénévoles ; une grande démonstration de sérénité, de satisfaction ; des folies gaies, peu bruyantes ; des déjeuners animés, des goûters de lait, ces douces effusions d'intérêt et de bonté que la nature mit si bien en vous, pour tout ce qui vous intéresse ; ces ménagemens de tact et de délicatesse pour lesquels vous serez votre meilleur maître ; une attention, des soins que l'intérêt anime et qui soient ponctuels, sans être gênans... Que faut-il donc ajouter à votre existence ordinaire ? Osez vouloir secouer la timidité, la paresse, écarter la distraction, vous serez étonnées de vous voir si différentes et de vous trouver jusqu'à des ressources, jusqu'à des idées qui sembleront inspirées, et le tact vous garantira toujours de rien faire de trop. Mais empressez-vous d'agir dans les circonstances mêmes où vous pourriez vous en dispenser, c'est le moyen de faire toujours un peu mieux, et surtout de tirer mieux parti de la circonstance pour vous former, vous donner des ressources, de l'action, de la tête, en un mot tout ce qui fait qu'on sait agir et réussir en tout par soi-même.

» Mes cousines feront bien de suivre exactement les mêmes procédés, de ne se croire dispensées de rien, et même de s'appeler cousines; outre qu'elles y trouveront les mêmes avantages que vous, c'est la manière de s'assurer l'amitié et la voix de tout le monde par les moyens les plus dignes d'elles. Il faut que de Presle apprenne à se vaincre, elle en a besoin, c'est le seul de ses défauts qui soit sérieux, et ses vrais amis doivent le lui rappeler sans cesse. Qu'elles ne se croient donc, encore une fois, dispensées de rien; agissant exactement comme si elles étaient mes sœurs.

» BARNAVE *fils.* »

IV.

Sur son frère Dupuu,

Après sa mort.

« Il aimait la littérature : son extrême jeunesse, l'attrait des plaisirs, l'étude longue et continue des mathématiques, et puis, cette paresse d'un esprit qui ne cherche pas dans les livres le relief et l'instruction, mais les jouissances, ne lui avaient laissé donner que peu de momens à la lecture. Cependant, il lisait rapidement et ne perdait rien ; il avait cette mémoire qui retient les choses, et aussi les mots, lorsque les mots font l'intérêt ; aussi connaissait-il passablement les littératures française et italienne. Il ne pouvait manquer de goût, car il avait une sensibilité exquise, la tête froide, l'esprit étendu ; et l'habitude des abstractions lui avait appris à raisonner des nuances que la multitude ne sent pas. Mais je crois qu'il avait trop de caractère pour être bon juge, et ses sensations faisaient ses arrêts ; il ne lui arrivait point de se quitter lui-même pour se mettre à la place d'un siècle, d'un peuple, d'une classe d'hommes ; son cœur en imposait à son esprit, il cherchait l'homme dans l'écrivain, et puis, son affection pour l'homme jugeait les ouvrages : le rapport d'un livre à ses passions et à ses principes était toujours le premier titre pour lui. Il est certain qu'il aurait pu se séparer de ses préventions, mais il ne le voulait pas, et cela tenait encore à son caractère ; car il n'avait nulle prétention, nulle curiosité ; mais il avait une grande indifférence sur ce qu'on pourrait penser de son esprit. »

V.

Ses regrets.

Sur le même.

« Tu étais un de ceux que je séparais parmi le monde, et je t'avais placé bien près de mon cœur.

» Hélas ! tu n'es plus qu'un souvenir, qu'une pensée fugitive : la feuille qui vole et l'ombre impalpable sont moins atténuées que toi. Mais, ô chère image ! mon cœur et mes sens savent encore t'embrasser ! Non, tu ne seras jamais pour ton frère un être éteint et fantastique : souvent présent à ma pensée, tu viens animer ma solitude. Tu fus toujours, pendant ta vie, associé à mes intérêts ; ces premières années si douces, nous les avons passées ensemble ; nous grandissions l'un à côté de l'autre, et les liens de notre amitié s'accroissaient avec nos forces.... Tu as pris des années, et tes qualités excellentes ont passé l'espoir de tes parens.... Alors, loin de toi, je m'enorgueillissais souvent en prononçant ton éloge.... O cher compagnon !.. tu l'es encore, je veux que tu le sois toujours.... Quand une pensée douce vient m'émouvoir, je t'appelle à ma jouissance.... Je t'appelle surtout lorsque mon cœur médite un projet honnête, et c'est en voyant sourire ta physionomie que j'en goûte plus délicieusement le prix. Souvent tu présides aux pensées qui viennent animer ma tête avant le sommeil. Je ne me cache point de toi, mais il est bien vrai que lorsque mon âme est occupée de ses faiblesses, je ne cherche plus tant à t'appeler.... Alors je ne te vois plus sourire.... Oh! ta belle physionomie est un guide plus sûr que la morale des hommes! »

VI.

Sur sa Mère.

Après la mort de son frère.

« Elle s'était levée malade, nous descendîmes tous pour déjeuner ; après quelques momens elle vint aussi, mais elle ne voulut rien prendre, cela faisait de la peine à tout le monde.

» Comme son estomac lui faisait mal, je lui proposai du café : elle le prit. Pendant le reste du jour elle ne sentit plus de mal, mais nous lui trouvâmes une certaine mélancolie... Si délicate et si tendre, un rien porte sur son cœur et réveille ses émotions.

» Le vent du midi soufflait ; toute la journée il agita les arbres sous les fenêtres et abattit les dernière feuilles de l'année.

» Le soir, à la fin du jour, nous fûmes promener, elle, Adélaïde et moi. En allant, nous chantâmes des airs tendres et mélancoliques ; nous parlâmes des talens de Saint-Huberti... La soirée, le vent, les nuages, la feuille volante, parlaient un langage attendrissant... Nous étions émus, et peu à peu le silence remplaçait notre entretien sentimental... Ce vent m'attriste, dit-elle une fois.... Un moment après je lui parlai et elle ne répondait plus ; elle était oppressée ; elle le fut longtemps malgré nos paroles et nos caresses, auxquelles elle ne pouvait pas répondre ; enfin, le témoignage de notre affection calma un peu la violence de sa situation ; nous parvînmes à l'attendrir... Elle nomma péniblement mon frère, en se laissant aller sur mon épaule ; ses fibres douloureuses se relâchèrent ; elle sanglotta, les larmes vinrent, et elle en fut soulagée... La sympathie de nos cœurs calmait le sien, je lui montrai notre Dugua plus heureux que nous, heureux, si nos cœurs lui étaient connus, de toutes les traces qu'il y a laissées. Nous nous promîmes de travailler toute la vie à nous consoler l'un par l'autre de la perte que nous avions faite... Ses larmes coulèrent plus librement... elle redevint tranquille... mais pendant le reste de la promenade nous ne pûmes plus parler, et l'objet qui avait fait son mal nous occupait tous. »

SECONDE PARTIE

Lettres politiques,

Écrites (Excepté la première) depuis son retour à Grenoble, après l'Assemblée constituante (1).

I.

Aux Membres de la Municipalité de Grenoble.

Paris, 25 juin 1790.

« MESSIEURS,

» J'ai fait part à la société des amis de la Constitution de votre adhésion à l'arrêté qu'elle a pris en faveur des manufactures nationales et des instructions que vous lui avez adressées sur les in-

(1) Celles qui sont relatives à la mise en accusation et à la fin de Barnave, sont placées au deuxième volume, sous ce dernier titre.

quiétudes relatives aux mouvemens des troupes du roi de Sardaigne. Je vais répondre en particulier à l'objet sur lequel vous m'avez fait l'honneur de me consulter personnellement.

» Il est impossible de dissimuler que l'union n'est pas aussi parfaite qu'il serait à désirer entre les membres du parti populaire de l'Assemblée nationale.

» Peu de temps après la translation de l'Assemblée nationale à Paris, c'est-à-dire à la fin du mois de novembre 1789, trente personnes dont huit ou dix étaient membres de l'Assemblée nationale, formèrent entre elles une coalition d'affaires dont l'objet paraissait être de former un nouveau ministère et de s'y placer. M. de Mirabeau, un des trente, fit, dans cette vue, une motion qui a fait assez grand bruit dans le temps, et qui fut rejetée par l'Assemblée nationale.

» Cette société n'eut aucun succès et fut décriée dans l'Assemblée nationale, sous le nom de Comité des Trente, aussitôt qu'elle y fut connue.

» Le comité des Jacobins qui s'était formé dans le même temps, mais dont le caractère était la publicité, et où tous les patriotes avaient le droit d'être admis, acquit, au contraire, la plus grande consistance, devint le plus ferme appui de la révolution, et assura au parti patriote la majorité dans l'Assemblée nationale.

» Ce comité devint, par-là même, l'objet de la haine la plus active pour les ennemis de la révolution ; il devint également odieux à la cour, soit que les dispositions en faveur de la constitution n'y fussent pas aussi sincères que quelques démarches du roi auraient pu le faire croire, soit que les principes de cette société y fussent calomniés.

» Quelques membres du comité des Jacobins, excités, ou par les suggestions des ministres, ou par le regret de ne pas exercer dans l'Assemblée nationale et dans ce comité toute l'influence qu'ils auraient désirée, cherchèrent à en détacher un grand nombre de députés, et les invitèrent à des séances particulières qui se tenaient, aux mêmes heures que les assemblées des Jacobins, chez M. de Crillon. Ils en attirèrent jusqu'à cent vingt.

» Cette scission répandit une grande inquiétude, mais elle dura très peu : les députés restés fidèles aux Jacobins firent les démarches les plus actives et les plus fraternelles pour ramener ceux qui s'en étaient éloignés. Ceux-ci, qui étaient presque tous d'excellens patriotes qu'on avait entraînés, les uns en leur disant que la présence des étrangers aux Jacobins y rendait les discussions trop publiques, les autres en irritant leur amour-propre sur ce que le comité des Jacobins, qui était en possession de faire les élections de l'assemblée nationale, ne les avait point encore élevés aux honneurs du secrétariat, des comités, etc., revinrent à l'instant sur leurs pas, dès qu'on leur eut fait apercevoir les dangers de cette division, et le comité de M. de Crillon fut dissous.

» Alors, l'ancienne société des Trente se réveilla ; elle s'associa un très grand nombre de personnes, sous le nom de société de 1789, et, par une disposition assez extraordinaire, tandis que les membres ordinaires de la société devaient payer 120 fr. par an pour sa dépense, les députés à l'Assemblée nationale qui voulaient être inscrits sur la liste, furent dispensés de la contribution.

» Cette société est aujourd'hui d'environ trois cents personnes : de ce nombre sont quarante à cinquante membres de l'Assemblée nationale ; je mets en dehors du nombre ceux qui, sans contribuer, ont été inscrits sur la liste et ne vont point aux séances.

» Le reste est principalement formé de banquiers et gens de finances très riches, de gens de lettres, dont plusieurs ont une réputation bien méritée ; et surtout d'un grand nombre de jeunes gens de la cour ou d'une grande fortune qui, en quittant le parti de l'aristocratie, aujourd'hui absolument décrié, s'attachent à cette société pour se placer dans le nouveau système, sans renoncer aux avantages qu'on s'expose à perdre, soit à la cour, soit dans les sociétés, en s'attachant aux Jacobins.

» Il est certain que la société de 1789 renferme plusieurs personnes d'une capacité reconnue, et d'autres, en grand nombre, d'une probité au-dessus de tout reproche. Après cela, on l'accuse d'être guidée par des chefs qui sont guidés eux-mêmes par des vues personnelles de fortune et d'ambition. On pense que cette société est formée pour devenir le berceau et l'appui du parti ministériel dans nos assemblées législatives. On dit que, la corruption étant éloignée de notre représentation, soit par la perfection de nos formes d'élections, soit par la fréquence du renouvellement, cette société, à laquelle on veut procurer des affiliations dans tous les départemens, servira, par le crédit, le talent, la fortune de ceux qui la composent, à suppléer aux moyens que notre constitution enlève aux ministres pour s'assurer une constante majorité dans le corps législatif.

» La société des Jacobins offre une physionomie toute différente : elle est composée de douze à treize cents membres, desquels plus de trois cents soixante sont députés à l'Assemblée nationale. A côté d'un grand nombre d'hommes riches et accrédités et d'un beaucoup plus grand nombre d'hommes célèbres par leurs connaissances et leurs talens, sont des patriotes de qui on n'a exigé d'autre titre qu'une conduite constante dans la révolution, et un zèlo assez éclairé pour s'intéresser et prendre part aux discussions politiques, qui sont le seul objet dont la société s'occupe. Les admissions s'y délibèrent, à haute voix, d'après le rapport de trente commissaires chargés de prendre des instructions sur les personnes présentées. Elle a une affiliation et une correspondance dans presque toutes les villes importantes du royaume.

» La société des Jacobins croit avoir eu la plus grande part à la révolution, et son esprit actuel est d'en assurer les fruits à la nation. Sa gloire est d'être conservatrice de la constitution. C'est le seul genre d'influence qu'elle prétende exercer.

» Aucun membre de l'Assemblée nationale n'a quitté cette société, mais ceux qui sont attachés à celle de 1789 y viennent peu. Cependant, ils évitent de paraître s'en éloigner, et ils s'y montrent surtout très exactement dans les occasions où le public les accuse de se détacher du parti patriote. Le reste des membres de l'Assemblée nationale, attachés à la société, est très exact aux séances et ne s'en absente que dans les momens absorbés par le travail des comités particuliers de l'Assemblée.

» Le nombre des personnes qui s'y présentent est toujours plus considérable, et chaque semaine on y reçoit des patriotes distingués de la capitale, et des membres de l'Assemblée nationale, qui, quoique attachés au parti populaire, ne s'y sont pas fait encore recevoir. En un mot, pour parler franchement, à la gauche du président on n'ose pas dire qu'on n'est pas encore de la société des Jacobins, et, hors quarante à cinquante personnes, on a peine à avouer qu'on s'est trouvé à celle de 1789.

» Les membres de cette dernière société ne sont pas moins, dans la plupart des questions, du même avis que les autres. Il est même des questions, telle qu'a été celle de l'institution des juges par le roi, où ils sont partagés entre eux. Ils sont attachés à leur réputation et souvent ils viennent dans l'Assemblée avec l'intention d'y soutenir une opinion, mais ils en sont détournés par la manière dont la majorité fait connaître son vœu.

. . . .

.

» Si ces réflexions sont justes, il me semble qu'il en résulte que la société de 1789 est d'une nature absolument différente des sociétés des amis de la constitution ; que, sans avoir à prononcer sur le degré d'estime qui lui est dû, le but de son institution, l'esprit qui doit l'animer, sont absolument distincts, et qu'il est impossible de les confondre.

» Que la division qui a paru se manifester dans le parti populaire est beaucoup moins alarmante qu'on ne pourrait le croire, les principes étant tellement posés et les personnes tellement liées par leur conduite précédente, qu'il n'est pas à craindre que des opinions gravement mauvaises obtiennent la majorité.

» Que, quant aux jugemens à porter sur les individus, il n'appartient qu'à ceux qui les voient et les observent de très près d'en porter un avis décidé; que la nation ne peut juger que la conduite, les opinions, les actions; que la confiance aveuglément attachée à l'homme même est indigne d'un peuple libre et ne peut au moins être excusée que par de très longues et constantes épreuves. Vous n'exigerez pas que je vous donne sur les personnes ma propre opinion. Elle est suffisamment prononcée sur ceux avec qui je suis intimement lié, par mon attachement pour eux, et parmi ceux mêmes avec qui je n'ai pas toujours été d'accord, il en est à qui elle serait très favorable, eu égard à leur pureté, mais elle tient à une multitude de petites choses qu'on ne dit pas, et l'on ne doit pas mettre au jour ses résultats quand on veut cacher ses preuves ou ses indices. D'ailleurs, ce genre de jugement n'est point nécessaire au public. Son seul besoin, c'est la conduite et les actions des hommes publics ; sa seule sagesse envers eux, c'est de louer ou d'improuver leurs actions et de n'accorder jamais à la personne même une confiance qui puisse la rendre dangereuse au moment où elle se dévie.

» Enfin, Messieurs, ce qui en résulte de plus important, c'est que, pour que la révolution se consolide, pour que le nouvel ordre prenne son assiette, il est indispensable que les législatures, et surtout la première, soient composées d'une majorité d'hommes sur lesquels on puisse invariablement compter. Car il était facile de résister au parti honteux, décrié, ennemi évident de l'intérêt public, qui, loin de nuire dans l'Assemblée nationale, a servi jusqu'à présent à resserrer l'union des patriotes ; mais il sera bien plus difficile d'échapper à tous les genres d'influence et de séduction qui vont être employés pour mettre une constante majorité du côté des ministres, et nous conduire sourdement à l'altération de la constitution.

» Je vous prie, Messieurs, de vouloir bien excuser le retard et l'incorrection de cette réponse. Il y a plus de huit jours que je la porte avec moi pour l'achever. Rien n'égale la continuité des occupations les plus pressantes, si ce n'est la lassitude et le besoin absolu de repos dans les momens qui leur succèdent. Je ne puis pas prendre le temps de corriger cette lettre, je vous envoie mes premières pensées, que je ne craindrai jamais de mettre à découvert devant vous. »

» Je suis, avec l'attachement le plus fraternel et la plus invariable fidélité, votre très humble et très obéissant serviteur,

» BARNAVE. »

II.

A M**.

Saint-Robert, 27 janvier 1792.

« L'incommodité que vous venez d'essuyer n'est rien, et vous serait même avantageuse si elle pouvait vous déterminer à modérer votre régime. En vous, la nature est toujours disposée à abuser de ses forces dans tous les sens, et votre manière d'écrire, loin de la calmer, l'irrite davantage. La vigueur de l'âge résiste encore à cet usage immodéré de ses forces, mais il ne peut qu'en abréger la durée ; je suis cependant fort aise de vous savoir rétabli.

» J'espère aussi n'être pas éloigné du terme de mes incommodités, quoique un peu empirées par le voyage. Mais comme je vois que cela se prolonge plus que je ne l'avais pensé, je vais m'établir définitivement demain ou après-demain à Grenoble. Je n'ai eu encore que fort peu de momens pour écrire, mais je prouverai bientôt à tous mes amis que je ne les ai point oubliés.

« Il me semble que les affaires politiques prennent à peu près la marche à laquelle on pouvait s'attendre quand je suis parti. Il me semble que le gouvernement est aujourd'hui bien embarrassé de l'avantage qu'il a donné à ses astucieux ennemis. Voilà donc le pouvoir exécutif en opposition avec le sentiment qu'il avait fait naître par ces mots : La guerre ! la guerre ! J'ai trouvé, pour me servir d'une expression de ce pays-ci, que M. Delessart avait *l'oreille basse* dans le discours qu'il a fait à l'Assemblée, à la séance du 17. En revanche, leurs adversaires, aujourd'hui bien à découvert, entendent beaucoup mieux leurs affaires, et les discours de Brissot, Gensonné, Vergniaud, etc., sont à la distance où je suis d'un assez bel effet de perspective, si le reflet de la parodie de Fauchet ne leur faisait un peu partager son ridicule.

» Ainsi, pour complaire à quelques fripons, ils ont servi eux-mêmes à décréditer ce parti sage et modéré qui faisait toute leur espérance. Ils ont voulu qu'il n'y eût rien entre les émigrés et Brissot. Mais Brissot s'élance d'un tel vol qu'ils ne peuvent plus le suivre, et ils restent en arrière, seuls, sans appui et sans considération, parce qu'ils sont obligés de démentir cet empressement et cette ardeur qui leur a valu quelques applaudissemens, et qui les exposent aujourd'hui à la plus juste méfiance.

» Je conçois que ce qui forme un tableau piquant du point où je le vois, est désespérant pour nos amis de l'Assemblée, et je plains sincèrement ceux qui ont à défendre la chose publique contre cette malheureuse combinaison de l'audace des uns et de l'inconsistance des autres. Cependant, je suis bien loin de croire encore que tout soit désespéré. Malgré la séduction des idées hardies, l'opinion est très partagée sur la guerre. En général même, on répugne à y croire, et si l'Assemblée prenait des mesures propres à l'éviter avec dignité, je suis très loin de penser qu'elle fût contrariée par le vœu public.

» Mais dans ma manière de voir, au point où on en est, il serait impossible de suivre les mêmes idées qui eussent convenues dans le début. Il est certain que l'Assemblée a pris une fausse marche, qu'avec beaucoup moins de bruit et un travail réel sur l'intérieur, en se montrant tranquille et fort, on eût dissipé ces fantômes qu'on a semblé vouloir créer et grossir pour avoir à les combattre ; mais, puisque enfin on en est là, il faudrait aujourd'hui savoir profiter de ses fautes, et il me semble qu'au moyen de l'inquiétude que toute cette chaleur de délibérations n'a pas laissé que de porter au dehors, le moment serait propice pour terminer l'affaire des princes possessionnés. C'est là, au fait, le vrai nœud de la question entre l'intérieur et l'extérieur, et s'il était une fois résolu, je ne vois pas comment les factieux ou les émigrés s'y prendraient pour nous conduire à la guerre; mais jusque là il n'y aura ni tranquillité au dedans, ni paix solide au dehors; on ne pourra désarmer, les dépenses seront ruineuses, et la méfiance qui perd les assignats deviendra de jour en jour plus alarmante.

» Selon moi, c'est à arracher cette racine de toutes les querelles que les amis de la paix devraient aujourd'hui s'attacher. Je sais bien que ce plan là n'est pas nouveau, puisqu'on s'en occupe depuis près de deux ans, mais je crois qu'il faudrait presser et presque brusquer. »

III.

A M**.

Grenoble, 2 février 1792.

« Une lettre d'Assigny me confirme votre rétablissement, et je m'en réjouis d'autant plus que je me rappelle combien toute espèce d'indisposition est intolérable dans la situation où vous êtes. J'avais d'abord résolu d'attendre à la campagne, mais j'ai craint que ma trop longue absence ne fût mal interprétée ici, et je suis venu m'y établir depuis deux jours.

» A la distance où je suis des objets, voici à peu près comment je les aperçois.

» Il me semble que l'affaire diplomatique, dans laquelle le premier discours du roi et la conduite de l'empereur avaient donné tant d'avantage au parti enragé, se termine plus modérément qu'on aurait dû le croire, et si le gouvernement agit fortement auprès de l'empereur, si celui-ci est de bonne foi et donne quelque attention à ses propres intérêts, la guerre est évitée. Brissot est battu; le gouvernement en est quitte pour quelques reproches et la méfiance qu'il s'était préparée en sollicitant une fausse popularité; mais il évite le piége que lui avait tendu le parti ennemi, en le plaçant entre une guerre inconsidérée avec l'empereur, ou une rupture ouverte avec l'Assemblée.

» Mais il s'en faut beaucoup, selon moi, que par là les affaires extérieures soient terminées; leur racine est véritablement dans les prétentions des princes possessionnés en Alsace. Je ne conçois pas comment le comité diplomatique, qui voulait la guerre, a séparé cette affaire-là de l'autre, c'est ou une grande maladresse; ou une perfidie bien difficile à croire, puisqu'il faudrait supposer qu'il s'est réservé un moyen de recommencer la querelle. Mais, quoi qu'il en soit, je crois que les amis du bien doivent faire des vœux pour que cette source continuelle d'inquiétudes, soit épuisée, et le gouvernement n'a pas un autre moyen de réparer le mal qu'il s'est fait par la mollesse de l'ancien ministère et l'étourderie du nouveau. Tant qu'on ne terminera pas cet affaire, les mécontens ne perdront pas l'espérance. Les inquiétudes et les méfiances ne cesseront point, le mal ira en empirant. Après avoir long-temps temporisé, on se trouvera dans la position où l'on est aujourd'hui, mais avec une grande déperdition de richesses, d'hommes, de confiance, de considération.

» Si le gouvernement, par son activité et sa vigueur, obtenait la solution de cette difficulté, il éviterait de grands dangers et recouvrerait une considération qu'il a totalement perdue. Cet avantage peut seul lui rendre une force spontanée, puisque depuis six semaines il n'a eu de remarquable que sa soumission aux impulsions de l'Assemblée; et en rendant à la nation un grand service, il repousserait le reproche de nullité ou de mauvaise foi auquel sa propre mollesse, le délire des émigrés, et les tergiversations de l'empereur ont également concouru à l'exposer.

» Si par là les affaires de l'extérieur étaient une fois terminées, je crois que l'ordre est extrêmement prêt à se rétablir au dedans : les assignats perdraient moins et se soutiendraient jusqu'au moment où leur retrait sera possible. L'impôt, par le moyen du papier, sera payé, la plupart des émigrans rentreraient sous les auspices de la seconde législature, les élections seraient d'autant meilleures que le royaume serait plus tranquille; enfin, la constitution commencerait à s'essayer et à prendre une assiette quelconque.

» On ne peut se dissimuler que dans l'exécution elle a prodigieusement reculé vers le républicanisme. Tout se porte à l'Assemblée; elle administre, et cela sans le concours et la participation des ministres. Ceux-ci sont des commis qu'elle ne consulte même pas. Comme elle attire tout à elle, elle donne aux corps administratifs toutes les fontions exécutives. Elle tend à dénaturer l'armée par la brièveté des congés; elle distribue les pensions et les grâces ; les ministres ne remplissent presque aucune de leurs fonctions ; le roi a abdiqué, de fait, son droit de proposition; les ministres laissent prescrire leur droit de parler.

» Il sera plus difficile qu'on ne pense de ramener à la constitution sur quelques-uns de ces points, d'autant plus que presque toutes les bases de notre constitution étant républicaines, conduisent naturellement à des résultats de la même nature.

» Si l'on pouvait séparer de ses conjectures l'influence des grands évènemens, il serait raisonnable de croire que notre constitution tournera d'abord vers le républicanisme, sans cependant supprimer la royauté, parce que les causes qui l'y conduisent sont les plus prochaines, savoir le personnel du roi, le caractère du parti dominant, la longue incapacité des agens du pouvoir exécutif, le premier élan des esprits, soutenu par l'exclusion des députés de toutes places à la nomination du roi, etc. Mais elle reviendra ensuite à la monarchie, parce que les causes qui doivent l'y conduire sont plus durables et plus puissantes, à savoir : l'hérédité, l'inviolabilité, l'avarice, la nature de l'ambition parmi nous, etc., enfin, l'expérience et la lassitude.

» Je vous avoue que si on pouvait espérer une composition de la législature à peu près raisonnable et pure, je ne m'affligerais pas beaucoup de cet avenir qui doit, à la vérité, diminuer pendant quelque temps de la puissance politique.

» Qu'est-ce qui fera que nos affaires prendront l'une ou l'autre direction, je veux dire celle de la paix, ou celle qui nous conduirait à une crise ? c'est certainement la terminaison prompte ou la continuation de nos querelles avec l'empire au sujet des terres de l'Alsace.

» Il faut aussi faire une réflexion qui vient à l'appui de ce que j'ai dit ci-dessus. Une manière d'être toute nouvelle pour un peuple, et contraire à ses mœurs, soutenue d'abord par enthousiasme, produit, au bout de quelque temps la lassitude ; mais lorsque les circonstances la prolongent, elle peut aussi se changer en habitude ; ainsi, quoique nous n'ayons encore rien de ce qu'il faut pour établir un gouvernement républicain, ou pour soutenir une guerre civile, nos alarmes prolongées, notre attitude militaire, nos volontaires, notre appauvrissement progressif, une seconde législature composée dans le même esprit que celle-ci, nos émigrans fixés au-dehors comme les protestans après la révocation de l'édit de Nantes, le pouvoir exécutif faible, soupçonné, déconsidéré, pourraient conduire les choses à un tel état que les idées de république deviendraient aussi possibles, aussi susceptibles d'une exécution au moins momentanée, qu'elles étaient absurdes il y a quelques mois. Déjà même il faut s'attendre qu'en licenciant les volontaires on transigera avec eux, et que la constitution militaire en sera plus ou moins modifiée.

» Mais quelque système que suive le gouvernement, il me semble qu'il devrait chercher à se concilier la considération, la confiance, la popularité, et il en prend bien peu les moyens.

» L'affaire des deux battans est mauvaise, puérile, et justifie d'avance toutes les excuses qui pourront être faites au roi. Il semble que l'on n'a de force que pour de petites querelles mesquines et frivoles qu'il ne faudrait jamais élever. »

IV.

A M. Théodore Lameth.

31 Mars 1792.

« J'attendais depuis long-temps, mon cher Théodore, une occasion sûre pour vous écrire. Cette lettre vous sera remise par M. Colonna, officier corse, et qui passe par Paris en allant prendre possession d'une compagnie dans le régiment ci-devant de Foy, à laquelle il se trouve appelé par les nouvelles nominations.

» J'apprends le décret sur les colonies, et je reçois au même instant votre lettre, celle de Duport et celle de Dumas. Je m'attendais au décret; je pense qu'il sera sanctionné : je craindrais même qu'il ne le fût pas; car la responsabilité demeurerait aux auteurs du décret du 24 septembre et au gouvernement qui aurait refusé sa sanction; et quant à l'effet du dernier décret dans les colonies, il n'est peut-être pas plus dangereux que ne le serait le dissentiment de l'Assemblée et du roi qui, soutenant, l'une les hommes de couleur, et l'autre les blancs, ranimeraient leur animosité et rendraient leurs querelles interminables. — C'est l'étourderie de Dumouriez qui, en faisant imprimer et distribuer, hors de saison, mon rapport du 24 septembre, m'a valu cette sortie de M. Guadet. Quoi qu'en pense Duport, je vous enverrai une note à insérer dans quelques journaux, fût-elle inutile ou nuisible aux lieux où vous êtes : elle m'est nécessaire ici où cette affaire, que personne n'entend, me fait un tort réel. Et on ramène presque tout le monde avec quelques lignes écrites du ton d'un honnête homme. — Je vous remercie, mon cher Théodore, du courage avec lequel vous avez pris ma défense : j'ai fait insérer dans nos feuilles dauphinoises ce que vous avez dit pour moi.

» Ma froideur, peut-être, vous indignera ; mais je suis hors de la partie, et l'on ne voit juste que de là.

» Les affaires ne vont pas très mal : il n'y a de réellement très fâcheux que les désastres de Saint-Domingue.

» Ne voyez-vous pas que dans tout ce qui se passe le principe monarchique est respecté; que les révolutions ne font que des changemens de ministres; que c'est là la porte que s'est ouverte la rage des factieux; que lorsqu'une humeur qui menace la poitrine passe par une transpiration, quelque incommode, quelque douloureuse qu'elle soit, c'est cependant une crise heureuse ; que ces évènemens font, plus que tout, tomber les idées républicaines.

» On n'a pas pu tuer le jacobinisme au moment où il était le plus affaibli ; il faut nécessairement qu'il s'use lui-même ; l'Assemblée constituante, en brusquant son dénouement et décrétant la non-rééligibilité, a prolongé la révolution : cela est certain. Il est inutile de vouloir remonter à un système de conduite qui a été manqué ; ce n'est plus le voyage de l'Amérique, c'est celui de l'Inde. Mais dans cette maladie, qui se déclare plus longue, les symptômes n'ont encore rien de fâcheux, et des hommes qui ont *excessivement* voulu une révolution ne peuvent pas, au milieu du chemin, manquer de tête ou de courage.

» La portion monarchique de la nation ne changera jamais : si le roi fait bien, elle l'en louera ; si le roi fait mal, elle le croira violenté et ne s'en prendra qu'à ses ennemis ; mais de long-temps elle ne viendra à son secours contre les factieux. Il faut, par une conduite sage, laisser ceux-ci s'user, se systématiser, se dévier, se déshonorer, se calmer, s'éclairer, etc., suivant les dispositions de chacun.

» Léopold perdait le roi : des choses très bonnes dans le cabinet culbutent tout quand on veut s'en servir pour l'effet public ; il perdait surtout la reine.

» Je ne sais qui des anciens ministres a fait écrire au roi cette lettre sur la nomination des nouveaux; elle est bien faite, mais très maladroite : elle tend à donner aux Jacobins un moyen de secouer la responsabilité ; à dire, comme faisait M. Cahier, qu'il y a des arrière-conseils, des causes secrètes qui entravent, le fait parlait de lui-même, tout le monde le voyait. Le nom de Roland de la Platrière, beau-frère de Brissot (ce qui aurait dû être dit par *la Gazette universelle* et non par le *Logographe*), était un langage bien plus clair que la lettre du roi, qui porte le cachet de la malveillance et semble dénoncer ses nouveaux ministres, et, aux yeux d'une partie de la nation, les déchargera quelque jour de la responsabilité pour l'attirer toute à lui (car je suppose une conduite intérieure conforme à la lettre). On perd tout quand on se croit forcé, par prudence ou par nécessité, de suivre une certaine marche, et qu'ensuite on la contrarie. On voit donc que tout est gagné, si ces gens-là se monarchisent publiquement. On voit aussi qu'il serait à désirer que l'abbé Sieyes remplît ses poches d'or; que Guadet et Vergniaud eussent des voitures ; que si Vergniaud, qui a dénoncé la reine, venait à la louer seulement dans sa conversation privée, la révolution serait finie ; qu'il ne s'agit pas de s'indigner de ce qu'il existe des brigands, mais que quand ils ont la puissance et qu'on ne peut pas la leur ôter, il faut les attirer dans la ligue du bien public par ce qui les séduit, et leur fournir toutes les occasions de se déshonorer.

» J'ai lu dans le Logographe que M. de Graves quitte le ministère de la guerre, et qu'il était remplacé par M. ***. Ce serait une chose détestable et qui ferait ouvertement accuser le roi de perfidie. Qu'on ne s'y trompe pas, s'il veut avoir l'air de jouer les Jacobins, les Jacobins sont en ce moment plus robustes que lui, et ce sera lui-même qui se jouera. Si le roi, qui a renvoyé Narbonne, nomme M***, on dira avec raison qu'il est d'accord avec les Allemands et qu'il veut livrer la France à l'étranger. Je ne puis pas le croire ; mais si je voyais le roi livré à des conseillers agités d'un tel vertige, je regarderais cela comme le plus grand danger de mon pays. Si de Graves s'en va, c'est aux autres ministres à nommer leur collègue. Je ne puis pas croire qu'ils nomment M***. On ne peut ignorer quelle serait sur un tel choix l'opinion de toute l'armée.

» L'amnistie sur les crimes d'Avignon a généralement mal réussi.

» Vous et nos amis, êtes très attaqués, il en résulte

que la plus légère imprudence vous perdrait, comme d'autres le seraient par de grands crimes. Mais, sans votre fait, on ne vous perdra pas ; et ces attaques continues contribuent bien aussi à nous conserver notre indépendance, et, par conséquent de tous les ressorts le plus nécessaire pour agir.— Notre persécution, notre fermeté sont des avantages, pourvu qu'aucune faute, qu'aucune imprudence ne fournisse à nos ennemis des armes pour nous perdre au moment où leur puissance est sans mesure.

» Il faut qu'Alexandre se fasse aimer des troupes, s'en fasse adorer ; qu'il cultive particulièrement, dès qu'il sera officier-général, les bataillons de volontaires. Il existe de grandes préventions contre nous ; cependant, on nous regarde comme des gens extrêmement calomniés. En paraissant, on détruit facilement toutes ces impressions. Dans des fonctions militaires, il ne faut point se livrer aux polémiques sur les affaires publiques, il faut être pour la liberté et pour la constitution et ensuite s'environner de tout ce qui attache les hommes de guerre. Alexandre, s'il le veut, est capable de passionner les troupes pour lui. Mais il faut être sobre et chaste jusqu'à la fin de la révolution, car, que faire en campagne sans moyens physiques ? — Je suis très porté à croire que, dans cette révolution comme dans tant d'autres, la dernière influence sera celle des armées. D'ailleurs, entre Français, entre notre ministère et notre Assemblée, comment s'arrangeront les affaires d'Alsace? Si nous avons la guerre, il faut que la nation y soit engagée par les Jacobins et qu'elle s'en tire avec gloire par les hommes de caractère et de vertu. — (Infernale politique que celle qui fait écrire au roi des lettres à l'Assemblée, et lui inspire peut-être envers ses nouveaux ministres des traitemens, d'après lesquels on dira un jour que c'est lui qui a amené les Allemands sur nos frontières !) —Si nous avons la guerre, elle sera funeste et désastreuse dans les commencemens ; sans officiers, sans discipline, sans troupes exercées, nous ne battrons pas les premières armées du monde. — Nos premiers généraux verront éclipser leur gloire et perdront peut-être leur existence ; mais ceux qui rallieront ensuite des troupes, plutôt surprises que découragées, qui profiteront de leurs malheurs pour les soumettre à la discipline, qui, après avoir eu des craintes quand tout le monde n'avait que de la présomption, espèreront encore, quand la nation désespèrera, ceux-là seront assez soutenus par l'esprit public pour chasser les ennemis, et laver la France de sa honte ; ils attireront à eux une confiance profonde et auront l'influence dominante sur le dernier résultat de la révolution.— Mais si, dans les guerres ordinaires, on est presque tout par le grade et le talent militaire dans les guerres d'opinion on n'est rien, on n'est pas général sans la confiance et l'affection de ses troupes.—Il faut bien se garder de mépriser les volontaires nationaux. Ceux de Paris sont peut-être mauvais, mais ceux des trois quarts des départemens sont la partie la plus saine de cette armée, qui essuiera peut-être le plus d'échecs dans le commencement, mais qui sera la dernière à résister.

» Que Dumas et vous soyez dans l'Assemblée, autant qu'il se pourra, les hommes de l'armée et des gardes nationales, tandis que nos amis s'en feront connaître et obtiendront leur confiance dans les garnisons ou les camps.

» Je regrette peu qu'Alexandre ne soit pas maréchal-des-logis de l'armée du Nord. Bien des choses auraient pu le perdre en débutant par là. Il faut arriver par la confiance : on a un immense avantage quand on a un nom qui fixe l'attention de tout le monde.

» Si les faits des îles du Vent sont tels que Dumas les a rapportés, il faut les faire constater dans les journaux. Il faut avoir grand soin de recueillir toutes les nouvelles heureuses qui pourraient venir de Saint-Domingue avant l'arrivée du dernier décret et de les y insérer également. La *Gazette universelle*, qui a pris franchement parti dans la discussion, les inscrira avec plaisir.

» Il n'y a de crise possible que 1° par les finances : elle est encore éloignée ; 2° par la guerre ; 3° par un mouvement contre les Tuileries : celle-ci serait la plus fatale de toutes, et ne peut avoir lieu que par la désunion entre la garde nationale et la garde constitutionnelle. Si l'on ne s'applique pas à la prévenir par tous les moyens possibles, si les dernières paroles de Lafayette, en quittant Paris, n'ont pas été dans cet objet, on ne mesure pas l'importance des choses, et on donne plus d'attention à celles qui en ont peu qu'à celles qui sont décisives.

» L'ex-ministre de la justice a conservé la confiance du roi ; ne pourrait-il pas être gouverneur du prince royal ? Il faut être convaincu que ce gouverneur ne peut pas être un noble. M. Duport a la dignité, les qualités personnelles ; il a l'estime de toute la nation. Aucun acte du roi, dans aucun temps, n'aura donné autant de confiance en lui, d'autant mieux que, n'étant pas dans le sens du parti dominant, il paraîtrait parfaitement libre. C'est le seul moyen pour que le roi puisse, dans tel moment donné, parler indépendamment d'un ministère entièrement avili.

» Il n'est pas un homme auquel toute la partie saine de la nation soit plus attachée qu'à M. Duport. En lui donnant les premiers l'idée de cette retraite glorieuse vous l'attachez pour toujours à nous. — Songez-y très sérieusement ; ne rejetez pas le bien par la perspective du mieux. — Le roi, identifié avec le gouverneur de son fils, peut, dans un moment critique, devenir le centre de la confiance : il n'en aura jamais quand on ne lui croira que des conseillers aristocrates, suspects, ou seulement cachés. — Un tel choix donnerait une grande force à la partie très nombreuse de la nation qui ne demande qu'un motif de se fixer au roi. Ce choix ne pourrait pas avoir lieu sur-le-champ, mais dans peu. Il faudrait qu'en attendant, Duport pressât l'Assemblée sur l'accusation dirigée contre lui, et non encore décidée. — Il n'existe pas un plus puissant moyen d'encourager un parti de l'opposition, que de lui donner un centre, etc.

» Duport me demande un homme fort, etc. J'ai ici un homme très laborieux, très intelligent, très propre à des travaux d'assiduité et d'exactitude, tels que la logographie ; mais ce n'est pas un aventurier, et je ne puis pas l'envoyer à Paris, sans lui dire ce qu'il fera, ce qu'il aura. Il a ici une petite place qu'il ne peut pas quitter pour de vagues espérances. N'oubliez pas, je vous prie, de dire à Dumas que si un M. Barletti Saint-Paul, à qui j'ai donné une lettre, se présente à lui, il ne se livre point, et surtout ne lui parle pas du Logographe. C'est un aventurier fort bavard et qui prétend connaître beaucoup M. de Condorcet.

» Aujourd'hui que les Jacobins ont le ministère et par conséquent de l'argent, ils veulent supprimer le *Logographe*, pour le recommencer le lendemain à leurs frais ; et si on met dans ce journal, que Roland la Platrière est beau-frère de Brissot, cela ne manquera pas d'arriver. — Ces choses-là, dans la *Gazette universelle*, ont quatre ou cinq fois plus de lecteurs et aucun inconvénient. Au reste, si l'on veut rendre le *Logographe* plus indépendant, il faut faire toutes les perquisitions possibles pour trouver un véritable *tachygraphe*.

» Le *Logographe* pourrait gagner à peu près une colonne sur seize par des abréviations : *Ass.-Nat.-Dépt.-Min.-Const.*, etc. Par là il gagnerait de l'espace sans grossir les frais. — Sa réputation et ses colonnes, dans ce pays-ci, vont toujours croissant.

» Pour correspondre un peu plus librement, mais toujours prudemment, vous pourriez m'adresser vos lettres sous le couvert de M. Clappier, directeur du droit d'enregistrement, à Grenoble, et m'écrivant par cette voie, m'indiquer également une adresse sous laquelle je puisse à mon tour vous écrire, mais à l'adresse d'un homme un peu connu, car les lettres à des inconnus se perdent.

» Je réponds à une phrase de Duport sur les résolutions vigoureuses, qu'il ne faut point en attendre encore des esprits modérés ; que toute crise prématurée sera fatale ; qu'il y a une distance immense entre le moment où les bons esprits sont frappés, et celui où la foule l'est.

» Les factieux, ou plutôt les brigands qui ont aujourd'hui la puissance ne peuvent être détruits que par eux-mêmes. L'amnistie leur a fait un mal énorme. — La lettre de Léopold un très grand bien.

V.

A M. Alexandre Lameth.

Grenoble, 6 Avril 1792.

» En sentant toute l'utilité de ma retraite, et même en goûtant les douceurs de la liberté dont elle me fait jouir, je ne sens pas moins, mon cher Alexandre, combien il est pénible, dans des circonstances aussi critiques et aussi décisives que celles qui se présentent chaque jour, d'être éloigné de ses amis et de ne pouvoir concerter avec eux ses opinions et ses vues. J'y supplée, autant qu'il m'est possible, par mes lettres, mais je ne puis juger aux réponses que je reçois, si notre manière de voir est exactement la même.

» La situation des choses vient de prendre une nouvelle face. L'Assemblée constituante a voulu terminer la révolution, mais elle n'en a pas pris les moyens. Elle s'est séparée prématurément; elle a décrété la non-rééligibilité, de là, la révolution prolongée. Les émigrés ont espéré de ce changement imprudent, et se sont obstinés dans leur résistance. Les puissances ont voulu attendre l'évènement pour se prononcer à notre égard. La nouvelle assemblée inexperte, exaltée, incapable de calme et de politique, désireuse de s'illustrer en faisant du bruit, a fait tout ce qu'il fallait pour tout brouiller au-dehors et au-dedans. — La fin de la révolution, que l'Assemblée constituante s'était flattée d'avoir consommée, n'a été qu'un songe et s'est évanouie avec les fonctions de ceux qui seuls pouvaient l'opérer.

» Le ministère, qui était entré tout-à-fait dans le système de l'assemblée constituante, a voulu le maintenir, de là les deux *veto*, etc. Le ministère ayant un système tout opposé à la marche de l'Assemblée, a été renversé et remplacé par un autre entièrement dans le sens de la majorité.

» De là deux résultats : l'un, c'est que les deux pouvoirs sont maintenant occupés à prolonger l'état révolutionnaire.

» L'autre, c'est que ceux qu'on accusait de républicanisme aimeraient mieux s'emparer du pouvoir royal que de le détruire; ils sont turbulens et factieux comme moyen, et ne sont, quant au but, qu'ambitieux et avides.

» Si tel est l'état des choses, c'est d'après cet état qu'il faut raisonner et agir.

» On attendrait en vain pour fixer la révolu-

tion, un effort des gens de bien. Dans ce temps-
ci les gens de bien ne font point de crise. Il n'y a
de crise que par les finances, mais elle est loin encore et on la retardera en vendant les biens de
Malte, les forêts, les biens des émigrés ; ou par la
guerre, par un mouvement populaire contre les
Tuileries, cette dernière serait peut-être dans ses
effets la plus terrible de toutes.

» La guerre, qui, d'après la dernière dépêche de
Vienne et par la marche actuelle de notre diplomatie
acquiert de la probabilité, la guerre sera nécessairement désastreuse dans les commencemens,
de la part de troupes peu instruites, mal disci-
plinées et presque entièrement privées de bons
officiers. Son issue n'est pas également certaine.

» Il pourra venir un moment d'abattement où
on demanderait la paix, où, le roi se trouvant mé-
diateur, pourrait faire accepter à tous les partis un
traité où il retrouverait une partie de sa puissance
et rendrait à l'aristocratie quelques débris de ce
qu'elle a perdue.

» S'il prenait ce parti, le résultat en serait
éphémère, il resterait dans la nation le germe
puissant d'une révolution nouvelle ; une multitude
d'hommes formés pendant la révolution et pendant la guerre, en seraient les chefs. Les débris
des armées, de 'oisiveté, de la misère, en seraient

les premiers instrumens, et la nation presque toute entière, s'y porterait quand on offrirait aux campagnes le reste des droits féodaux, et qu'on les inviterait à refuser l'impôt, soutien nécessaire du nouveau gouvernement, et qu'une administration, à peine établie, ne saurait percevoir avec vigueur. Le roi serait détrôné, la noblesse exterminée, la France couverte de sang. Voilà l'effet, à mes yeux, presque inévitable de cette première supposition.

» Si, au contraire, le roi s'attachait invariablement au maintien de la constitution et à la partie de la nation qui la défendrait; s'il manifestait ses intentions à cet égard, avec force et persévérance, l'issue infaillible de la guerre serait l'expulsion des ennemis. Le roi se serait pleinement réconcilié avec la nation, ce qui est loin d'être entièrement opéré. On serait obligé, pendant la guerre, de donner de la vigueur au gouvernement, et on continuerait de le faire lorsqu'il s'agirait de réparer, par une bonne administration, les pertes qu'elle aurait occasionnées. Les hommes se seraient triés, les fripons et les incapables auraient été démasqués, la nation aurait acquis un caractère plus mûr et plus sérieux. Ceux qui, dans les dangers publics, auraient acquis l'estime et la confiance parviendraient, en peu de temps, à faire adopter les réformes nécessaires;

en un mot, la guerre hâterait, par les évènemens et les malheurs, les fruits de l'expérience.

» Ne pouvant point influer sur ce que la guerre ait lieu ou non, il importe peut-être moins d'examiner si elle est à désirer ou à craindre, que le parti qu'on pourrait en tirer et la conduite qu'il faudrait tenir si elle était engagée. Si nous avons la guerre, il me semble que la meilleure combinaison, c'est que les brigands nous l'aient attirée et que nous soyons sauvés par les hommes de bien, et, heureusement, cette combinaison est aussi la plus vraisemblable. Il importe donc extrêmement que vous et tous nos amis vous acquerriez tous les moyens d'avoir des succès, je ne dis pas au commencement, je les tiens alors comme impossibles, mais à la fin de la guerre. Demeurez parmi les troupes autant qu'il vous sera possible, obtenez leur confiance, car, dans les guerres d'enthousiasme et d'opinion, c'est la confiance qui fait le général. Sacrifiez tout au rétablissement de votre santé et au maintien de vos forces physiques. Soignez les volontaires autant que les troupes de ligne. Auprès des militaires, je vous invite à peu nuancer vos opinions politiques, car rien de pis que de les diviser en sectes. La liberté, la constitution, la loi, voilà tout leur catéchisme. Il n'y a pas d'autre discussion à établir avec eux. Les Jacobins vous susciteront toutes les difficultés imaginables, mais je pense que vous les surmonterez, surtout étant dans votre département. Et si la guerre a lieu, l'autorité des clubs ne résistera pas à celle des hommes qui deviendront nécessaires. Si vous vous trouviez dans la partie de l'armée qui agirait la première, je désirerais que vous vous distingassiez par l'activité et l'exécution, mais que vous ne prissiez pas part aux conseils; car il est presque impossible que les commencemens ne soient pas désastreux, et on ne demanderait pas mieux de vous les imputer.

» J'ai revu notre général, je n'en ai pas été mécontent; il a absolument dissimulé votre démarche à son égard et m'a fait des ouvertures de cordialité. Je pense qu'il a examiné, sous toutes ses faces, l'immense importance que peut acquérir son commandement. Il m'importerait beaucoup de savoir précisément ce que c'est que Poncet, que je ne connais, comme vous savez, que très superficiellement, et qui est ici à la tête de l'état-major, le degré de sûreté de son caractère, ses principes, ses vues, sa capacité en affaires, etc. Il est, suivant ce que je me rappelle, fort lié avec Dumas et vous; il m'a témoigné beaucoup d'empressement, et il importe que je sache le degré de confiance qu'il mérite à tous égards. Vous pouvez m'écrire ces particularités, ou sous l'enveloppe de M. Clappier, directeur du droit d'enregistrement à Grenoble, ou sous celle de M. de Latune, négociant à Crest, département de la Drôme, où je vais passer quelques jours.

» J'ai mis, il y a trois semaines, à l'adresse de Dumas, que j'ai jugé devoir plus qu'un autre recevoir des lettres de ce te armée, un paquet où étaient deux notes assez étendues, sur la situation présente des affaires ; n'ayant vu aucun indice qu'elles fussent parvenues, cela m'a empêché d'en envoyer d'autres. S'il ne les a pas reçues, il en résulte la preuve qu'on ouvre les lettres et qu'on a gardé ce paquet, imaginant bien qu'il ne serait pas redemandé. Au surplus, le comité de surveillance lui-même n'en saurait extraire aucun indice de conspiration.

» Il me paraît clair, quelle qu'en soit la cause, que toutes les lettres n'arrivent pas. J'ai écrit, il y a fort long-temps, à La Borde et à madame d'Escars, et n'en ai pas eu de réponse. A peu près dans le même temps, je vous adressai une lettre qui en contenait une pour mademoiselle de La Châtre. Point de réponse non plus.

» La dissolution de la garde du roi est sans doute un mal. Mais il est moins grand que celui que, selon moi, il rend moins vraisemblable : une répétition du 6 octobre. — Dans des temps comme ceux-ci, je pense que la garde nationale seule promet une plus grande sûreté, et dans l'idée où je suis, que cette considération fait disparaître toutes les autres, je crois qu'il est à désirer que cette garde ne soit recréée que lorsque l'opinion publique l'aura vivement sollicitée.

» De tous les excès de la faction, ceux qui ne présentent pas un danger matériel et prochain pour la chose publique, sont presque le seul remède que notre situation présente nous laisse. Je considère le rassemblement de 20,000 hommes auprès de Paris, comme une très funeste mesure. Mais la fête de Château-Vieux, l'amnistie d'Avignon, et dans ma manière de voir, le licenciement de la garde, sont des choses pour lesquelles la faction use ses forces et prépare sa chute, sans que le mal qui peut en résulter égale celui qu'elle se fait à elle-même. Il est vrai cependant que cette dernière mesure porte un caractère plus audacieux, moins abject et par conséquent plus dangereux que les autres.

» Je suis fort aise que tout ce qui tient ou prétend tenir à Lafayette se réunisse autant que possible. Il faut absolument se maintenir avec lui, mais pour cela même il faut une existence indépendante de lui. On ne peut plus l'avoir dans l'Assemblée, il faut donc qu'il soit dans l'armée.— Je pense que Dumas et vous devez vous considérer principalement comme militaires, et vous attacher à tout ce qui peut attirer sur vous la confiance et l'affection des troupes. — J'ai écrit à Lafayette il y a plus d'un mois, et n'en ai pas de réponse, mais dans la situation où il se trouve, j'en suis peu surpris. »

VI.

A M. Théodore Lameth.

Grenoble, avril 1792.

« J'ai appris, par votre lettre du 9, mon cher Théodore, plusieurs choses qui m'ont fait plaisir. J'ai surtout été fort aise que les craintes que j'avais conçues, d'après la lettre relative aux nouvelles nominations, se soient trouvées fausses. Ce que vous me dites de Clavière est excellent. Le pas forcer à être des scélérats des hommes qui ne demandent pas mieux de n'être que des fripons, voilà tout le secret de ce moment-ci. L'évêque d'Autun me paraît fort lié avec tous ces gens-là. Qu'ils formassent entre eux un parti assez fort pour faire aller le gouvernement, je ne demanderais pas mieux. Je ne les crains que lorsqu'ils sont contre, et ils ne seront jamais contre quand ils se flatteront de le tenir pour quelque temps.

La situation où se trouve Clavière est excellente, celle de Dumouriez détestable.

» Si je les vois avec plaisir chargés de l'administration, il n'en serait pas de même des armées. J'ai frémi de l'idée que M. de Biron remplaçât le maréchal Rochambeau. Je ne concevrais pas un plus fâcheux évènement. M. de Biron a toutes les raisons possibles de tenter les grandes aventures et tous les dehors avec lesquels on s'attache une armée.

» J'imagine que tout ce qui se passe doit bien fixer Lafayette dans le parti de la raison. Au demeurant, il me semble médiocrement entouré. Avez-vous des raisons solides de vous en louer? Il vaudrait mieux être politiquement lié avec lui que de ne l'être pas du tout ; mais je préférerais une véritable inimitié ; cultivez-vous ceux de ses amis qui sont à Paris ? Je vais lui écrire une grande lettre et sur un ton qui lui inspirera de la confiance, chose qu'on travaille beaucoup, je pense, à nous enlever dans son esprit.

» Alexandre m'a écrit d'Amiens des détails sur la dernière crise. J'aime beaucoup mieux la manière dont les choses se sont passées que si Dumourriez n'eût pas été nommé. On ne peut trop se dire qu'en ce moment les chocs violens sont ce qu'il y a de plus dangereux. A quelques partis extrêmes que les scélérats se fussent portés, ils auraient eu pour eux, dans le premier moment, toute la partie active de la nation. Alexandre me parle d'une liaison intime avec Chapp, Cast, l'abbé E. Cela ne doit pas aller à un certain point. En saine politique, comme pour son bonheur, il faut estimer les gens pour se les associer. Nous avons la réputation d'être fort ambitieux. Bien des gens, à force d'entendre la calomnie, se méfient de nos vues et de nos projets. Mais tel qui nous croirait capables d'une conjuration ne nous soupçonnerait pas d'une filouterie, et il s'en faut bien qu'il en soit de même du seul de ces trois hommes-là qui soit connu. Je regarde Daverhoult comme l'homme de votre Assemblée qu'il serait le plus à désirer d'acquérir. Dites-moi si ses préventions à notre égard sont trop violentes pour que je puisse lui écrire sur quelque matière à l'ordre du jour.

» Ma note pour les colonies a fait ici un excellent effet, et je ne pense pas qu'elle ait pu me nuire nulle part. Je ne suis pas fâché que Saint-Jean d'Angély l'ait exilée de son supplément, tant les bavardages dont il le remplit le rendent plat depuis quelque temps. Je serais disposé à écrire une brochure de 60 à 70 pages, sur les colonies, qui serait beaucoup plus forte que tout ce que j'ai dit jusqu'à présent sur cette question et qui prouverait avec évidence qu'au point où nous sommes arrivés, les colonies sont perdues pour la France, si l'on n'y supprime tout ou presque tout régime représentatif. Le moment n'est éloigné que de quelques mois où cette opinion sera assez vérifiée par les évènemens pour qu'il n'y ait aucun inconvénient à la publier. Marquez-moi ce que vous pensez de ce projet.

» Je vais écrire à Madame de Broglie sans lui parler de Narbonne, que je regarde cependant comme le premier homme qui ait su parler, et faire travailler un parti dans l'Assemblée, c'est-à-dire tracer le chemin aux ministres du nouveau régime. Je ne sais si vous avez reçu, il y a assez longtemps, une lettre qui en renfermait une pour Madame La Châtre. J'ai écrit aussi, il y a plus de six semaines, à La Borde et à Madame d'Escars, sans que je sache si mes lettres sont parvenues.

» Je n'ai pas distribué ici le petit écrit de Dumas sur M. Comtois, etc. Cela pourrait être utile où vous êtes, mais plutôt nuisible ici, où l'on n'avait mis aucune importance à cette calomnie. J'aimerais même mieux qu'il s'en fût tenu au désaveu de Feydel qui suffisait au moins pour détruire une histoire de Carra, journaliste, qui n'obtient, même parmi les plus ignorans, aucune espèce de confiance. Le meilleur parti est de ne pas faire traîner l'attention sur ces infamies qui ne finissent par être remarquées qu'à force de répétitions.

» A l'exception de cinq ou six écervelés, l'opinion était ici contre l'admission des soldats de Châteauvieux, de manière que l'appel nominal n'a pas beaucoup aristocratisé nos députés.

» Votre Assemblée ne gagne pas, on ne la soutient que par politique. Les têtes se sont très refroidies pour la guerre ; aujourd'hui qu'elle est devenue assez probable, on est presque généralement contre. Au moment où on la saurait décidée, il y aurait du saisissement ; mais le courage est au fond et se soutiendra, surtout dans les campagnes.

» L'heure du courrier étant passée, je reprends la plume. — Je suis étonné que Brissot n'ait pas dit un mot sur ma réponse à M. Guadet. Je suis fort aise de ce silence, mais je ne puis l'expliquer que par quelque projet trouvé contre nous, ou dans un meilleur sens, par les avis de (nom raturé), qui pourrait bien avoir désapprouvé la violente sortie du Bordelais. Je m'attache à cette dernière idée, ne croyant pas que (nom raturé) ait gardé aucune aigreur et aucune antipathie contre moi. Si cela est ainsi, c'est un point de contact qui pourra quelque jour être utile, mais il n'empêche pas qu'il ne fût bon de s'en ménager quelqu'autre. Je suis très fâché à présent que le projet que La Borde avait eu d'avoir avec Clavière quelques conversations sur les finances, ne se soit pas exécuté, non que je sois d'avis qu'il faille prendre la plus légère part à la conduite du gouvernement ; il faut seulement avoir quelques moyens de savoir ce que ces gens-là pensent et de leur faire comprendre qu'on n'est pas disposé à faire périr la chose publique par aversion pour eux, mais aussi, que si on est disposé à leur laisser faire le bien, on l'est également à les contrarier dans tout projet de faction et de révolution.

» Je répète cela jusqu'à la satiété ; mais si la guerre ne vient déranger toutes les combinaisons, le salut de l'État serait qu'ils formassent entre eux un parti assez fort pour donner au gouvernement un peu d'action, tandis que l'opposition serait formée d'un élément plus pur. L'anarchie que les uns repoussaient par intérêt et les autres par principe pourrait se trouver étouffée entre ces deux partis, et l'esprit du nouveau gouvernement commencerait à se développer. Une division assez forte se manifeste dans les Jacobins. Mais pour qu'ils osassent la trancher, il faudrait qu'ils se crussent solidement établis du côté du gouvernement. Pour que la constitution s'établisse, il faudrait que toute cette corruption, qui n'est pas sans capacité, se reposât dans l'or et les places, et que les véritables anarchistes fussent étouffés. »

ESPRIT DES ÉDITS [1],

ENREGISTRÉS MILITAIREMENT

Au parlement de Grenoble, le 10 Mai 1788.

L'appareil sous lequel on a présenté les nouveaux édits était lui seul un titre de réprobation et un grand crime envers une nation libre.

Mais le despotisme, qui a présidé à leur introduction, en avait déjà tissu tout le système.

Les auteurs de ces entreprises coupables sont les ennemis du prince et du peuple; ils trahissent leur roi, en s'efforçant de dégrader une nation, dont l'amour et la prospérité font la puissance et la gloire.

Ils ont osé se jouer de sa dignité, jusqu'à prodiguer, en son nom, des subtilités insidieuses, des caresses perfides, des ironies cruelles, jusqu'à lui prêter un langage que la fierté des tyrans même n'avouerait pas.

[1] Cet écrit étant devenu très rare, et ayant eu une grande influence sur les évènemens de l'époque, nous avons cru devoir le reproduire ici.

Envers la nation, le terme de leurs vues est d'asservir les personnes et d'envahir les propriétés.

Le tiers-état et la magistrature, qui délivrèrent autrefois la puissance royale des chaînes de l'aristocratie, étaient, depuis les funestes travaux de Richelieu, les seuls antagonistes d'un pouvoir qu'ils avaient créé, et qui les nomma bientôt ses premières victimes.

L'ordre le plus nombreux de l'état, chargé de tout le poids du despotisme, sans recueillir aucun de ses fruits, devait être redouté par son humiliation même. Dans un moment où l'on donne des fers à une grande nation par des opérations brusques et violentes, il a fallu commencer par enchaîner sa docilité, et l'on a pratiqué envers lui un système de séduction qui consiste à lui promettre une répartition des charges, désormais égale, entre tous les ordres de l'état.

Les priviléges des premiers ordres, a dit l'artificieux auteur de tous les plans qu'on suit aujourd'hui, ne doivent être que des honneurs; et dès ce moment, en effet, le tiers-état a été accablé de nouvelles humiliations; mais, loin d'effectuer aucune des promesses qui devaient adoucir le poids de ses contributions, on a continué d'imposer sur lui, à la décharge même des deux autres ordres.

La magistrature, appuyée de la confiance du peuple, organe et dépositaire des lois du royaume, exerçant une partie importante de la puissance publique, et, depuis long-temps, seule en possession d'exprimer les vœux de la nation, opposait encore une digue puissante; elle avait surtout redoublé de zèle et de courage en ces momens de crise; elle avait abandonné ses longues prétentions pour réclamer les droits antiques et la liberté du peuple; il a fallu commencer par l'anéantir.

C'est ce dernier projet qui a dirigé les nouvelles lois, lois si profondément désastreuses, que leur moindre vice est d'attenter à la propriété d'une multitude de citoyens, et de laisser vingt-six millions d'hommes sans administration de justice.

Quand un peuple est trompé par ceux qui le gouvernent, les citoyens se doivent entre eux de mettre en commun leurs pensées, afin de s'éclairer réciproquement, et d'opposer à des maux communs une défense uniforme et combinée.

J'entreprends de tracer sur toutes ces lois des aperçus généraux; j'exposerai avec plus d'étendue ce qui est relatif à tout l'état, que ce qui ne concerne que ma province; car je regarde comme un grand mal les préjugés qui nous divisent, et je crois que la patrie d'un Français doit être dans toute la France.

Si mon sentiment s'exhale quelquefois avec chaleur, il ne faut pas y chercher pour cela l'esprit de parti; étranger à tous les corps qu'on veut opprimer, je n'ai de prévention que pour ma patrie, je n'ai d'intérêt aux affaires présentes que comme citoyen ; c'est en cette seule qualité qu'on pourra m'accuser d'enthousiasme ; et je déclare que je n'épargnerai pas même la vérité à ceux qui défendent le parti de la chose publique avec un courage digne de respect.

Assemblée provinciale.

Cette institution, utile sous les auspices et l'autorité des états-généraux, rectifiée dans sa forme, et revêtue du nom constitutionnel et révéré d'Etats-Provinciaux, ne peut être qu'à charge et dangereuse sous le régime actuel.

Je la considèrerai dans son état présent et dans son état à venir.

Dans son état présent, elle n'offre pas des avantages proportionnés aux frais effectifs qu'elle nécessite.

Son utilité, relativement aux travaux publics, me paraît la seule incontestable.

Quant à la répartition des subsides, ceux sur les terres ne peuvent être répartis que sur des cadastres, dont la rectification si désirée est indépendante de l'établissement d'une administration provinciale.

L'impôt personnel doit être réparti entre les communautés, d'après une base fixe, dont la rectification est également indépendante des assemblées provinciales.

La répartition du même impôt entre les particuliers, est mieux faite par les municipalités, où les intérêts contraires sont débattus, qu'elle ne saurait l'être dans une assemblée où chaque membre, seul instruit sur le canton et sur la communauté qu'il habite, imposerait arbitrairement ses concitoyens.

La répartition des faveurs et des grâces serait sans doute encore plus partiale de la part des cinquante-six propriétaires d'immeubles attachés à autant de familles et de communautés. Il est bien difficile de penser qu'un commissaire départi, étranger à la province, chef unique, et sur qui tombe tout le danger du blâme et tout le prix de l'éloge, fasse autant de faveurs injustes qu'on en devrait attendre de ces personnes intéressées chacune pour elles et les leurs, faiblement retenues par la petite portion de censure publique qui frapperait chaque individu, et que leur nombre mettrait à l'abri de tout danger de la part des particuliers et des tribunaux.

Telles sont, il me semble, les principales parties de l'administration qui leur est confiée : je ne conteste pas qu'elle ne produisît encore des fruits heureux, sous l'influence de la liberté ; mais, sérieusement, quel avantage en pouvons-nous attendre sous le régime actuel ?

Et comparez ces avantages à une somme de 300,000 livres, annuellement déboursée par les citoyens, en adoptant les calculs les plus modérés, et à la perte des travaux utiles auxquels se seraient livrées les personnes, plus ou moins capables et laborieuses, qui doivent concourir à ses opérations.

Et cependant, j'ai supposé cette assemblée dans la composition la plus parfaite, et je ne me suis point attaché à la multitude d'abus de détail, qui ont été suffisamment relevés dans les diverses représentations du parlement.

Passons à l'avenir.

Il n'est point de corps politique qui ne tende à s'agrandir. Les assemblées provinciales, quoi qu'on en dise, ne sauraient le faire aux dépens du gouvernement, maître, à tout moment, de les détruire ; c'est donc aux dépens du peuple et des parlemens qu'il faudra qu'elles l'entreprennent ; car je les considère, en ce moment, indépendamment de la fondation si peu durable de la cour plénière, et de la promesse illusoire des états-généraux.

Une sorte de sanction libre est indispensable aux lois d'impôt, celles qui excitent le plus facilement la méfiance du peuple, et dont l'exécution, par sa promptitude et son étendue, est toujours la plus difficile.

Les parlemens, fondés sur l'ancien usage et les assemblées, comme représentans prétendus de la nation, peuvent s'attribuer en rivalité le privilége de les accorder.

Cette prérogative, la plus importante de toutes, sera aussi entre eux le sujet des plus violentes animosités; et l'effet que les ministres en ont attendu est une émulation de complaisance envers le gouvernement, dont la puissance prépondérante peut seule prononcer sur leurs prétentions.

Sans doute il se plairait long-temps à les laisser indécises; mais s'il s'expliquait enfin pour l'un ou pour l'autre, ce serait infailliblement en faveur de l'assemblée provinciale, faible, dépendante, et peut-être mieux venue du peuple, s'il arrive qu'on la rende jamais élective; elle remplira parfaitement l'objet du génie fiscal, celui de dépouiller sans bruit et sans résistance.

Et où en sera la défense du peuple, entre des mains si débiles? Pense-t-on que la pluralité d'une assemblée à qui l'on dira sans cesse: admettez l'impôt, ou n'existez plus, prendra facilement le dernier parti: dépourvue de toute base pour résister, n'ayant ni existence constitutionnelle, ni nécessité de fonctions, ni exercice de pouvoir légal, la plus forte résistance qu'elle pourra faire sera de se démettre, et le commissaire départi la remplacera.

Mais plus souvent peut-être il arrivera que la partie saine sera la plus faible ; que la pluralité, et surtout l'activité supérieure des passions personnelles, mettra toute la puissance entre les mains des ambitieux, qui achèteront du gouvernement, au prix de la substance de leurs compatriotes, le droit de les opprimer à leur tour.

Aucun des partisans de l'assemblée provinciale (1) n'a jamais nié que la tendance de ces corps ne soit de s'approprier, avec le temps, la législation de l'impôt : et quand on leur objecte le défaut de force pour résister, ils ne savent parler que de la confiance du peuple, et de l'insurrection.

Sans doute que l'insurrection est la ressource commune à tous les peuples opprimés ; mais elle est la dernière et la pire de toutes : le mérite d'une constitution n'est pas de s'appuyer sur l'insurrection, mais d'assurer et de perpétuer la liberté, sans ce terrible secours, et si le zèle et la fermeté que nous promettent les administrateurs, ne doivent en dernière raison nous mener qu'aux armes, je ne crois pas que ce soit ni le vœu du gouvernement ni celui du peuple.

(1) Dans ce nombre ne sont pas la plupart des membres de celle du Dauphiné.

Je dirai bientôt que c'est aux états-généraux seuls qu'appartient le droit d'octroyer l'impôt; je dirai, qu'en leur absence, il n'appartient qu'aux parlemens d'opposer une résistance efficace : ajoutons, pour terminer ce qui est relatif aux assemblées provinciales;

Que, dans un état où il y a une puissance dominante, les grandes innovations seront toujours dangereuses, parce qu'elles tendent, par une pente nécessaire, à l'agrandissement de cette puissance;

Que sous un gouvernement despotique, il ne faut pas raisonner les établissemens comme sous un gouvernement libre; parce que, dans celui-ci, l'esprit public existe, et il peut agir; dans celui-là, il n'existe point, et s'il existait, il serait encore enchaîné; de manière qu'au lieu du bien que l'état libre pourrait espérer de ces nouveaux administrateurs, le peuple esclave n'y trouvera jamais que de nouveaux gages à payer, et de nouveaux maîtres à souffrir;

Que, chez un tel peuple, les sources du bien sont si généralement corrompues, que l'égalité de répartition même y devient un mal : car, si rien n'arrête l'impôt, elle ne procure bientôt que la facilité d'en asseoir une plus grande masse;

Que les parlemens, trompés par le zèle et la crainte d'être accusés de sacrifier le bien du peuple à leurs intérêts, ont mal fait de laisser agiter cette question d'assemblée provinciale, parce qu'elle a formé dans la nation un nouveau parti, et risqué d'affaiblir sa résistance; et parce qu'il n'était qu'un mot, en renvoyant cette discussion aux états-généraux, dont les états-provinciaux sont une conséquence naturelle.

Quant à la résistance que le parlement de Dauphiné a opposée à l'exécution du règlement non enregistré, il est évident que, si le principe de l'enregistrement n'est pas une chimère, il est absurde de prétendre à n'y assujettir qu'une moitié de la loi.

Prorogation

du deuxième vingtième, et extension.

Il serait inutile de rien ajouter sur cette loi aux représentations de plusieurs cours; mais il ne l'est peut-être pas de détruire les préventions qu'elle donne à quelques citoyens aveuglés.

Effrayés des évènemens qui semblent se préparer, adoucis par le nom déjà connu d'un ancien impôt, il paraissent voter pour ce sacrifice, et croient pouvoir, en l'accordant, se racheter de tous les autres maux.

C'est le fol espoir qui a déjà égaré le zèle de quelques parlemens.

Mais, qu'importe qu'on ne vous demande que le deuxième vingtième, si le déficit arrive à près de deux cent millions, si toutes les économies sont des chimères, si ces réformes vantées ne sont que des tyrannies infructueuses, si le vide s'accroît chaque jour par les emprunts, les arrérages de dépense, les anticipations de recette! Ne faudra-t-il pas toujours combler cet abyme ? Si le vingtième en rigueur suffit, il vous coûtera donc deux cent millions; s'il ne suffit point, n'est-il pas évidemment indispensable que d'autres impôts suppléent? et ne viendra-t-on pas tôt ou tard vous en accabler ?

Croyez que les faiblesses déjà commises à cet égard, sont la vraie origine du coup qu'on frappe aujourd'hui ; croyez que toute faiblesse nouvelle en autorisera de plus grandes ; avec une telle méthode, le peuple sera toujours tourmenté, les affaires toujours bouleversées, les créanciers de l'état toujours en échec, le roi toujours malheureux ; les états-généraux sont le seul remède, tout autre n'est qu'un palliatif qui approfondit le mal en le voilant. Le seul moyen de diminuer les impôts, est dans l'ordre réel des finances, et les états-généraux peuvent seuls l'amener. Le seul moyen de les rendre profitables, est dans une application juste et patriotique, et les états-généraux peuvent seuls l'amener. Enfin, le seul moyen d'en effectuer la rentrée, est dans la confiance générale, et les états-généraux peuvent seuls l'amener.

Pense-t-on que ce soit en laissant ravir ce qu'eux seuls ont droit d'accorder, qu'on obligera leur convocation ? Si les ministres étaient de bonne foi, demanderaient-ils à la nation des subsides qu'elle ne doit pas, en lui refusant obstinément la constitution qui lui appartient ? Retarderaient-ils un remède urgent et salutaire, pour employer des moyens violens et destructeurs, qui ne peuvent pas même réussir? Ils bouleversent l'ordre social, ils interrompent les canaux même de leurs revenus, ils désolent le prince et la nation, plutôt que d'entreprendre un acte de justice; et vous espéreriez qu'ils y viennent jamais sans être forcés, et vous vous flatteriez de les ramener par des complaisances qui les encouragent!

Le roi désire les états-généraux, tous les ordres de la nation les demandent, la chose publique ne peut s'en passer; et les ministres trompent le prince et le peuple, et perdent la chose publique, en articulant de vaines promesses! Croyez qu'ils n'ont engagé la parole du roi que dans l'espoir qu'une longue suite d'extorsions ayant rempli les vides du trésor, les états-généraux inutiles, seraient convoqués pour être *honnis*, et pour voir à jamais décréditer jusqu'au nom d'une institution qui fait tout l'espoir et toute la dignité du peuple français. Croyez que tant que les états-généraux pourront être utiles, ils ne les convoqueront que par nécessité; la force les y conduira; et cette force, vous ne devez l'exercer qu'en refusant, sans exception, l'établissement des nouveaux subsides.

Conversion

de la corvée en une prestation en argent.

Des abus de cette loi, relevés par le parlement de Grenoble, le plus insoutenable est de faire supporter aux seuls roturiers les frais des travaux des chemins, tandis que le droit naturel, la loi romaine qui régit cette province, et une transaction précise, obligent les trois ordres à les supporter en commun ; la noblesse et le clergé s'indignent eux-mêmes de cette injustice ; et le gouvernement qui s'y obstine, continue cependant à affirmer, sur les erremens du sieur de Calonne, que le plan qu'il a adopté pour augmenter les revenus, sans écraser le peuple, est d'égaliser les contributions entre tous les ordres.

Rachat des Offices Municipaux.

Un arrêt du conseil, du 20 août 1751, força les communautés du Dauphiné à l'achat des offices municipaux, dont les particuliers ne voulaient point. La finance totale en fut liquidée à 530,000 liv., et cette somme fut imposée à la suite du brevet de la taille, pour être acquittée en un certain nombre d'année. La province a déjà payé plus de 2,900,000 liv., c'est-à-dire plus de cinq fois la totalité de cette prétendue dette, et les nouvelles lettres-patentes la condamnent à payer encore, sur le fondement que ces extorsions tournent au profit du royaume ; elle est la plus pauvre des provinces. Ainsi, chez quelques peuples sauvages, le sexe faible laboure les champs, par la raison même qu'il est le moins fort.

Procédure criminelle.

Si l'on cherche dans cette loi futile une disposition importante, elle est dans l'art. 5.

Aucun jugement portant peine de mort, ne peut désormais être exécuté qu'un mois après qu'il aura été prononcé aux coupables.

Ainsi l'homme accrédité, dont l'intrigue aura échoué auprès des tribunaux, se mettra sous la protection d'une administration despotique, également disposée à favoriser l'homme puissant qu'elle associe à son parti, à soutenir aveuglément les exécuteurs de ses ordres, à ravir aux tribunaux l'influence qu'ils pourraient s'attribuer par les plus importantes de leurs fonctions.

Ainsi les gibets ne présenteront plus que l'homme affamé, qui osa réclamer, à main armée, les antiques droits de la nature ; l'aristocrate insolent pourra se jouer de toutes les lois, et frapper impunément sur la tête de l'homme libre ; on verra renaître ces mœurs des peuples barbares, où le citoyen rachetait ses crimes pour une somme d'or, et l'esclave seul les payait de sa vie.

Ne doutez pas qu'à l'abri d'une telle impunité,

sous les lois d'un despotisme universel, il ne s'élève bientôt une race d'hommes prêts à commettre tous ces attentats, qui blessent encore plus la dignité que la fortune et la vie. Gardez-vous à l'avenir de regarder fixément un homme puissant ; gardez-vous de laisser passer devant lui votre femme ou votre fille ; vous n'êtes plus à ses yeux que les jouets de son orgueil ou les instrumens de ses plaisirs ; et ce qu'il appelle son honneur, lui fera bientôt une loi de se jouer du vôtre.

Une seule exception est apposée à la surséance d'un mois, et c'est pour les cas d'émeutes populaires, c'est-à-dire, pour les cas où l'on punit presque toujours des malheureux vexés, sans examen et sans raison.

Eh ! qui pourrait se méprendre à l'esprit de cette loi, quand on trouve, dans l'art. 2, que les accusés paraîtront à l'avenir devant leurs juges, revêtus des marques de leur dignité ; comme si l'on craignait que les juges pussent quelquefois prononcer sans acception de personnes ; comme si c'était, quand il s'agit d'être innocent ou coupable, qu'on doit se parer de vaines distinctions ; comme si l'innocent accusé pouvait avoir un autre langage que de s'écrier : « Je suis homme, et je n'ai pas mérité de perdre les droits d'un homme ! »

Enfin les mêmes tribunaux ne décideront plus de l'honneur et de la vie de tous les citoyens. Celui qui ne sera ni noble, ni privilégié, sera, comme l'étaient ci-devant les vagabonds, livré au glaive des tribunaux subalternes ; et ces juges, qui ne pourront décider des propriétés au-dessus de 20,000 livres, auront le droit de le faire mourir.

Et c'est-là cette loi dont le préambule invoque fastueusement la justice et l'amour des hommes? O vous, qui vous jouez ainsi de tout ce qu'il y a de plus sacré, il ne vous appartient pas d'aimer les hommes; commencez par les respecter!

Suppression de Tribunaux,

Réductions d'offices, administration de la justice, rétablissement de la Cour Plénière, vacances.

L'esprit d'innovations, toujours funeste quand il est despotique et précipité, le mépris des propriétés et de l'existence des citoyens, l'intention de composer, par des moyens tyranniques, les nouveaux tribunaux créés : tels sont les seuls caractères qu'on puisse reconnaître dans les édits de suppression.

L'anéantissement des justices patrimoniales est prononcé sous une forme ironique et insultante, indigne de la franchise d'un grand roi.

C'est une contradiction injuste de supprimer, de fait, les fonctions des juges des seigneurs, en les obligeant pourtant d'en avoir; puisque, s'ils n'informent et ne décrètent avant les juges royaux, ceux-ci doivent le faire aux frais des seigneurs.

On va voir que par le régime qui la remplace, cette suppression ne sera pas moins funeste aux justiciables.

Toutes les causes, dont le fonds en capital n'excède pas 4,000 livres, seront jugées, en dernier ressort, par un seul degré de juridiction.

Les présidiaux, chargés de toute l'instruction des affaires de leur ressort, ne pourront leur donner qu'une attention rapide et imparfaite : au sein de l'ignorance et des passions personnelles qui fermentent dans les petites villes, faibles en proportion de la modicité de leur fortune, d'autant plus disposés à abuser du despotisme qu'on leur abandonne, qu'ils se sentiront plus petits et seront moins considérés, quels sont les excès qu'on ne doit pas en craindre? quelle sera la mesure de leur salaire? la règle de leurs décisions? chacun d'eux s'érigeant en législateur, ne fera-t-il pas une jurisprudence particulière? Haïs, mais redoutés dans leurs petits ressorts, n'exerceront-ils pas impunément tous les raffinemens d'une tyrannie immédiate? Tout roulera sur eux, la fortune totale du plus grand nombre des citoyens, et la plupart des procès des riches : il ne restera de ressources contre l'oppression que dans des recours au conseil, toujours impossibles aux pauvres, dont les faux frais excèderont souvent le fond des procès, et dont le succès même, pour peu que ces petits tyrans veuillent s'assujettir aux formes, ne saurait être que très rare, s'il n'est irrégulier et illégal.

Si ces tribunaux sont nombreux, leur entretien ruinera le peuple; s'ils sont rares, la multiplicité des affaires dont ils seront chargés augmentera les abus des jugemens.

La plupart de ces abus règneront dans les grands bailliages, avec tous ceux qui résulteront de l'attribution de juger au criminel en dernier ressort.

Les parlemens ne seront plus qu'un corps inutile : réduits à un petit nombre d'affaires, ils perdront les lumières, l'activité, la considération qui en est la suite.

Toutes les lumières des jurisconsultes étaient concentrées autour d'eux : les jeunes magistrats, que les suites de la révolution de 1771 avaient amenés en trop grand nombre pour remplir toutes les vacances survenues pendant le tribunal intermédiaire, commençaient à recueillir les fruits de l'expérience : l'ancien barreau se dissipera; des hommes nouveaux et repoussés par l'opinion occuperont toutes les magistratures; et le germe des connaissances se perdra avec les exemples des anciennes vertus.

La justice ne sera plus administrée par ces tribunaux majestueux, revêtus de la confiance de la nation, objet de l'admiration des étrangers : ces corps, élevés au-dessus des considérations viles, par la gloire de leur origine, la grandeur de leurs prérogatives, et par leurs prétentions et leur orgueil même, laisseront, en disparaissant, la justice sans chefs ; l'ordre, la discipline et l'unité des décisions seront remplacés par tous les caprices des nouveaux corps, indépendans les uns des autres, et dangereux en proportion de leur ignorance et de leur obscurité.

Le droit d'enregistrer les lois particulières aux provinces, et celui de remontrer, qu'on laisse aux nouveaux parlemens, et qu'on attribue aux bailliages, ne sont que des illusions puériles; prétentions confiées à des corps sans force, incessamment éludées, et qui laisseraient les provinces sans secours, à la merci de la cour plénière.

Examinons, à son tour, l'esprit de cette institution nouvelle.

A l'ouverture de l'édit, la première remarque qui s'offre est la misérable ruse employée par ce mot : *rétablissement*. A-t-on pu compter jusqu'à ce point sur l'ignorance de tout un peuple ?

Sous la constitution primitive, qui florissait sous Charles-le-Grand, on ne connaissait que deux assemblées : celle de toute la nation, qui se tenait une fois l'année, et celle intermédiaire des principaux, qui n'était qu'un conseil d'administration.

Après l'établissement du gouvernement féodal, et jusqu'aux premières convocations d'états-généraux, il n'en existait qu'une seule, celle des feudataires immédiats du trône : on l'a toujours nommée *Parlement*. Le parlement de Paris en est le successeur *physique* et immédiat : les Pairs y représentent les feudataires, et les magistrats les jurisconsultes qui leur furent unis. Les provinces, successivement réunies, ont obtenu ou conservé des corps de magistrature assimilés.

Jamais aucun établissement permanent et particulier ne fut appelé cour plénière. Ce mot, employé dans quelques monumens, et surtout très familier dans les romans de chevalerie, s'appliquait à toute assemblée nombreuse où les feudataires étaient appelés ; assemblées tenues, non seulement par les rois, mais par tous les seigneurs riches et fastueux ; quelquefois vouées aux affaires, plus souvent aux fêtes, aux tournois, et proclamées même chez les étrangers, qu'on y voulait attirer. Si quelques historiens ont donné ce nom à des tenues de parlement, il faut ignorer les plus simples élémens de notre histoire pour y apercevoir un corps séparé.

Jamais les Français ne furent assez avilis pour reconnaître leurs représentans dans des hommes nommés par le prince, soumis à son influence immédiate, étrangers à toute connaissance du royaume, et dont la composition exclut même le concours de l'ordre le plus nombreux.

Leur confier la vérification des lois, c'est effectuer l'anéantissement des priviléges des provinces, auxquels elles seules pourraient renoncer, dans les états-généraux, pour voir établir à leur place une charte commune et universelle.

Un semblable tribunal ne saurait être juge de la forfaiture : ce ne saurait être aux commissaires du prince à juger des entreprises qui ne sont autre chose que des questions sur l'étendue de la prérogative du prince : ce ne saurait être à la cour plénière à juger des entreprises qui ne seraient jamais faites que contre les priviléges dont elle se dirait revêtue.

Il manque un tribunal à la nation pour juger les excès que peuvent commettre, dans leurs prétentions, tous les officiers à qui la loi n'a point donné de supérieurs (1); mais ce tribunal ne peut être créé et composé que par la nation même; il doit être son organe. Une telle attribution à la cour plénière ne serait qu'une inquisition d'état, tendant à intimider, à avilir le caractère de la magistrature, et à dégrader sans retour un peuple qui la souffrirait.

Mais cette institution est trop mal assise pour avoir besoin d'être combattue. Créée pour l'établissement des impôts, elle n'en autorisera jamais

---

(1) Ce tribunal fut à Sparte, les Ephores; à Rome, les Censeurs; en Espagne, le Justiza.

aucun : ce n'est pas quand il s'agit d'en venir à l'abandon de sa propriété que le peuple se laisse séduire à ces frivoles prestiges; une grande confiance en ceux qui l'engagent est alors indispensable pour obtenir sa docilité ; il ne verra jamais dans les enregistremens de cette cour qu'une volonté ministérielle; et, s'il était possible qu'elle se formât, l'inutilité de ses premiers efforts forcerait bientôt à la convocation des états-généraux, dont la première démarche serait de la proscrire.

La cour plénière n'aurait donc pas plus de force que de droit pour établir des subsides : c'est à la nation à déterminer le sacrifice des propriétés aux besoins de la chose publique; c'est aux seuls états-généraux d'exprimer le vœu de la nation. Les états provinciaux, simples administrateurs, bornés à la voix instructive, n'ont ni la force, ni les lumières, ni la confiance qui doivent protéger la liberté, défendre les propriétés, exprimer les vœux de tout un peuple, et garantir son obéissance (1).

Les parlemens sont les dépositaires des lois nationales, les officiers suprêmes de la juridiction. Commis et mandés par la nation pour examiner

(1) Je ne prétends point contester les droits positifs que peuvent avoir quelques états de province, mais seulement prouver qu'il serait de leur propre intérêt de s'en démettre en faveur des états-généraux.

les lois qu'elle doit consentir, ils veillent à leur exécution, et réclament les droits du peuple, en l'absence des états-généraux ; parties élémentaires de la constitution, composés de membres inamovibles, ils ne peuvent être détruits ou changés que par le même pouvoir qui forme et qui change les gouvernemens.

Établissement d'autant plus précieux, qu'il est la racine et l'appui de la constitution : c'est ce corps toujours permanent, qui, lorsque la liberté mourante, après une longue interruption des assemblées nationales, est prête à s'abymer sous la tyrannie, conserve seul dans son sein le germe qui la fera renaître : éveillé par les derniers coups qui lui sont portés, il se place lui-même au-devant des lois dont la garde lui fut confiée ; et le despotisme, étonné, rencontre un écueil redoutable en voulant ébranler son existence : car l'administration de la justice, unique bien de l'ordre et de l'autorité, cesse à l'instant même ; et l'anarchie s'avance à grands pas, si l'on ne rappelle les magistrats, que la puissance de l'opinion n'a pas permis de remplacer.

Telle est, ô concitoyens, la crise où nous sommes parvenus : la fortune publique a été engloutie par des profusions effrénées ; la liberté des personnes a été violée sur les défenseurs de nos droits ; on a environné de prestiges un prince vertueux ;

on s'est couvert de son nom pour épuiser ses états, pour frapper ses bons serviteurs, pour humilier ses sujets fidèles : on veut lui ravir sa gloire, on compromet son autorité; toutes les classes de citoyens, toutes les provinces du royaume ont été jouées et bouleversées, livrées au caprice des novateurs, arbitrairement dépouillées de leurs antiques priviléges.

Déjà notre gloire et notre puissance ont déchu dans l'opinion des autres états; déjà considérés au dehors comme une nation ruinée, nous allons être méprisés comme des hommes avilis : on ne craint plus notre ressentiment, on n'estime plus notre amitié; un peuple rival dévore impunément notre substance, à l'abri d'un traité garanti par notre faiblesse : une république alliée s'est vue opprimée en nous tendant les bras : l'Orient, que nous avons protégé, nous appelle en vain, et semble nous donner à son tour des exemples de courage.

Ne sommes-nous donc plus le premier des peuples? Est-ce pour notre déshonneur que nous naquîmes sur ces terres fertiles, au milieu des dons de tous les climats? Oh! Français, la nature mit dans votre sein la noble franchise du Nord, le courage bouillant du Midi; vous reçûtes de vos aïeux les dons du génie, la force qui fait respecter, les douces et loyales vertus qui tempèrent le courage ; ils vous transmirent la liberté !... Qu'avez-vous fait de tant de biens ? Affaissés sous le joug, vous regardez, avec une stérile admiration, les efforts du génie humain chez un peuple qui vous méprise ? Ah ! daignez être libres, et sa gloire n'est plus.

O ministres d'une religion à qui l'Europe a dû l'abolition de l'esclavage civil, achevez votre ouvrage, proclamez aujourd'hui le rétablissement de la liberté politique ; faites parler ces lois immortelles qui rappellent l'origine des hommes, et qui prouvent leur égalité ! Revêtus des plus augustes fonctions, vous reçûtes de la vénération de nos pères le droit de former, à vous seuls, le premier ordre de l'état ; vous êtes une partie intégrante de la constitution française, et vous devez la garantir.

Vous, familles illustres, qui cherchez vos premiers auteurs parmi les fondateurs de la monarchie, elle n'a pas cessé de fleurir sous votre protection ; vous l'avez créée au prix de votre sang, vous l'avez plusieurs fois sauvée des entreprises des étrangers : défendez-la maintenant contre ses ennemis intérieurs ; assurez à vos enfans les avantages brillans que vos pères vous ont transmis. Ce n'est pas sous un despotisme capricieux que les priviléges sont respectés ; ce n'est pas sous le ciel de la servitude qu'on honore les noms des héros.

Et vous qui, dépouillés de toute distinction, ne pouvez réclamer que le titre d'hommes, et qui n'êtes plus rien, si vous n'êtes libres, invoquez à votre tour le plus incontestable des droits ; faites parler la loi de la nature, puisque vous ne demandez rien que ce qu'elle garantit à tous les hommes. Ah! c'est à vous de désirer cet heureux gouvernement où les vertus et les talens deviennent des titres, et où celui qui n'aspire point à la gloire est, du moins, à couvert de l'humiliation.

Non, il n'est point de classe dans la société qui ne doive former des vœux pour le rétablissement de la constitution. Oh ! défenseurs de la patrie, n'êtes-vous pas indignés qu'on vous étale aux yeux de l'univers, comme des satellites soudoyés, comme les oppresseurs de votre pays, comme les aveugles instrumens de votre propre dégradation? — Vous, dont l'existence est soumise aux volontés versatiles de l'administration, n'êtes-vous pas épouvantés de cette succession de plans éphémères ? — Créanciers de l'État, avez-vous oublié toutes les banqueroutes ouvertes ou déguisées? Ignorez-vous l'esprit du Gouvernement? et pourriez-vous ne pas désirer d'abandonner votre fortune à la foi d'une grande nation, plutôt qu'à la faveur impuissante de ces ministres, qui peuvent écraser l'État, mais qui n'arracheront jamais au peuple indigné, de quoi s'acquitter envers vous.

Propriétaires d'offices, propriétaires de terres, commerçans, capitalistes, il n'est aucun de vous qui ne soit frappé ou menacé par une administration destructive.

Unissez-vous, ralliez-vous tous au parti de la magistrature, et parlez à votre tour, puisqu'elle ne peut plus exprimer vos vœux; que toutes les municipalités, que tous les ordres des provinces, que toutes les classes et tous les corps unissent leurs supplications, parlez à votre prince en sujets fidèles et en hommes libres; dites-lui que vous désirez de tout obtenir de sa justice, et que la dernière protection que vous invoquerez sera celle qui ne trompa jamais l'espoir des peuples généreux.

Que tous les citoyens refusent de prêter leur ministère à l'exécution des nouvelles lois; que l'infamie universelle et que l'insulte publique soient le prix des lâches qui s'assieront à la place des magistrats; que le peuple décharge son indignation sur les exacteurs des nouveaux subsides, et que les maux dont nous sommes frappés, deviennent enfin la source d'un bien durable, en nécessitant la convocation des états-généraux.

Et toi, que la France reçut avec des larmes; toi, qui fut long-temps son espoir, et qui lui promettais le retour du règne de son bon Henri; les maux dont on l'accable sous ton nom n'ont encore pu éteindre son amour pour toi; jamais elle n'a voulu t'en croire l'auteur ; elle n'a jamais pleuré sur eux, sans pleurer sur le prince qui les partage.

Ouvre enfin les yeux, roi sensible et bon ; vois l'abyme profond où d'indignes serviteurs ont précipité ton empire ; vois les funestes effets de l'autorité aveugle et illimitée qu'ils ont voulu s'attribuer sous ton nom.

Ils t'ont dit que tu avais des droits que la raison réprouve, et qui aviliraient l'humanité ; ils ont voulu faire de toi le propriétaire d'un troupeau d'esclaves, lorque ton heureuse fortune t'avait placé à la tête d'un peuple d'homme généreux ; ils t'ont dit que les Français devaient être conduits avec le fer, tandis qu'aucune nation n'est aussi fidèle, et ne paie de tant de sacrifices le prince qui respecte sa dignité ; ils t'ont dit que tu avais assez de force pour l'asservir, tandis que tu n'étais qu'un seul contre des millions, et que toute ta force est dans leur amour.

Ecoute tes serviteurs fidèles, et repousse loin de toi ces perfides empoisonneurs; ceux que tu fais punir sont tes vrais amis. Si quelques-uns se laissèrent entraîner, devant toi, par la rudesse des hommes libres, as-tu pu penser que ce fût pour le mensonge et pour l'infamie qu'on se dévouait au courroux des rois ?

Appelle, appelle, il en est temps, ton peuple fidèle à délibérer avec toi ; lui seul pourra t'offrir assez de lumière et des remèdes supérieurs aux maux qui l'accablent ; lui seul t'offrira ces preuves d'amour qui feront couler des larmes de tes yeux, et qui rempliront de délices ton cœur paternel ; tu verras la joie et les acclamations prendre, en un jour, la place de tant de douleurs ; on te donnera les noms de père du peuple et de restaurateur de la monarchie.

Ils sont des lâches, ceux qui t'ont dit que cette heureuse institution affaiblirait ta puissance. Charlemagne rendit à la nation sa constitution, longtemps oubliée ; chef d'un empire plus vaste encore, environné de tributaires indomptés, *ralliant* dans ses mains les fils épars d'une immense administration, il régna, pendant quarante ans, au milieu des acclamations d'un peuple législateur, et mourut, laissant après lui les noms du plus puissant des monarques et du plus grand des mortels.

Philippe-le-Bel fut le premier de ta race qui assembla tous les ordres de la nation. De grandes injustices avaient dû le rendre odieux ; mais il trouva les cœurs ramenés par le charme de la confiance ; et la volonté libre fournit à ses besoins ce que les plus tyranniques extorsions n'avaient pu produire.

FIN DU QUATRIÈME ET DERNIER VOLUME.

TABLE DES MATIÈRES

CONTENUES DANS LE QUATRIÈME VOLUME.

ÉTUDES LITTÉRAIRES.

	Pages.
Chap. Ier.—Didactique.— § Ier.— De la langue	1
§ II.— Ce que c'est que la didactique.	2
§ III.— Suite.	5
§ IV.— Observations sur le cours des études, sur la manière d'enchaîner et de combiner les connaissances.	7
§ V.— Aphorismes sur la grammaire générale.	14
§ VI.— Ce que doit être l'éducation actuelle.	18
Chap. II.— Dialectique.— Logique, art de raisonner. — § Ier.— De la logique.	19
§ II.— Marche de l'esprit humain.	20
§ III.— Abus de la dialectique.	ib.
§ IV.— Des théories et des généralisations.	21
§ V.— De l'analyse.	23
§ VI.— De l'analyse et de la synthèse.	24
§ VII.— Des diverses classes d'êtres dans la nature.	28
§ VIII.— Avantages des ouvrages spéciaux et généraux.	29
§ IX.— De l'indépendance des règles.	30
§ X.— De l'ordre dans la composition.	34
§ XI.— Poétique.— Marche d'une bonne composition.	ib.

	Pages.
§ XII.— Du travail.	38
§ XIII.— De la grammaire.	40
§ XIV.— Des mots.	42
§ XV.— Suite.	43
§ XVI.— Des mots à plusieurs sens.	44
§ XVII.— Des idées et des mots.	45
§ XVIII.— De l'exposition.	46
§ XIX.— De la narration.	47
§ XX.— De la gradation..	ib.
§ XXI.— De la période.	ib.
§ XXII.— De la définition des mots.	48
§ XXIII.— De la définition de mots et des choses.	ib.
§ XXV.— De la définition des idées.	52
§ XXVI.— Définitions dans les sciences.	54
§ XXVII.— De l'exactitude de l'expression.	59
§ XXVIII.— Des assertions.	60
§ XXIX.— Des preuves.	ib.
§ XXX.— Suite.	62
§ XXXI — Des syllogismes.	63
§ XXXII.— De la périphrase.	66
§ XXXIII.— De la citation, ou de l'art de citer.	67
§ XXXIV.— De l'analogie.	70
§ XXXV.— Des sophismes.	72
§ XXXVI.— De la métaphore.	ib.
§ XXXVII.— Suite.	75
§ XXXVIII.— Des figures.	76
§ XXXIX.— Des fictions.	77
§ XL.— Du portrait ou de l'éthopée.	78
§ XLI.— Des tableaux.	79
§ XLII.— Des axiômes.	80
§ XLIII.— De l'emploi des maximes.	ib.
§ XLIV.— Des formules	81
§ XLV.— Du pittoresque.	82
§ XLVI.— De la facilité.	87
CHAP. III.— Littérature.— § 1ᵉʳ.— Des anciens auteurs.	90

TABLE DES MATIÈRES.   417

	Pages.
§ II.— De diverses natures d'écrivains.	90
§ III.— De l'art chez différens peuples.	91
§ IV.— Des gens de lettres.	95
§ V.— Influence de la secte philosophique sur la littérature en général.	101
§ VI.— Influence de l'esprit philosophique sur la poésie.	103
§ VII.— De l'utilité de connaître les causes des grands effets oratoires.	105
§ VIII.— De l'esprit et du génie en littérature.	107
§ IX.— De la manière de juger en littérature.	108
§ X.— Du goût.	111
§ XI.— Suite.	212
§ XII.— Du goût et de l'esprit français	113
§ XIII.— Sur le genre d'esprit de quelques nations.	117
§ XIV.— Du beau.	118
§ XV.— Des systèmes.	121
§ XVI.— Des théories en général.	123
§ XVII.— Suite.	125
§ XVIII.— De la théorie en littérature.	ib.
§ XIX.— Des principes.	126
§ XX.— Des sceptiques en littérature.	127
§ XXI.— De la vérité en littérature.	130
§ XXII.— De l'affectation.	ib.
§ XXIII.— De l'exaltation.	132
§ XXIV.— Esprit, style léger.	134
§ XXV.— De la lecture.	136
§ XXVI.— De l'art d'amuser dans la conversation.	137
§ XXVII.— Du poète.	139
§ XXVIII.— De la poésie.	141
§ XXIX.— De l'épopée.	144
§ XXX.— De la poésie lyrique.	145
§ XXXI.— De la poésie érotique.	146
§ XXXII.— Comédie. — Tragédie.	150

		Pages.
§ xxxiii. — Du drame.		151
§ xxxiv. — Des romans.		153
§ xxxv. — Lecture des romans.		155
§ xxxvi. — Troubadours. — Trouvères.		156
§ xxxvii. — Des romans espagnols.		159
§ xxxviii. — Du genre espagnol.		161
§ xxxix. — Du théâtre allemand.		162
§ xl. — Littérature hollandaise.		165
§ xli. — Du théâtre. — Comparaison entre les théâtres français et anglais.		168
§ xlii. — De la mode en littérature.		171
§ xliii. — Métaphysique et poésie.		172
§ xliv. — Influence des sciences sur la littérature.		ib.
§ xlv. — Des moyens de travailler en grand.		175
§ xlvi. — De l'érudition.		ib.
§ xlvii. — Des extraits littéraires.		176
§ xlviii. — Suite.		179
§ xlix. — Des traductions. — Réflexions sur l'art de traduire.		181
§ l. — Suite.		186
§ li. — Des traducteurs.		188
§ lii. — La philosophie et la poésie. — Allégorie.		190
Chap. IV. — Éloquence. — Art oratoire. — § 1er. — But de l'éloquence.		195
§ ii. — Style propre à l'éloquence.		196
§ iii. — De l'éloquence politique.		202
§ iv. — De la persuasion.		203
§ v. — De l'emploi du pathétique.		ib.
§ vi. — Influence de la sensibilité sur l'éloquence.		204
§ vii. — Des passions.		205
§ viii. — De la force.		207
§ ix. — Du naturel.		209
§ x. De l'ordre.		ib.
§ xi. — De la narration.		210
§ xii. — De la facilité.		213

TABLE DES MATIÈRES.

Pages

§ xiii. — De la clarté. 216
§ xiv. — Du laconisme. 218
§ xv. — De la prosodie. . . . . ib.
§ xvi. — Harmonie du style. 219
§ xvii. — De la déclamation. 220
§ xviii. — Du langage précieux. 221
§ xix. — Du langage du monde. 223
§ xx. — Style passionné. 224
§ xxi. — Style précieux. 225
§ xxii. — Style du jour. . . . . ib.
§ xxiii. — Du style pédantesque. 229
§ xxiv. — Style mystique. 230
§ xxv. — Style marotique. . . . . ib.
§ xxvi. — Style burlesque. 231
§ xxvii. — Style cynique. 232
§ xxviii. — De la prononciation. . . . . . ib.
§ xxix. — Idées détachées sur l'art oratoire. 234
Chap. V. — De l'histoire. — § 1er. — Utilité de l'histoire. 248
§ ii. — Plan d'étude de l'histoire. 250
Chap. VI. — Jugemens sur quelques écrivains et leurs ouvrages. — § 1er. — Ossian. 263
§ ii. — Malherbe. 264
§ iii. — Richardson et Shakespeare. . . . 265
§ iv. — J.-J. Rousseau. 267
§ v. — Voltaire. 271
§ vi. — De l'interprétation de la nature, par Diderot. 272
§ vii. — Sterne. 273
§ viii. — Gravina. 277
§ ix. — L'abbé Raynal. 278
§ x. — L'abbé de Mably. 279
§ xi. — Le président du Paty. 281
§ xii. — De la traduction des Géorgiques. . 284
§ xiii. — Du poëme des Saisons. 285
Chap. VII. — De la métaphysique dans ses rapports avec

	Pages
la littérature. — § 1er. — De la métaphysique.	286
§ II. — Des métaphysiciens.	288
§ III. — Abus de la métaphysique en littérature, et dans l'usage de la vie.	289
Chap. VIII. — Des sciences, dans leur rapport avec la littérature. — § 1er. — Des élémens des sciences.	292
§ II. — Liaison des sciences entr'elles.	293
§ III. — Des recherches scientifiques.	295
§ IV. — Des principes relativement aux sciences.	ib.
Chap. IX. — Arts. — Beaux-Arts. — § 1er. — De l'art.	298
§ I. — Beaux-Arts.	299
§ III. — Suite.	301
§ IV. — Observations sur la peinture et le dessin.	303

LETTRES DE BARNAVE.

PREMIÈRE PARTIE. — LETTRES DE FAMILLE ÉCRITES DANS SA JEUNESSE.

I. A son Père.	313
II. A ses Sœurs.	319
III. A sa sœur Julie.	322
IV. Sur son frère Dugua.	326
V. Ses regrets. — Sur le même.	328
VI. Sur sa Mère. — Après la mort de son frère.	330

SECONDE PARTIE.

Lettres politiques écrites (excepté la première) depuis son retour à Grenoble, après l'Assemblée constituante. — I. Aux membres de la municipalité de Grenoble.	333
II. A M***.	343
III. A M***.	347
IV. A M. Théodore Lameth.	353
V. A M. Alexandre Lameth.	365

	Pages.
VI. A M. Théodore Lameth.	374
Esprit des édits, enregistrés militairement au parlement de Grenoble, le 10 mai 1788.	381
Assemblée provinciale.	385
Prorogation du deuxième vingtième, et extension. . .	392
Conversion de la corvée en une prestation en argent. .	395
Rachat des offices municipaux.	396
Procédure criminelle.	397
Suppression de tribunaux, réduction d'offices, administration de la justice, rétablissement de la cour Plénière, vacances.	400

FIN DE LA TABLE DU TOME QUATRIÈME ET DERNIER.

ERRATA.

TOME PREMIER.

Page 9, avant-dernière ligne, au lieu de : qui le *sépare de ses travaux et l'isole*, lisez : qui le *séparent de ses travaux et l'isolent*.

— 40, ligne 13, au lieu de : plusieurs d'eux, lisez : plusieurs *d'entre eux*.

— 71, ligne 15 et suivantes, au lieu de : en comprimant l'une des plus industrieuses, des plus nobles, des plus vaillantes nations du monde, ainsi dégradée par un évènement qui semblait devoir l'élever au comble de la gloire et qui parvint à la vieillesse sans avoir passé par la virilité.
LISEZ :
Comprima l'une des plus industrieuses, des plus nobles, des plus vaillantes nations du monde *qui, ainsi dégradée*, parvint à la vieillesse sans avoir passé par la virilité.

— 82, ligne 15, au lieu de : le *XVIII*ᵉ siècle, lisez : le *XVII*ᵉ siècle.

— 83, ligne 9, au lieu de : Louis *XIV*, lisez : Louis *XV*.

— 106, ligne 21, au lieu de : *juillet 1792*, lisez : *juillet 1791*.

— 110, au titre, au lieu de : *vote suspensif*, lisez : *veto suspensif*.

— 113, ligne 21, au lieu de : on s'exposait à la voir décrier pour jamais *et la nation à ne trouver de remède à l'anarchie que dans le pouvoir absolu*.
LISEZ :
On s'exposait à la voir décrier pour jamais, *et l'on exposait aussi la nation à ne trouver de remède*, etc.

— 114, ligne 13, au lieu de : le péril de voir la liberté détruire la monarchie *ou la monarchie la liberté*, lisez : *ou la monarchie détruire la liberté*.

— 215, ligne 7, au lieu de : toutes les campagnes *de 1791*, lisez *de 1792*.

— 215, ligne 16, au lieu de : l'hiver *de 1792*, lisez : l'hiver *de 1793*.

TOME II.

— 12, ligne 16, au lieu de : *soldats de Châteauroux*, lisez : soldats *de Châteauvieux*.

— 47, lignes 11 et 12, au lieu de : l'esprit de l'unité *est à acquérir*, lisez : *tend à acquérir*.

— 47, ligne 21, au lieu de : *des cantons aristocratiques*, lisez : *les cantons*, etc.

— 65, ligne 4, au lieu de : *Dupont*, lisez : *Duport*.

— 137, ligne 1, au lieu de *qu'il n'y ait*, lisez : *qu'il y ait*.

ERRATA.

Page 260, § III, ligne 11, au lieu de : *les acquisitions postérieures de Louis XIV ayant été restituées*, lisez : *avaient été restituées*.
— 183, § III, ligne 4, au lieu de : *car sa tourbe hébétée*, lisez : *car la tourbe hébétée*.
— 292, ligne 13, au lieu de : M. *Gaudet*, lisez : M. *Guadet*.
— 324, dernière ligne, au lieu de : *sa conversation*, lisez : *la conversation*.
— 335, ligne 6, au lieu de : *Dupont-Dutertre*, lisez : *Duport-Dutertre*.
— 357, ligne 3, retranchez la ligne ainsi conçue : *approuvé la rature de deux lignes*.
— 398, ligne 15, au lieu de : *ils sont destitués de toute espèce de fondement*, lisez : *ils sont dénués*.

TOME III.

— 20, § V, première ligne, au lieu de : *les hommes vous paraîtront presque toujours avoir de l'esprit*, lisez : *vous croiront presque toujours de l'esprit*.
— 23, première ligne, au lieu de : *fait*, lisez : *il fait*.
— 46, dernière ligne, au lieu de : *car poser règle pour générale*, lisez, *car poser une règle*, etc.
— 65, ligne 15, au lieu de : *cette disposition qui est la meilleure de toutes*, lisez : *cette disposition est la meilleure de toutes*.
— 70, ligne 13, au lieu de : *sont plus que des déclamations*, lisez : *ne sont plus*, etc.
— 91, ligne première, au lieu de : *à tout ce qu'elles figure et contemple, il faut ce qu'elle*.
— 222, ligne 16, au lieu de : *loyauté*, lisez : *déloyauté*.
— 291, dernière ligne, au lieu de : *sans pouvoir la faire gai*, lisez : *la faire agir*.
— 361, § IV, ligne 4, au lieu de : *sens digestifs*, lisez : *sucs digestifs*.

TOME IV.

— 62, ligne 6, au lieu de : *évidemment la contestée*, lisez : *la proposition contestée*.
— 100, ligne 23, au lieu de : *la reconnaissance qui feraient naître, il faut : qui ferait*.
— 139, § XXVI, ligne 11, au lieu de : *inconnue ou vulgaire*, lisez : *inconnue au vulgaire*.
— 367, dernière ligne, au lieu de : *de oisiveté*, lisez : *de l'oisiveté*.
— 375, ligne 17, au lieu de : *une véritable inimité*, lisez : *une véritable intimité*.
— 376, ligne 3, au lieu de : *Chapp, Cast*, il faut : *Chapp... Cast...*

FIN.

Lettre de Barneve à Madame St Germain sa sœur

Dijon 17. 9bre.

J'ai quitté hier ma mère et Julia, elles arriveront à Paris dimanche c'est à dire deux ou trois jours avant moi, car je change ma manière de voyager et je fais le reste de la route en poste. Tu auras certainement de leurs nouvelles avant que cette lettre te parvienne, tu sauras où mon affaire en sera, beaucoup mieux qu'il ne m'est possible de te le prévoir et de te le dire. Je continue d'espérer, mais dans ma position il est toujours sage de mettre les choses au pis. Je crois t'adresser les réflexions que je fais, ne pourrait tant faire vivre voir dans les trop affliger et que j'aime mieux d'ailleurs vous en éviter, de ma main.

Ma chère amie je vais peut-être m'éloigner pour toujours de toi, ce moment est cruel, mais ne nous l'exagérons point et au lieu de nous abandonner à l'histoire des pensées qu'il fait naître cherchons à recueillir les consolations qu'il peut encore nous laisser.

Je suis encore dans la jeunesse et cependant j'ai déjà connu, j'ai déjà éprouvé tous les biens et les maux dont se forme la vie humaine; doué d'une imagination vive j'ai cru longtemps aux chimères mais je m'en suis détaché au moment où je me vois prêt à quitter la vie, les seuls biens que je quitte sont l'amitié (personne plus que moi ne pouvait se flatter d'en gouter les douceurs) et la culture de l'esprit dont l'habitude a souvent rempli mes journées d'une manière délicieuse.

Mais disons la vérité, il y a peut-être trop d'activité dans mon âme. Il y a un ressort trop puissant dans mon caractère pour que ces biens purs et doux mélangés eussent pu me suffire. Il y a d'un ressort trop de philosophie pour que j'ai la philosophie acquise et réfléchie détache des faux biens, mais j'ai trop de chaleur dans la pensée pour gouter parfaitement les véritables, et je crois que cette disposition inexprimable est un obstacle que je trouverais toujours entre le bonheur et moi.

La mort n'est rien plus, j'ai eu le tems de l'envisager, je m'y suis accoutumé non seulement par réflexion mais par sentiment. aujourd'hui c'est mon idée habituelle et j'existe avec elle aussi calme et aussi serein

… ni chimérique est un mal plus léger que ceux auxquels on attache la d'importance dans le cours de la vie.

S'épuisé donc tout à fait mes bonnes amies de la douleur que vous causera … (car j'ignore encore qu'il ne s'en point tel que je le suppose ici) séparés en … tout ce qui se rapporteroit au sentiment de mon propre malheur n'y voyez … votre aveil [?] son seul réel, et donnés lui tous les adoucissements dont … elle si grande qu'elle puisse être est toujours susceptible lors qu'elle n'affecte … si et qu'on n'y fait point entrer un sentiment de compassion pour ce que … ma.

… vous de vous rendre ce qui vous appartenoit par la nature m… …geant entre vous trois le bien de mon père. vous vivrez dans l'aisance et … votre établissement que ma vie orageuse et incertaine avoit retardé … être plus prompt et plus avantageux. c'est la ma plus chère ma plus … idée et je vous m'y appesantir.

… ma pauvre mère avoit élevé deux fils dont elle avoit fait des hommes …gués par l'élévation des idées et du caractère peut-être au moment où … … elle les a vu perdre tous les deux à la fleur de l'âge. notre malheur… … bonne amie n'est venu à côté du sien mais j'espère qu'il pourra encore être …lagé; et ce ne peut être que par vous. il faut de nouveaux enfants auxquels … puisse donner les noms, attacher les espérances des premiers. ils exciteront … l'émulation d'un nom qui ne pourra être qu'honorable et parmi vous ils …vront une éducation qui les rende dignes de s'y associer. avant tout n'épousez … des hommes dont la conduite et les sentiments puissent aller avec les …tres, eussent-ils peu de fortune pourvu qu'ils y suppléent par un …it ou par une capacité de travail. ne vous arrêtez pas à cet obstacle … faut ~~[illegible]~~ pouvoir sentir et penser ensemble et ne former …tre vous qu'une famille comme nous étions, c'est la première base du …nheur. si vous ne demeurez point toutes deux avec ma mère, julie y …tera et tu t'en éloigneras aussi peu qu'il sera possible. c'est ma mère qui …t élever vos garçons elle leur communiquera cette âme courageuse et …anche qui fait des hommes et qui avoit été plus pour mon frère et moi …e tout le reste de notre éducation pourvu que sa sensibilité soit occupée … la conservera longtemps sa force et en faisant le bien de vos enfants …uvera tout ce qui peut lui rester de bonheur ou du moins de consolations.

je laisserai encore des amis précieux, cultivés les avec soin, ~~[illegible]~~
~~[illegible]~~

[Lettre manuscrite - transcription partielle]

...temps que m'auroit aussi intéressés des amis honnêtes et distingués sont
...plus grands biens de la vie... cet homme vertueux qui n'a cessé de...
...témoigner à moi et que ma mère reçoit à Paris est aussi au nombre de ceux
...vous dans l'intérieur à vous attacher

vous conserverez la maison de St Robert, ou bien c'était la la maison de B...
...je crois que bientôt on aimera en honorera ce nom, et qu'il n'obtiendra d'...
que bienveillance et respect

mes bonnes amies, l'espoir que vous parviendrez à me..... une douce...
...illusion mes derniers moments et remplira mon cœur. Si au delà de la vie
...sentiment existoit encor, si on se rappelloit de ce qu'on a quitté cette idée
la plus douce pour moi — que peu à peu mon idée devienne tendre sans
douloureuse. Songez que j'ai fait un voyage obligé, que je ne souffre...
..., que si je pouvois sentir je serois heureux et content pourvu...
...vous le soyez.

adélaïde, julie, j'adopte le premier enfant de chacune de vous, je
... d'après la loi, que tous les deux portent mon nom que la plus jeune
...elle de ??? qu'ils soient unis par tous les liens, qu'ils nous appartiennent
...trois, qu'ils rendent à ma mère ses deux fils dignes d'un meilleur
... adieu ma bonne amie.

Barnave j.

...reste du papier et du tems je reprens la plume.
...cultiver votre esprit, c'est une des plus grandes douceurs de la vie.
penseront de manière que ma mémoire c'est à ??? dans une recommandation
...à vous si votre conversation est un nouvel attrait pour eux, que
...ne produise point la longueur de l'abbattement, qu'en touchant votre
...elle donne une nouvelle activité à votre âme

je ne vous dis rien sur la conduite des affaires d'intérêt vous trouverez
...des conseils plus instruits que les miens. Si ma position n'est pas
...tement séparée et ..... elle vous restera car si contre mon espoir
...vous dans ce moment de chaleur une odieuse injustice le moment où
...la réparation arrivera bientôt

adieu mon amie

www.ingramcontent.com/pod-product-compliance
Lightning Source LLC
Chambersburg PA
CBHW060541230426
43670CB00011B/1647